傳記文學

王映霞自传

一个知识女性的独立史

王映霞　著

·传记文学书系·

主　编　崔　灿　彭明哲　曾德明
编　委　刘书乔　冯文丹　田　丹

岳麓書社·长沙

傳記文學

·传记文学书系·

“传记文学书系”是我社根据台湾《传记文学》的内容，采其精华、分类汇编的一套大型丛书。《传记文学》自1962年6月创刊至今，发表传记文字与民国史料字数逾亿。本着“为史家找材料，为文学开生路”的宗旨，以轻松隽永的文学笔法书写严肃的近代真人真事，为国家存信史，为名人留伟绩，为平民录亲历。主要内容包括自传、评传、年谱、回忆录、口述史、名人日记、重要手迹、珍贵史料、史事研究等，是中国近现代史最丰富的资料宝库，深受海内外史学界与历史爱好者青睐。

已出书目

从北大到台大：元气淋漓傅斯年	傅斯年 毛子水 等著
激荡百年的回响：蔡元培传稿	蔡元培 王云五 等著
逝者如斯：罗家伦的世界	罗家伦 毛子水 等著
王映霞自传：一个知识女性的独立史	王映霞 著
中国留美幼童书信集	高宗鲁 译注
遥想大学当年：我的大学	邹树文 李济 等著

总　序

岳麓书社依据台湾的《传记文学》，分类编纂，陆续出版“传记文学”书系，这是两岸文化交流史上的大事，是中国近代史和中华民国史研究的大事、喜事。

1962 年 2 月 5 日，时值春节，曾在北大读书的刘绍唐向当年的校长胡适拜年，谈起胡适长期提倡传记文学，而始终未见实行，他向老师透露，自己正准备创办《传记文学》月刊。胡适虽肯定其志，却以为其事甚难，办月刊，哪里去找这么多“信而有征”的文字，因此不大赞成。不料当年 6 月 1 日，绍唐先生主编的《传记文学》竟在台北出刊了。自此，直到 2000 年 2 月 10 日，绍唐先生因病在台北去世，历时 38 年，共出版 453 期。每期约 30 万字，453 期就是约 13590 万字。此外，传记文学出版社还出版了“传记文学丛书”和“传记文学丛刊”，其中包括《民国人物小传》《民国大事日志》等许多民国历史方面的著作。

尽人皆知，绍唐先生没有任何背景，不接受任何政治集团、经济集团的支持，只身奋斗，孤军一人，却做出了台湾官方做不出的成绩，创造了中国出版史上不曾有过的奇迹。因此，绍唐先生被尊为“以一人而敌一国”，戴上了“野史馆馆长”的桂冠。

我在大学学习中国文学，毕业后业余研究中国哲学，1978 年 4 月，调入中国社科院近代史研究所，参加《中华民国史》的编写，自此，即与绍唐先生的《传记文学》结下不解之缘。在众多历史刊物中，《传记文学》最为我所关注。但是，我和绍唐先生相识则较晚，记得是在 1995 年 9 月，纪念抗战胜利 50 周年之际。当时，台湾史学界在台北召开学术讨论会，我和其他大陆学者 31 人组团越海参加。这是海峡两岸学者之间交流的起始阶段，有如此众多的大陆学者同时赴会，堪称前所未有的盛事。我向会议提交的论文《九一八事变后的蒋介石》，根据毛思诚所藏《蒋介石日记类抄》未刊稿本写成。当时，蒋介石日记存世一事，还不为世人所知，绍唐先生很快通知我，《传记文学》将发表该文。9 月 3 日，闭幕式晚宴，由绍唐先生的传记文学出版社招待。各方学者，各界嘉宾，济济一堂。我因事略为晚到，不料竟被引到主桌，和绍唐先生同席。那次席上，绍唐先生给我的印象是热情、好客、豪饮。次年，我应“中研院”近史所所长陈三井教授之邀访问该所，在台北有较多停留时间。其间，我曾应绍唐先生之邀，到传记文学出版社参观。上得楼来，只见层层叠叠，满室皆书，却不见编辑一人。绍唐先生与我长谈，详细介绍《传记文学》创刊的过程及个人办刊的种种艰辛。绍唐先生特别谈到，办刊者必须具备的“眼力”“耐力”“定力”等条件，可惜，我没有记日记的习惯，未能将绍唐先生所谈追记下来，至今引为憾事。绍唐先生交游广阔，文友众多，因此宴集也多。每有宴集，绍唐先生必招我参加，我也欣然从远在郊区的南港住所赴会。许多朋友，例如旅美华人史学家唐德刚等都是在这样的场合下认识的。在台期间，台北史学界为纪念北伐战争 70 周年，召开北伐及北伐史料讨论会，我根据原藏俄罗斯等处的档案，撰写《1923 年蒋介石的苏联之行及其军事计划》一文参加，绍唐先生不仅到会，而且当场确定《传记文学》将发表拙文。我离开台北前，绍唐先生再次将我引到他的藏书室，告诉我，凡传记文学出版社出版的图书，喜欢什么就拿什么。我因为“近史所”已赠我大量出版物，又不好意思，只挑选了《陈济棠自传稿》《傅孟真先生年谱》《朱家骅年谱》和李济的《感旧录》等有限几种，回想起来，至今仍觉遗憾。

绍唐先生自述，他有感于两岸的文士因为历史原因等种种关系，“许多史实难免歪曲”，因此，创办此刊，以便“为史家找材料，为文学开生路”。我觉得，绍唐先生的这两个目的，比较成功地达到了。政治对学术，特别是对历史学的干预，古已有之，但是，学术特别是以真实为最高追求目标的历史学，又最忌政治和权力的干预。绍唐先生在台湾的白色恐怖余波犹在的年代，能够不怕“因稿贾祸”，创办刊物，发行丛书，保存大量中国近代史特别是民国史资料，供千秋万代的史家和史学爱好者采用，这是功德无量的盛事、盛业。刊物虽标明“文学”，但是，取文、选文却始终恪守历史学的原则，排斥任何虚构和想象，这也是值得今之史家和文家们借鉴和注重的。

绍唐先生去世后，《传记文学》由中国新闻界的前辈成舍我先生的后裔续办，至今仍是华人世界中的著名历史刊物，衷心希望绍唐先生的事业和精神能长期传承，永放光彩，衷心希望“传记文学”书系的出版，能得到读者的喜欢，助益历史学的繁荣和发展。

杨天石

2015 年 5 月于北京东城之书满为患斋

凡　例

一、原文的繁体竖排改成简体横排。

二、原文中脱、衍、讹、倒之处，均径改，不另加注说明。

三、原文中专名（人名、地名、书名等）及其译名皆一仍其旧，其中或有跟现今通行者有较大区别，而可能导致阅读障碍的，由编者加注进行说明。

四、原文中词语与标准用法有不同者，为尊重作者用语习惯及时代与地域差异等，不做修改，一仍其旧。

五、原文中标点符号的使用有不统一及不符合标准用法的，一仍其旧，其中或有可能导致阅读障碍的，由编者重新标点。

六、原文中的汉字数字不予变为阿拉伯数字，个别阿拉伯数字也不再统一为汉字。但注释部分为统一体例，版本年代及页码均采用阿拉伯数字，以便明晰。

七、所引文章中的纪年，1949 年 10 月 1 日前的民国纪年一仍其旧，1949 年 10 月 1 日后均采用公历纪年。

八、原文中 1949 年 10 月 1 日前对于中国共产党和国民党政治机构及职务的称呼均予保留，只对个别明显不符合历史事实的文字做了必要的删改。

九、原文中 1949 年 10 月 1 日中华人民共和国成立后，台湾地区自称“中国”“政府”及其政治机构、职务名称、“涉外”用语等，本书均加引号，以示区分。

十、原文中由于作者政治立场等原因，本书做了极个别的删节，不另加说明。但为保留资料的完整性，尊重原文及作者观点，文中难免偶有不妥之处，相信读者自能甄别分辨。

郁达夫与王映霞的悲剧

——《王映霞自传》代序

胡健中

郁达夫和我认识时，我年二十，尚在上海就学，他年约二十六七，已从日本东京帝国大学习经济毕业回国。我们经共同友人四川陈翔鹤之介缔交，一见如故，同居一室，睡在地板上书堆中。他陪我去访问和他合办《创造》杂志的郭沫若，郭虽因翻译哥德的《少年维特之烦恼》和创作新诗《女神》，已很有名，而一贫如洗。我们到他家时，他正在厨房劈柴烧饭，经达夫略述来意，他便抱起尚在襁褓中名叫和儿的儿子和我们寒暄，并教他的日本妻子安娜和我们招呼，她含情带笑向我们深深一鞠躬。其时，有一面色铁青，傲不为礼的人默无一言地站在那里。达夫对我说，他叫成仿吾；翔鹤则附耳悄悄地说："不要理他，我们都叫他Stone！"

事隔十余年，达夫因"左联"的牵累，偕夫人王映霞避居杭州。因杭州市长周象贤与杭州慈善机关负责人沈尔乔的协助，在大学路图书馆附近，建一住宅，取名"风雨茅庐"，虽然名为"风雨茅庐"，而渠渠华屋，不啻一个温柔乡。这时我已在杭州主持杭州《民国日报》(《东南日报》的前身)，是"风雨茅庐"的不速之客；我的家，也是他们夫妇联袂常临之地，我和达夫久别重逢，欣慰之余，做了一首小词送他，内容仿佛是这样的，我已记不清了。

十年离乱音尘断，喜再相逢，往事如虹，犹在长宵梦寐中。湖边茅舍神仙眷，枕帐春浓，豆蔻词工，忘了南屏向晚钟！

南屏晚钟是西湖十景之一，敲起来几乎全城都听得到。他们伉俪在杭定居后，达夫和我常在一起小饮、游湖、逛旧书店；杭州烟波的画船、湖堤的裙屐和三秋桂子、十里荷花，是我们在夕阳影里共同欣赏陶醉的景物。他的杰作《迟桂花》即在此时脱稿。杭州是苏东坡出宰的名邦，达夫对东坡爱妾朝云不胜倾倒，特往朝云故乡临安寻访遗迹，结果徒劳往返，一无所得，慨然赋诗云："如何十卷临安志，不记朝云一段情！"达夫旧诗造诣很深，他很爱黄仲则的《两当轩》诗，风格也很相似。

达夫富阳世家子，博极群书，先后任安大、北大、武大、广州中山教授及政治部设计委员，对中、日、英、德文学名著，涉猎甚广，为人颓废、自卑、浪漫、歇斯底里，且自暴成性，连宿娼、吸鸦片等行为亦不隐讳。所著《日记九种》，除将他与王映霞的恋爱经过曝露无遗外，乃至陪友人遗孀姊妹到旅馆沐浴，都一一如数家珍，形诸笔墨。他的日记好像卢骚的《忏悔录》，一切都招认不讳。发妻荃君，既遭遗弃，又藕断丝连，怜念有加，暗中来往如故，这一切都是他们夫妇隙末凶终的因素。映霞和达夫初恋时，年方二十，入世未深，因爱好文艺，又震于达夫的文名，益以达夫的抵死追求，遂坠入情网，不能自拔，等到他们结合之后，现实的生活使映霞好梦惊醒，便逐渐演变成了一场悲剧。

映霞，杭州人，本姓金，外祖父王二南为杭州老名士、画家。映霞父早卒，随母居住外家，因改姓王，有一弟服务于杭州市政府，美好温婉如处子，母极慈祥，婉转随儿女。映霞则丰容盛鬋，风情无限，一颦一笑，都散发着一种青春芬芳的气息，使接近她的人，如饮醇醪，不觉沉醉！而蛾眉谣诼，亦由此而生。映霞杭州横河桥女师毕业，横河桥为杭州青年男女魂牵梦萦之地，杭州女师人才辈出，映霞外有杨之华、毛彦文等为中外所共知。

民国二十七年，中日战争方酣，我在武汉轮渡中碰到映霞，她对我缕述和达夫婚变经过。她说："达夫因发现许绍棣给我的两三封信，听信旁人挑拨，遂指我为不贞，又擅登广告，诬我卷逃。达夫虽随即登报道歉，说一切出于误会，但事已至此，破镜已难重圆了！”映霞常在汉口王文伯寓所，我们除在轮渡匆匆一见外，也常在文伯那里会面。文伯曾任铁道部次长，久居美国，一度因吸烟不慎，为火灼伤甚重，胡适之曾奔走为他筹措医疗之费。

我为了几方面的友谊（包括一个当时炙手可热，不幸惨死的政治神秘人物在内），辗转与周象贤拉了达夫、映霞，同在汉口太平洋饭店为他们和解，签了和解书，企虞（周象贤的字）和我也都签了名。不久他们夫妇经友人易君左的安排，便到湖南汉寿去了。

达夫在汉寿住了几时，即赴福州省政府复任参议，旋又辞职携家到新加坡，任《星洲日报》副刊编辑，映霞也在报馆工作。在此期间，他们貌合神离，感情日恶，加之达夫心有未甘，又发表半属虚构和泄愤的《毁家诗纪》，使映霞难堪，以致终于不能免于离异；我们在汉口为他们伉俪所作的一番苦心的调解，至此也终于白费了！

映霞在杭州交游很广，她和朱夫人若兰、赵夫人静英为闺中密友，杭州社交集会，总少不了她们，我和亡妇思玫和她们交游亦很频繁，我还记得有一次，看见映霞和朱夫人同倚靠在沙发上朗诵元稹的《悼亡诗》，念到“针线犹存”，都盈盈欲涕，我告诉她们，元微之是一个薄幸的人，他既遗弃了他的表妹，又在所作《会真记》中，说她“不胜妖孽”，她们听了我的话，又破涕为笑，说古今文人，一丘之貉，大半是这样的人！

达夫在第二次世界大战新加坡沦陷前，和共产党人王任叔等逃到印尼苏门答腊的棉兰，日军占领棉兰前，又逃往武吉丁宜山区，改名赵廉，经营一酒厂为生，并与一印女何丽有结婚生子，他自己好像知道处境极危，预立遗嘱，处分遗产，结果一如所料，为日本宪兵秘密杀害，他的死因至今难明。

达夫和映霞的不幸身世，固为友好和中日文艺界同声叹息，而达夫一代才人如此悲惨下场，尤使人不得不一掬同情之泪。达夫长兄郁华为名法官，亦为日人和汉奸在沪所杀，弟兄同运，尤堪浩叹！

民国二十九年，我以探视父病由金华到重庆去。父病既愈，一日夜间和家人去看名伶赵荣琛的平剧，忽觉有人在背后轻轻地推我，回头一看，原来是映霞，我们相约次日再见，在次日和以后的几次深谈中，她告诉我，方从新加坡回国，已和达夫正式离婚。现和刘怀瑜女士住在一起，怀瑜为内人浙江安吉的小同乡，曾任安徽省立女中校长，其家为安吉首富，为人爱朋友，肝胆照人，有丈夫气。

映霞在民国二十五六年达夫离杭，到福州任职省府参议期间，始终和其母与诸儿同住。日军占领杭州前，是浙江财政厅长程远帆用汽车把她们母子接到金华避难，后来她们全家搬到丽水的碧湖。我曾被邀至碧湖演讲，那里没有旅馆，即在映霞家寄宿，映霞的老母对我嘘寒问暖，爱护有加，其慈祥的面貌，至今难忘。程远帆曾任中央信托局局长与财政部司长，为当时美国名参议员范登堡之好友，民国三十二年他即住在重庆四德新村我的家中，我们谈起郁、王悲剧，都为之浩叹！

回忆绍棣与映霞的认识，约在西安事变发生前后，时绍棣任浙江教育厅厅长，不幸丧偶，其妻方志培遗有三女，均甚幼小，朋友们除照护他的弱女外，并为在杭州大方伯附近一个尼庵中营奠营斋，即习俗所谓“做七”，每次做七，内人和许多朋友夫妇都来参加，映霞自不例外，因此他们便有了感情。以绍棣为人之方正清廉，许、王两家儿女亲属同居者之多，及他们每次相见都有别的朋友在场，在十目所视之下，我确信他们的关系仅止于爱慕和别后的通信，一般悠悠之口和达夫的猜疑，导因于其中尚夹杂着一个神秘第三者。

在重庆和映霞几度深谈，我恳切地忠告她，世间不如意事，十常八九，滔滔斯世，那里还有恕道，只有簧口纵横，惟恐旁人不跌倒！我又劝她，尚在盛年，应另谋归宿。她虽不以我的话为然，但形格势禁，最后使她不得不和三北航业公司的钟贤道再结连理，钟君为人厚重，经外交界耆宿王正廷为他们主婚。我和内人在浙闻讯，额手称庆，虔诚地为他们祝福！

映霞与我和内人，始终交好无间，她在杭、在汉、在渝和最后在沪，都和我们不断往来，甚至她由汉寿前往福州道经长沙，适值湖南省主席张治中盲目地实行所谓焦土抗战，纵火焚城，使她的衣服、文件尽失，还狼狈地由浙赣路的江山到金华来看我们，对我们告诉坎坷，泣不成声，还在我家一宿，始依依别去！

听说映霞现尚在沪，还准备写回忆录，她文字流畅，亦能作诗，她的回忆录，一定爱恨交织，有血有泪。她的密友朱夫人若兰久病已由香港返回内地，赵夫人静英仍在美国，活跃如故，前年今年都由美来台，在我家小住，但一切非复当年，提起杭州往事，不堪回首，只有再付之一叹了！

目录

附录

前　言

随着研究郁达夫热的浪潮，我也时常被人们提起，近年来，天津、杭州、广州、台湾、香港等地出了好几种关于我和郁达夫的书。作者中有的是我的老朋友，有的是素不相识的，所以书中所说，有的对，有的纯粹是“创作”，使人哭笑不得。每当我读着这些书的时候，总是想自己动手写，写我和与我有关的亲人、朋友、作家等。可是书一放，便又忙别的事情了。

感谢台北《传记文学》编辑部的各位先生，给我一个良好的机会，终于把多年的愿望兑现了。在这本书中出现的王映霞的形象，不再只是一个作家的妻子，而是一个活生生的人，一个多侧面的立体的人。我有时是女儿，有时是妻子，有时是母亲，有时是学生，有时是老师，有时是……人世间的欢乐、痛苦、惆怅、激动、兴奋，我都体验过。尽管如此，我总觉得，生活是美好的。

当我静坐下来，像作家一样提笔写作时，心中似乎有无限的快乐……

彩霞映天

上有天堂，下有苏杭。我的家乡杭州是个美丽的城市。她拥有赏月胜地的西湖十景之一的三潭印月，有建于北宋时代的六和塔，有“天下第三泉”的虎跑，有我国古代石窟艺术的瑰宝——灵隐，还有孤山、玉皇山、九溪十八涧、龙井、烟霞三洞、紫云洞、黄龙洞等，我简直数也数不过来。每天，杭州总是带着微笑、张开双臂，迎接来自国内外的朋友前来观光旅游。

有多少名人雅士，为杭州西湖吟诗作赋，又有多少画家，将她引入画中。

我出生在杭州的余官巷中一所高大而古老的宅第中，周围是极高的风火墙。院内除了住房以外，还有花园、竹园，以及几十间住房。祖父金沛珊，他老人家生了五子两女，女儿出嫁后，有时也和已成家立业的儿子住在一起。

我父亲名金冰孙，排行第四，祖父上代也是老四，老四房与小四房，所以祖父就特别喜欢我父亲。

父亲长到十七岁，就和十八岁的王家小姐我母亲成了亲。金家祖上是盐商，就是坐在家中收钱的行商。到我父亲一代，家道已中落。我的母亲叫王守如，出身书香门第，外祖父就是王二南，从前南社的成员，在当地是一个很有名气的读书人。在从前，商人家和读书人家结成亲家，在一般人眼中，是属于高攀的。父母结婚后，一直过了六年，母亲才怀孕有我，养下我，大家都欣喜万分。

丁未年，前清光绪三十三年，也就是一九〇七年的阴历十二月二十二日，窗外晶莹的雪花飞飞扬扬，屋内通红的火焰在舔着炉膛，院子里的人们都在焦急地等待着，特别是祖父和祖母，屏着呼吸，简直觉得钟摆停住不走了。终于，屋内传出了响亮的哭声，那就是我向世界喊出的第一声：我来了！父亲迫不及待地冲了进来。他第一眼看的不是母亲，而是我！他们的爱情结晶。

转眼间一个月过去了，正好是阴历新年。过了元宵节，家中上上下下张罗着为我办满月酒，桌上堆满了亲戚们送来的礼品，有红色的小衣服、金锁、银圈、玉镯、响铃等，我最喜欢的是那顶小红帽，宽宽的帽沿上有五尊菩萨，当中一个最大，两边几个稍小一些。那时办满月酒，一般不请朋友，只请亲戚，为了助兴，祖父还请了京剧戏班来唱堂会，唱戏的人都住在我们家里，演了一个星期，演的都是些吉利喜庆的剧目。人们喝着、吃着、笑着、看着。轮流地抱我、亲我。外祖父为我取了个小名叫“琐琐”，“琐”，是由“王、小、贝”三个字组成的。拆开来，就是王家的小宝贝。金家祖父又为我取了学名，叫金宝琴，“宝”是宝字辈，“琴”是小女孩名字中常用的词。至于我又怎么会叫王映霞的呢？此是后话，在此先不提。

金家是大户人家，在杭州城里是有名气的。家中小孩一出生就交给奶妈，但我母亲却是亲自喂奶，直喂到我五岁才不喂。因为那时她又怀孕了，就是我唯一的弟弟金宝垌，又叫金右谭。如果不怀弟弟的话，也许母亲还会继续喂我。

我出生的房间就是我父母结婚时的新房，有二十多平方米大，家具并不多，只有一个方桌。四边各有一张靠背椅，椅背上都有绣花椅罩。一个茶几，二三个玻璃大橱。旁边有一个小房间，房门上都挂着绣花门帘。看上去很漂亮。我总喜欢用小手摸摸它、闻闻它，好像上边的花是真的一样。

大人们都说我乖、文静，整天待在屋里，和母亲、佣人玩，从不到院子里去乱蹦乱跳、爬高爬低的。当太阳升起来的时候，我伏在窗台上，看着天井里盛雨水的大水缸，想水缸里是不是藏着田螺姑娘？太阳落山时，我会盯着后花园的竹林子，想里面也会不会飞出白娘娘和小青青？透过多彩的晚霞，我仿佛看到许多长着翅膀、美丽的仙女在嘻笑玩耍，晚上我梦见自己也长出一对小翅膀，飞到天上，和仙女们在一起……

到外祖父家去

一九一一年十月辛亥革命成功，推翻了清王朝。高坐龙廷的末代皇帝下台了。

一九一二年，杭城光复的三月里，外祖父把我们一家接去住在他身边，一家子包括父亲、母亲、五岁的我和刚出生的弟弟，还有一个奶妈。

外祖父的家住在离杭州城二十多里路的郊区，叫拱宸桥的地方，桥下有一条河，河上经常有小火轮开过，可以直通上海和苏州，岸上有铁路，活像个小商埠。甲午战争后，这儿就成了日租界，没有驻扎军队，但有日侨居住着。日本人建了一幢幢三上三下的楼房，格式和上海的石库门房子相似。

外祖父家中只有四口人，一对老夫妇，还有儿子王九鹤和儿媳，但为了住得宽敞些，所以也租了一幢三上三下的楼房。我们去了后，外祖父和外祖母住底楼的后客堂，我和父亲、母亲住在二楼前房，奶妈带着弟弟睡在亭子间，奶妈除了喂奶，也帮着做些家务。

外祖父叫王南，号二南，计算起来，他要大我四五十岁。胖胖身材，一张长圆而终年都红润着的脸，说话的声音沉着洪亮，脸上一直挂着笑容，待人和气善良。我知道父亲、母亲都很爱我，但不管怎样总及不上外祖父待我好。日租界里有戏馆，经常有当地和外地的京剧戏班子来演出。还有茶楼，外祖父很喜欢坐茶楼，每次去几乎都带我去，他们大人谈画论诗，说天道地，我就坐在一边，喝喝龙井茶，吃吃椒盐花生米，睁大了眼睛看着这些兴高采烈的老公公。有时听厌了，就楼上楼下，各个桌子看看、玩玩，这样一泡就是半天，回家时我的小肚子已经吃得饱饱的了，连饭也吃不下了。

外祖父对自己书房里的东西，老爱收拾得整齐清楚。在写字台的抽屉里，哪一只放信纸信封，又哪一只放笔墨，安排得井井有条。我从小好奇心极强，愈是他平日关照过我，不许我去乱翻的好几只抽屉，我老喜欢等他出外时，暗中去抽开来望几眼。有时看到抽屉里有一张红纸，或者几个较大的笔套，我便取出来拿在手中玩一会，玩够了然后再放进去。自己认为是已经放归原位的了，外祖父回家一定不会觉察。谁知外祖父回来后一开抽屉，便马上觉察已经有人去开过他的抽屉，他不用猜，就知道是我动过他的东西了。

外祖父给我讲故事，带我逛大街、坐茶楼、看朋友，特别钟爱我，可说来你不信，我还对外祖父赌气呢！记得有一次，外祖父出去办件事，临出门前对我说：“琐琐，下回带你去噢，在家玩。”可我缠着他，非跟去不可。我从来没骂过人，想了老半天，想出了一个“老秀才”的单词，大人看我骂外祖父“老秀才”的模样，都笑了，外祖母出来搂着我，对外祖父说：“你就带她去吧。”外祖父用手指点点我的脑门说：“走吧，你这个小伢儿（杭州人叫孩子的爱称）。”我跳着、蹦着，搀着外祖父温暖的大手出去了。一路上，外祖父像往常一样，给我买定胜糕、条头糕、云片糕、豆沙馒头、肉馒头……起先我还起劲地吃着，后来干脆每一种咬一口尝尝，等回到家里，我们好像把点心店全搬回家中，照例我又肚皮饱饱吃不下饭了。

外祖母姓胡，人称胡氏，她和外祖父的祖籍都是安徽，都是出身书香门第，都是胖胖的。外祖母爱穿淡蓝、深蓝色的大襟绸衣服，夏天穿白色的纺绸衫，下边是黑色的绸裤子。头上梳那种旧式的发髻。外祖母的家里大约受到过新思想的影响，所以她没有受过一般女孩子裹小脚的苦痛，一双舒舒坦坦的大脚，走起路来稳稳当当的。

外祖父一家是属于百灵鸟型的，喜欢早起早睡。每天清晨外祖父就叫我起来，然后外祖母就给我梳头，当中挑一条笔直的头路，扎二条小辫子；然后外祖母就把买来的大河虾洗干净，放上葱、姜、酒、盐，上锅蒸，给我当三餐的下饭菜。我的衣服都是外祖母和母亲做的。春秋天穿一套上下同样颜色的短衫长裤，有时是粉红色的，有时是湖绿色的，很招人喜爱，外祖父的朋友来总要带些礼物给我。外祖父、外祖母喜欢我，另外还有一个原因，就是我的舅舅王九鹤是个游手好闲的不孝之子，发起脾气来，会把饭桶一起朝老人扔去。舅舅二十多岁就生病去世了，外祖父对他的去世一点也不悲伤。

我那时还小，不懂得打扮，大人给我穿什么，就穿什么。那时母亲常让我女扮男装，特别是冬天，让我穿棉袍子，外罩棉背心，脚上穿洋袜，就是现在的纱袜，脚蹬棉鞋。其实大人给我这么打扮是另有一番心思的，在我出生几年后，母亲果然生了一个男孩。

在外祖父住屋的后面，相隔一条弄堂，有一所外祖父的朋友王先生创办的里弄小学堂。这所学堂的大门，正好对着外祖父家的后门。每天我听到飘进屋来的琅琅读书声时，就吵着要进学堂，外祖父一口答应，还给我买了一个藏青色的小书包，包里有几本和别人一样的课本、铅笔，但不给我毛笔和墨、砚台，怕我弄脏衣服。每天我背着小书包，神气活现地去上学，坐在教室的最后一排，听老师教人、手、足、刀、尺。当然，我既不会写字，又不懂看书，倒总算尚能不吵闹，全神贯注听着坐在上面的先生在讲课。因为过分的安静，反而给我带来了睡意，有时候我竟会不知不觉地睡着了。等到下课铃声一响，才又将我惊醒。

王先生虽是读私塾出身，可在学堂里施行的是新式教育法，还有体育课，做徒手操，好似现在的广播操，我人太小，先生不要我上体育课，任我在边上随意地玩。王先生待我很好，后来我住在上海时，还抽空到拱宸桥去探望他，常对郁达夫提起王先生。

我们全家在外祖父家住了二年，也是我小时候最快乐的一件事情。

搬进新房子

祖父叫金沛珊，既未做官，也不会经商，在他一生中，家道日衰。辛亥革命以后，他把杭州余官巷的大宅院卖掉，同时在离市区近郊的湖墅信义巷西头，买进了一所较小的住宅。这宅院的东首有一座观音桥，西面有一条浒弄，后来的宁杭公路，就从这浒弄里打通出去。跨出大门两三步，有一条小河，这条小河西通余杭，东往松木场，听说还是运河的支流。当时因为湖墅的生活程度较低，所以我们的祖父也就在那里定居了下来。

一九一四年的重阳节后，虽寒蝉抱树，木叶尚未尽落，但偶尔一两阵风来，也着实有些凉意。就在这个时候，妈妈带着我，爸爸抱了三岁的弟弟，分乘了两顶小轿，小轿后面跟着两担行李，从外祖父家里搬回到这一所祖父新买的宅子里来。进了信义巷，我还没有等轿夫把轿子停妥，就打轿帘，四下观看。这是一条静静的小街，面前是大墙门，门内就是我们的家。

祖父安排我们这一房住到三间花厅里，就在大厅的右首。三间花厅是坐西向东的，东南北三面是极高的风火墙，所以即使在晴天，也只有在中午前后，才看得见阳光，而这仅有的阳光，也都还是从院子里那两棵大梧桐树的枝干缝隙中射进来的。院子里是泥地，院子的形状，正形成了一个横的长方形，正好铺在三间正屋的前面。除了正中有两棵梧桐之外，一面有一棵玉兰，另一面还有一棵夹竹桃。对面粉白的照墙上，还种上了两棵木香和蔷薇。这两棵树的树根，正好插入到东面靠墙的花坛上。花坛前面有两条石凳，分列放在两旁，中间安放了一张小圆石桌。因为不容易晒着太阳的缘故，在每一棵树的树根旁边，都长满了青苔。记得我第一次跑到院子里去玩的时候，便滑了一大跤。

祖母姓陆，杭州人，祖上也是经商的，这样可以和金家门当户对。祖母在娘家受的是三从四德的旧式教育，所以嫁到金家后，对丈夫百依百顺，真称得上是位典型的贤妻良母。祖父结婚时才十八岁，祖母十六岁。她三十六岁时就当了婆婆。

祖母体质素弱，又加上她那一双缠得纤细的小脚，累得她平时就不愿意随便出来走动，总爱独自找个静寂地方，坐在屋子后面，竹园旁的一间小厢房里，终日捧了一串念佛珠念佛。我们初搬来时，妈带我进去看过她老人家一次。祖父则终日笑脸常开，手中还拿着一根二尺多长的旱烟筒，东看看西摸摸地在料理着家务。他走起路来，总喜欢慢条斯文地踱着方步。无论看见了哪一房的哪一个小辈，也总是笑嘻嘻的。笑起来，他嘴旁的那两撇八字胡子，也就随着他的笑容分了开来。

自从我们搬回来住以后，祖父几乎每天都要踱进花厅里来看我们一次。来了之后，除了经常和妈谈些家常以外，就是爱抱弟弟，逗弟弟玩。对于我，有时只顺口说一句："少跑少跳，女孩子要文静些，不然会给别人说闲话，说你不懂规矩的。"我听了，并不知道什么叫"闲话"，又什么叫"规矩"，但总感觉到没有在外祖父身边那样开心，好像无形中有什么东西在束缚着我。祖父踱回去时，经常将弟弟抱着带走，却总不带我一同去。他们出园门后，妈就会到外房的小洋铁皮箱里，去取出一包豆酥糖或者几块香糕来，拉我过去，塞在我的小手心里。于是我重又蹦啊跳啊的，独自个去玩了。

爸爸早出晚归地在城里工作，我不常见他的面。大弟三岁了，长得很结实。当我们俩在屋子里玩腻了的时候，就缠在妈妈身边。逢到这样的情况，妈便低声地向我说："陪弟弟上大门口去玩一会，好等爸爸回来。"

新房子和老房子比，是相对小了些，其实也蛮大的，大伯父、二伯父和五叔叔都住在一起。

大伯父前后共娶过三个太太，有二子六女，对他们管教很严。大伯父第四个女孩叫金宝笙，我在杭州女子师范学校求学时，学校附近有个蚕桑学校，想到和我同辈的堂姐都锁在家中，心中总是愤愤不平。一天，我偷偷地把金宝笙叫出来，带她到蚕桑学校去报名，顺利地进校读书了。后来大伯父的第一个太太已去世，大伯父到江西捐个县官当当，又娶了个江西太太，天高皇帝远，鞭长莫及，他也无法管，祖父不反对，祖母绝对不会说我们的。至于我父亲，最多是讲我人小主意大，居然瞒着大人带女孩出去读书，然后一笑了之。就这样，金宝笙在蚕桑学校读了二年书。中途因她的大姐去上海结婚，要带她同去，才停学的；临行前，她拉着我的手，似乎有点歉意，我反而安慰她。后来由她大姐做主，在上海成了家，一直和我很好。

二伯父整天游手好闲，不出去做事，待在家里搓麻将。有个女儿叫金静婉，后来嫁给杭州一家姓沈的，听说还是著名文学家沈端先（夏衍）先生的本家。

五叔叔叫金嘉湛，在我们家附近的卖鱼桥一带当律师，挺有名气的，他有女儿，现在已从浙江大学退休。

在弟弟面前，我是绝对的权威，什么都听我的，吃东西我先挑，到哪儿玩，我来定。我家大门外有一条石板路，再过去便是别家的菜地。通过菜地，就到了河滩。河滩上经常堆放着许多别家未运走的木排。河面上不时有来来往往的小木船，满载着鱼虾河蚌之类，到杭州城里去出售。有一次我带弟弟到河里去摸螃蟹，一不小心，弟弟的脚滑到河里去了，鞋、袜、裤全弄湿了，弟弟吓得哇哇哭，我一阵风似的奔到家里，先告状，这样大人就不会骂我，而弟弟遭到最疼爱他的奶妈一顿骂，父母是不会讲我们姐弟俩的。

有时亦会有一二只渔船停靠在河边。我们看着坐在船头上晒太阳的大人和儿童，船头上光滑的甲板，以及甲板边上安放着的锅灶菜橱之类，若再从船舱向里望，还可以看见小桌小椅和棉被等。我往往会站着呆看多时，心想，要是我们家也有那么一只小船，爸爸将小船撑到各处的大城市里去，夜晚也就睡在船里，多好。

一年后，大伯父去江西做官，二伯父搬进杭州城里去住。不久，我们这一房也就搬进了城，另立门户。

我是个幸运儿

我父亲是个很有气度的男子汉，一直想自立门户，不依靠爹娘。在我七八岁的时候，父亲通过朋友的介绍，在宁波一个军事机关里找到了一份差使，当书记，当时的所谓书记，就只负责抄抄写写。从杭州到宁波算是出远门的，我可高兴了，帮着母亲整理行李，结果是越帮越忙，母亲不得不下逐客令，叫我出去玩。

出发的时间到了，父亲带着我母亲、我、弟弟，还有奶妈，浩浩荡荡地乘火车到上海，从上海再换轮船到宁波城里叫江北岸的地方下了船，我们的住房有二大间，就在机关里面。

在家属院里，有个人家家中请了私塾先生，父亲就叫我去读书。一起读书的有十几个小孩，都是同院的，女孩比男孩多。我在小孩中是比较年龄大的，最小的才五六岁。先生鼻梁上架了副眼镜，身上穿长衫。对我们很慈善，桌子上有一把戒尺，但从来没打过我们。

先生上课用宁波话，教《三字经》，当天教，隔日背，还上写字课，用毛笔写描红字，我有时不用毛笔，就用铅笔写，先生也不骂我。看到写得好的字，先生就用红笔画上圈。我有时一个圈也没有，有时有三四个，每当这时候，我就飞也似地跑回家，给父亲、母亲看，他们总是乐呵呵的夸奖我，说我快成女秀才了，我听了好得意哟。我们每天上午和下午各上两个小时的课，每过一小时休息一次，让我们玩玩；夏天、过年就放假。我觉得读书很轻松、很有趣、很快乐，所以从小就喜欢读书。

在宁波住了二年，父亲由于初离大家庭，生活上有些不习惯，再加上机关撤销，一九一七年，一个春暖花香的季节，我们全家又回到了杭州，但没有回到湖墅的大家庭，而是在旗下（今解放路旁）仁和路上租了一间统厢房。旗下的全称叫“旗下营”，是当年杭州最热闹的地方。“旗下”顾名思义，就是从前清军八旗盘踞过的地方。父亲在附近的一个机关里仍做书记员之类的工作，收入足以养家。

每天，父亲出外工作，母亲在家中管理家务，我和弟弟各自玩耍。从宁波回到杭州半个月后，有一天，爸爸对妈妈说：“女孩子大了，老在家里玩也不是个事情。今天，我办完公回来，就在旁边那条马路旁的惠兴女学校里，替她去办了报名插班的手续。插入小学二年级，校长和教导主任都是女的，校长姓费。明天将她送进学校去……”

于是，我正式进学校读书了。学校生活，使我感到兴奋，感到新鲜。晚上，上床之后，也总会想起白天在学校里所接触到的许多事物。

惠兴女学校就在我们住的仁和路转弯的惠兴路上，校舍很漂亮，大门是红色西洋式的，穿过传达室迎面就能看见一个大镜框，在白漆底板上用黑漆写着学校规则：不迟到早退；上课不做其他事情；不许带东西到学校里来吃等等。校舍在一幢二层楼的楼房里，每一层有三四个教室，朝南是几扇落地玻璃门，可通往大阳台，下课后同学们就在阳台上走走、说说，从不大声喧闹。

费校长三十多岁，虽然长得并不漂亮，但看上去很端庄，她经常把长头发盘上去，在脑后梳个横“爱司”即英文中的“S”形，前额没有一丝乱发。身上穿的是深色的大襟短衫，下边的黑裙子一直拖到脚面上，脚蹬一双黑色圆口的平跟皮鞋。前边塞满了棉花，因为她曾裹过脚，小脚装大脚，走路挺累的。听说费校长家庭生活不美满，自己有点钱，就出来办学校。那时不兴离婚，我们看她有时晚上不回家，就住在校长室里。教导主任姓赵，年纪比费校长小，三十岁左右，样子很难看，话挺多，我第一眼看到她，就不喜欢她。

惠兴女学校设有小学部和中学部，小学读七年，中学读四年，不分高中、初中。我们小学二年级有这样几门课：修身课、语文课、算术课、音乐课、体育课。上午三节课，下午二节课。修身课是费校长亲自上的，主要讲女孩子平时应该怎样对待人和事，例如人家的东西不要随便拿，走路要文静，不要跑。语文课是班主任陈老师上。算术课教最简单的加、减、乘、除，语文和算术的课本是教育局统一发的。音乐课教简谱，老师弹风琴唱一句，我们就跟一句，唱的是当时的儿童歌曲。上体育课时，全班三十多个同学就在大天井里做徒手操、跳绳等。因为我们年纪小，音乐课和体育课安排得比较多。学期结束时，校方请家长来开恳亲会，每人清茶一杯，校长讲话，她介绍学生的学习情况，感谢家长的良好配合等。

暑假之后，在规定秋季开学之时，我们忽然接到了学校的一张通知："本校因事延期开学。"至于什么原因，究竟延迟几天才可以上课等等，则一概都不明白。过了几天，从同学们的传说里，才得知了学校之所以延期开学的原因，是因为校长和教导主任之间闹了意见。又传说后来因为教导主任的势力大，竟把校长逼走了。逼走之后，教导主任就自任校长。听到这样一个不幸的消息之后，我着实难过了许多时候，然后就去邀集了十多个和我年龄相仿的同学，赶到那一位被逼走的校长家中。我们毕竟都还是孩子，未等开口，就都呜呜咽咽地哭了起来。是同情的哭还是分离的哭，当时连我们自己也弄不明白。过了好一会，总算还是鼓足了勇气，涨红着脸，像口吃似地叫出了一声老师，说：“你另外再办一所学校吧！我们都跟了你到新的学校里去读书……”旁边的同学也都附和着，说：“对，我们也都是这样想的。”校长的脸上，露出了一丝微笑。

孩子们的愿望，竟给了我们那一位校长不少的启发和勇气。隔了一个多月，在较远的一条巷内，树起了一块“行素女子中小学校”的牌匾。而我们这十多个所谓发起人的学生，也都瞒住了家长，改到行素女校去读书了。由于我每天的早去迟归，日子一久，当然被爸爸发觉了，他曾说过我几句：“你还小，凡事也应该向大人说清楚了再去做，这样独断独行，将来要弄出是非来的。”从此以后，我就很顺利地把书读下去了。

我是个幸运儿，在金家众多的女孩子中，只有我一个上学读书，在惠兴女学校读书的短短时间里，我增长了不少知识，也懂得了一些人情世故，渐渐地变成了一个懂事的孩子。

我改姓王，叫王映霞

大概我快要在初级小学毕业的时候，有一次外祖父向爸爸提议说："让她承继给我，改姓王，以后就算我们王家的孙女，你们同意不同意？"

"只要你老人家喜欢，孩子本人当然是愿意的，我们怎会不愿意？况且金家房份多，女孩子不少，承继一个出去，想来她祖父也不会不赞成。"爸爸马上接上去回答。

就这样，我的姓名就由"金宝琴"而改成为"王旭"；但外祖父又觉得这"旭"字不大容易称呼，于是又添上了"映霞"二字，作为我的号，后来就索性改成"王映霞"。我亦从此将外祖父改称为祖父。

我对外祖父的身世不甚了解，只知道他非常喜欢我，我和他在一起非常快乐。倒是三十年代时，郁达夫专门为他写过一篇《王二南先生传》，文中比较详细地讲了外祖父的事。

外祖父于旧历九月廿八日寅时，生在宁波宁绍台道的官署里，那时他的父亲正在段镜湖观察的幕里佐金谷。对于他自己的生日，曾对郁达夫开玩笑地说：“九月廿八日本是财神的生日，像我这样穷措大，居然会和财神同一日生，你说可笑不可笑？”郁达夫后来回忆道：“先生每次谈到他的生日，总忘不了对命运之神，作一段诙谐。听他的口吻，看他的神气，却并不是在怨贫，倒是真正地在乐道。”

外祖父七岁的时候，因他的父亲出长沙县，也就跟着到福建延平府下的沙县去读书了。外祖父从小聪慧过人，十二岁，为留守德县宰云南汤四如先生所赏识；十六岁时，为徐寿蘅学使所拔擢；十九岁时补廪。凭他的学问和品行，完全可以功成名就，可是在他廿一岁，参加考试选拔时，头场取列，二场因母亲生病而未去，这是他一生功名潦倒的开始，此后一直没有顺心过。先是父母双亡，接着是数家钱庄同时破产，后来为四妹出嫁而倾家荡产。这接二连三的打击，外祖父只说了一句话：“大约是天之将降大任于我也！”从中可看出他的旷达风度。

外祖父从廿八岁起，到五十八岁止，曾在宁波入鄞县陈槐庭大令幕，在萧山为桑禹卿西宾，在绍兴入霍子方太守幕，在诸暨入倪愚山大令幕，在东阳掌教东白书院，在义乌掌教秀湖书院，在嘉善入苏俪笙刺史幕，在秀水入寿子平大令幕；还去宁海、归安等处做过事。虽则收入甚微，但他为双亲办了后事，扶养了儿女，接济了朋友，可见他对己的俭约，对人的宽大。因此人缘好，朋友多。在我出生后，虽然有许多人请他做事，但外祖父不愿意，只承认做一个孔庙的“奉祀官”和育婴堂的董事，以尽他的暮年卫道。

外祖父多才多艺，做什么，像什么，样样都可与专家比高低。他会书法、刻金石、撰谜语、唱道情、制印泥、种花木，甚至还会缝衣补袜。他常说：“凡事总不外乎一个勤字，不要灰心，不要自弃，什么事情总做得好的。”

外祖父很重视对我们的教育，他说：“在家里不吃苦，到社会上要吃苦的。”他所说的“吃苦”二字，就是指的参加劳动。家里的扫地抹桌、收拾整理等之类的事，都要我们自己动手，不准我们随便呼唤佣人；尤其是外祖父房间里的清理打扫等事，他更希望我替他代劳。每当我耐心地在做着各种杂务的时候，他总在旁边鼓励着。上慈下顺，童年的欢欣，至今还深深地留在我记忆里。

每逢寒暑假或者星期天，老人家的兴致总是格外高。在前一天晚上，他已经在安排我们老小俩第二天的活动了！上哪里去散步，去看哪一个亲友，讲一个什么故事，给我看哪几页书，或者讲一个什么典故。他还教我读唐诗，找出一些浅显易懂的名句来，深入浅出地分析给我听。他在讲“清明时节雨纷纷”这一首通俗的七绝诗时，告诉我也可将字词拆开，改成一首词，就是：“清明时节雨，纷纷路上行人，欲断魂。借问酒家何处？有牧童，遥指杏花村。”他带我出游的时候，还给我讲许多西湖掌故。后来我的看书和喜欢读前人诗话的习惯，是和外祖父对我的引导分不开的。

我除了在学校里的时间以外，总是形影不离地跟随他——外祖父，他真像是我的慈母兼严师。

一九一九年四月，父亲在章家桥里塘巷内租了一幢杭州本地房子，共二层楼，每层有六间，前三间，后三间，另外还有厨房等，四周有风火墙。这时外祖母、舅舅、舅妈都已去世，外祖父孤身一人，父亲就将他接来同住。

每天父亲上班去后，我们一家子经常出外游玩。一九二四年九月的一天，我们一家：外祖父、母亲、我和弟弟又到西湖坐船玩，天近傍晚时，我们想在雷峰塔下附近的汪庄上岸，准备回家的时候，忽然看雷峰塔下冒出一蓬烟，我们都惊呆了，不知发生什么事，等到烟消云散，才发现是雷峰塔倒了。

雷峰塔为吴越王钱俶于公元九七五年建造，初名西关砖塔，后定名为黄妃（钱俶妃）塔，内藏《华严经》及《陀罗尼经》等文物，听说塔倒塌后，部份文物移置于浙江省博物馆内。

因它建在名为雷峰的小山上，通称雷峰塔。雷峰塔在民间故事和戏曲《白蛇传》中有不少传说，在文人、画家笔下也留下不少的作品和绘画。“雷峰夕照”原为西湖十景之一，雷峰塔倒塌，这一景色也就消失了。记得鲁迅在一九二四年十月廿八日还写过一篇题为《论雷峰塔的倒掉》哩。

我们家藏有一把王二南先生的扇子，扇骨红润，扇的二面有画有字，怕已有七十多年的历史。扇子的一面是南社诗人楼辛壶手绘的雷峰夕照图，图中雷峰塔屹立于湖光山色之中。另一面是我外祖父王二南先生的正书，写着该塔的来历和倾圮的时间。七十年代末期，我曾将此扇赠与景玉公，可他觉得此扇乃珍稀之宝，留给我纪念，比由他收藏为好，他难于笑纳，故又还我保存。去年，我才又赠与受人尊敬的年已九十三岁高龄的郑逸梅先生。

在雷峰塔倒塌的这一年，国内似乎要打仗的样子，我看大人都挺紧张，于是外祖父就把我送进了一个教会学校，叫“冯氏女学”，想一旦打仗，教会学校可以继续读书。当时杭州有两个基督教会学校，另一个叫“弘道女校”。主持人是外国人，教师都是中国人，而且是杭州人。这个学校终日忙于读《圣经》，唱赞美诗，做礼拜；文化课有英文、语文、数学、音乐和体育。我读了一个学期就离开了。

进女子师范附属小学

我们搬进章家桥里塘巷不久，我父亲就病倒了，十几年来，他为了经济上的独立，一直在外做事，以不多的收入来养家糊口，积劳成疾，得肺结核，杭州人叫痨病，拖延三个多月，在一个大热天，他撒手而去，年仅三十六岁。父亲平日对我总是客客气气的，我对他也很尊重，但当我知道他临终时的一段话后，我却恼怒了。他对母亲说："琐琐读到小学毕业，可以不读了，女孩子书读得太多，没什么大用……"父亲去世的这天，我正在学校里参加考试，家中派人来叫我回家，说父亲病重，但我不想回家，结果错过了最后见一次面的机会。等我长大成人后，有时想想也挺内疚的，但并不后悔，我这个人发起憨来，十头牛也拉不回来。

父亲逝世后第二年暑假，我就考入了浙江省立女子师范附小的高小一年级。这所学校的规模以及教师的水平，当然远远地超过了“行素”，我的眼界，也因换了学校而开阔起来。我长到了十四五岁时，不但智力很快地上升，而且感情也日益丰富。若遇到某一个我所爱听他讲课的老师离去了，或者回家了，我竟会很多日子暗中不开心，甚至会独自流泪，有一种不知所以然的哀愁，萦绕着我。

那时我的音乐老师是姚韵漪，后来是杨贤江的夫人。

我与这位音乐老师感情不错，尤其在读了她的一首悼念我们一个同学去世后的诗，我真为她落泪。她的诗是这样写的：

桐棺三尺出重门，
是耶否耶看未真；
君若有知当唤我，
为何隔板不相问？

我的爱文学，爱诗词，在幼小的心灵里，已慢慢地流露出来。

浙江省女师附小的环境相当幽静，在横河桥河下偌大两个黑漆墙门，并排列着，墙基填得高高的。一个墙门是女师附小，一个墙门是省立女师，前面两个墙门相隔虽有几丈之遥，但从后面走，可以通过到达，中间不过隔了一个大操场。

还有，因为我爱好体育，和新从上海请来的一位体育老师，也相当接近，她是上海体校毕业，由我们学校去把她请来。在学期结束时，她回无锡老家，她叫邓志学。

我真舍不得她回去，在我傻里傻气的头脑里，很希望永远能和她在一起。在寒假里，我写了几封情意深长的信寄到无锡她的家里。她也有信复我，我在每次接到她复我的信后，捧着如获至宝，感情在我的胸中沸腾着。

后来，我考进了女师，仍然和这位老师通信来往。再后来她嫁给了杭州人汤书年医学博士做夫人，在她结婚的时候，我还为她去做了嫔相。

高小毕业后，祖父考虑我的升学问题。这时杭州的女子中学并不多，男女同校的自然也还没有。

家里从经济及校风上着眼才决定让我去投考那一个为全省重视的浙江省立女子师范学校。一九二三年的秋季，我便以投考生的分数较高的名次被录取了。

女师的校舍是一座极大的旧式花园房屋，校园里有假山流水，亭阁楼台，处处呈现出古香古色。我搬进学校住宿之后，从一个家庭的小天地而跨入了这样的一个大集体中，觉得很满足了。全校有几百个同学，来自外地邻县的占半数，从她们的衣着和举止上看去，似乎有些“粗俗”，不过身体的壮健、读书的用功和人事的通达上，却胜过我们这一些城市的女孩子。她们中有的已经结过婚，有的订了婚，也有的正在进行男女交际。我则寻求和我性格相近、嗜好相同的女同学。例如河南籍的刘怀瑜同学，她父亲经商，在浙江的安吉落户。她便考入了杭州女师来读书，比我高一级，但较我小一岁，为人潇洒又风趣。等我考进女师后，她已在学校里读了一年。在我进校后，一遇见她，就觉得她是一个可以亲近的朋友，于是我们一混便熟了，后来她毕业之后离开了学校，我一直都很想念她。

我们的语文老师是北京大学文科的毕业生。他常将“五四”以后的许多文学作品扯进课本去结合着讲解，使我们接触到这许多新的、以前不知道而正想探求的知识，因而更增进了对于这一位老师的尊敬和崇仰。从此在我们的课堂里和寝室里，增添了不少正在流行着的新小说。冰心、鲁迅、郭沫若、郁达夫等作家的名字，也时常会在谈话声里听到。

我读完了鲁迅的《彷徨》和郁达夫的《沉沦》。对于鲁迅是人类的斗士和民族的精英的提法，觉得实在还不够理解，只看出了他的笔法很坚很健；至于《沉沦》里的大胆的描写，觉得有些怕看，有些难为情，因为和我这时的实际生活，不相符合。有一种似真似假的猜想，我的意念中也曾动过不少的疑虑。后来又接触到了郭沫若的《女神》等新诗，我只热爱诗篇那些新的词儿和新的体裁，至于内在意义，还相当模糊。不过在作文中，自己也曾以极幼稚的笔法来模仿过。读到《少年维特之烦恼》，主人公的专情痴情，以及两性间细致的心理描写与分析，却无端地引动了我不少愁怀。在求知欲极旺盛的我的当年，和这许多新书一接触之后，便对于每一个作者的形象都产生了一些想象。而同学中，则常常传说某一个作家来过西湖，住在西湖的什么地方，或者哪一个作家的什么亲友，在我们学校的哪一班读书。

到温州去

一九二六年初夏，我临近毕业了。我向往新的生活，希望走得远一点。

有一天我对祖父说——自从改姓王后，就一直称他为自己的祖父了，“爷爷！我快毕业了，你看以后怎么办？”

“你自己怎样打算？”祖父反问我。

“我打算先去教书，空下来的时间，设法补习日文，打算考考官费看。因为我们学校的毕业生，在日本读书的人不少。”

“你倒有这样好的如意算盘，哪来这样巧合的好机会？”祖父在笑我。

“有是有的，温州的十中，有好几个教师是从我们师范里调过去的，像林本侨先生，他就懂得日文。”我以充分的理由回答祖父。

“难道你为了想补日文，就到这么远的温州去么？不过，那边有教书的机会，倒还可以商量。”祖父松口了。

“有是有的，我们的年级主任说，那边的十中附小需要一个音乐教师兼幼稚园主任，我去较合适，就是怕你不肯，所以那一个位置现在还空着。这几天打算来看看你。”因为我知道年级主任先生是祖父的朋友。

“哦！”

后来，到温州教书的事决定下来了。

祖父和妈在这一个暑假里可够忙的，为我准备衣箱、铺盖。到了三伏过后，暑气将消时，我踏上了去上海的早班火车。因为祖父已经去打听过，只有乘早班车到上海，才能赶上当天开往温州的轮船。

汽笛声响了，我将头伸出车窗外，向站在月台上的亲友们挥手时，顿时，使我感觉到别意离情的令人惆怅。火车驶过艮山门，离杭州越来越远。顺眼望了一下四周的乘客，竟觉自己的年龄，好似已经增长了十多岁，也和大人们一样地能够单独出门了。想到从此能自由自在地开始独立生活，又不知不觉地产生了一种自豪感。这种感觉又把我对杭州、对儿时的故乡的离愁，冲淡了。

温州是个气候温和、物产丰富的滨海城市。如果你站在海边，一定会吹到带着潮湿味的海风，极目远眺，蔚蓝色的天连着湛蓝色的海，简直分不清是天还是水，偶尔有几只海鸥掠过海面，翅膀轻轻地拍打着海水，激起小小的浪花，令人心旷神怡。那一座建筑在瓯江中的江心寺是我周末唯一的一个游憩之处。幼年住在拱宸桥时，我爱着大洋桥下的运河；住在湖墅金家时，我又爱门前的那一条小河；如今是，我更爱着这浩渺无际的大海了。

浙江省立第十中学在温州是比较有名的，校长叫金嵘轩，留日学生，生得很瘦小。该校规模很大，除中学本部外，还有附属小学和附属幼儿园。同我一起离开杭州的还有同班同学孙秀兰，这也是班主任王更三先生精心安排的，怕我单身女子第一次出远门，多有不便，特地让孙秀兰当我的助手，一起到温州。在第十中学的附属幼儿园里，我当主任，孙秀兰当副主任，她去附属小学当音乐老师后，又来了一位当地人来接她的班，这位女士后来成为温州第一位女律师，相当了不起的。

幼儿园只有一个教室，但非常大，有三四十平方米，四五十个四至六岁的小朋友在一起上课，由我弹风琴教他们唱歌，我在女师时同学上演歌剧《葡萄仙子》，是我弹琴，所以教起来一点也不费事。小朋友的家长都是知识界的，但开学的第一天，他们送小孩到幼儿园来的时候，也免不了好奇地上下打量我，我听到他们在议论我说："这个杭州来的姑娘蛮活泼的。"

我每天早上五六点钟就起床，到海边散散步，九点上课，十一点下课，下午一点半上课，三点半小朋友都领回家了。每天有很多空闲的时间，就想办法玩。我们当时只要花三四元钱就能包一个月的饭，而且吃得很好。温州的海鲜特别多，这正合我的口味，有时我自己就到厨房去，自己烧带鱼、活的白蟹，其实我对烧菜一窍不通，为的是好玩，又有空闲，就胡乱烧一通，反正烧熟能吃就行。每烧好后，就端到房间里，和孙秀兰大嚼一顿。我在宁波住过几年，孙是宁波人，所以两人口味相同，边吃边谈，讲讲宁波，谈谈杭州，快活极了。

尽管在温州一切都好，工作轻松、生活愉快，但毕竟第一次单独出门在外，总免不了思念家乡、思念亲人，我想祖父、母亲、弟弟，甚至于想杭州的小核桃、花生酥。我第一个月第一次拿到二十四元工资时，立刻上街买了二斤蓝色的绒线，寄给母亲，我在信中说："这二斤绒线是我用第一个月的薪水买的，孝敬您老人家，愿母亲穿在身上，暖在心里，我今天的一切都是您给的……"母亲收到绒线和信后，高兴得一夜都没睡着，要祖父立刻给我写信。

我在温州给家里写信，写回信的往往是祖父，他在信中写的主要内容，就是关心我的饮食起居，冷热要当心，从来没规定我不许做这样，不许干那样，一直很宽松的。

我在温州的半年多时间里，真可谓："海阔凭鱼跃，天高任鸟飞。"

一九二六年的年终，大革命的浪潮汹涌澎湃，影响到了温州，一时传说纷纭。有说要马上封锁海口，又有说学校将停课停伙，每天都有不同的消息传来。我究竟还是一个未经风霜的女孩子，听这听那，把那游子思乡的情感浮动了起来。

隔壁第十中学里的教师林本侨，原来在女师教过日文。我初到温州的时候，曾去看过他，由他介绍，认识了他的同事杭州人孙百刚。平时我在家信中，曾向祖父提及过孙。祖父来信说，孙百刚的父亲是他的老朋友，叮嘱我倘或遇着什么问题需要解决时，可以就近找孙先生商量。

由于形势的变化，校方表示有停伙的可能。我到孙的住处去和孙百刚夫妇商量，并表示打算和他们共同行止。他们马上同意了。隔不了几天，我们几个人，就在万般困难中搭上了一艘最后离开温州的轮船。

次日，换船到上海。到了上海之后，我跟随孙氏夫妇一同住进了旅馆。住定之后的首要大事，便是探听驶往杭州的火车究竟开行不开行，又写了一封快信给祖父。很快祖父的复信来了，说火车中还是乱嘈嘈，还不如随同孙家暂住上海再说。于是我和孙家商议，说是长住旅馆既不舒服且又多花钱，倒不如找一间房子住下再说。好在孙氏夫妇早就把我当作了自己人，我们就一起在白来尼蒙马浪路（今名马当路）的尚贤坊四十号内，租定了一间前楼，又向朋友们借来了一些床桌应用之物，住了下来。

我对于孙百刚先生，始终以长一辈的世伯事之，平时不必要的话，对他不多讲。孙师母因为与我年龄相差无几，性情又很柔和，在生活起居中，常把我当作她的妹妹看待。烧菜煮饭等家务，当时我完全是外行。比如叫人拆洗了棉被，我就无法再缝起来。她却不声不响地帮着我做，有时还向我打趣地说：“家务还是应该自己学着做，省得将来有了家庭，只是依靠佣人，是很不方便的。”

我和他们住在一起，无论谁家有亲友来访，大家都不分彼此地一同接待。出门也彼此一起。到上海后没几天，附近的几条马路，我渐渐地熟悉起来了。虽然已近岁尾年头，而自己也还在他乡作客，在残年急景里，我也居然没有感觉到寂寞。

初见郁达夫

一九二七年一月十四日（农历十二月十一日），午前十时前后，这是一个我无法忘去的日子和时刻。

从楼梯上突然传来了几声标准的杭州口音，随声喊着“百刚”，这就令我这个杭州人格外地注意起来。等到这一位来访者出现在我们的房门口时，孙先生一面招呼，一面给孙师母和我介绍见面。彼此坐定后，我就和平时一样，去后面倒了一杯茶出来，先递给了孙先生，然后再由孙先生递给了这一位来客。刹那间想起刚才孙先生给我介绍的，是一个好像熟悉的姓名啊。这样一转念，我倒自然而然地在注意起他们谈话的内容来了。从什么稿子、什么书店的这些词句里，我又忽然回忆到在学生时代，曾看过一本小说名叫《沉沦》的，这一本书的作者，似乎就是刚才孙先生给我介绍的郁……达……夫。

他身材并不高大，乍看有一些潇洒的风度。一件灰色的布面的羊皮袍子，衬上了一双白丝袜和黑直贡呢鞋子。从留得较长而略向后倒的头发看上去，大约总也因为过分的忙碌而有好久未剪了。他前额开阔，配上一副细小眼睛，颧骨以下，显得格外瘦削。我很快打量了这一番之后，便又留心着他们的谈话，才听出他是孙先生在日本读书时的浙江同学，新从广州来上海的……过了一会，我到隔壁房间里去了。不几分钟，听见孙先生在招呼我，说郁先生邀我们一同出去吃午饭。我就很习惯地和他们同去了。

从这一天开始，这一位朋友竟接二连三地跑来了许多次，来的次数一多，自然相熟得也快。而且他每次来，总是照例地邀请大家一同出去吃饭、喝酒、看电影。我们认识的第二天，即一九二七年（民国十六年）一月十五日，晚上，郁达夫带了本《出家及其弟了》来，人家谈了一会儿，就邀请我们到永安公司楼上天韵楼的游乐场去玩，他嫌人太多不能畅玩，又到四马路的豫丰泰酒家喝酒、吃菜，乘着酒兴，郁达夫低头吟诵起来，诗如下：

（一）

朝来风色暗高楼，偕隐名山誓白头。
好事只愁天妒我，为君先买五湖舟。

（二）

笼鹅家世旧门庭，鸦凤追随自愧形。

欲撰西泠才女传，苦无椽笔写兰亭。

后来他补上题目为《赠映霞》赠送给我，是二首七绝。十七日，郁达夫派人约我到周勤豪家去。周勤豪是上海艺术大学的校长，是刘海粟的妹夫，他的夫人叫刘慕慈，后来学生闹事，一致要求郁达夫去当校长，但郁觉得事情不好办，况且没有经济保障，没有去。我到了周家，只见桌上已放满了酒菜，我们边吃边谈，不觉已到九时，我起身告辞，郁也起身送我回家。十八日下午，我从外边归来，见郁正在与孙百刚夫妇说话，我很累，与他打招呼后，即坐在旁边休息。十九日，午后，他约了蒋光慈一起来看我，郁向我介绍了蒋光慈，使我又认识了一位作家，我们谈了二个小时，他们回去了。吃过晚饭，郁又来，并叫了辆小汽车，约我们到北京大戏院去看 *Elinor Glyn's Beyond the Rock* 的影片。十一点左右看完电影后，余兴未尽，他又请我们在一家小酒馆里喝酒，直喝到半夜。

如是一连几天的应酬下来，彼此间都相当的熟悉了。有时，我听见他和孙先生在用日语交谈，总以为他们所谈的事与我无关，不过有时从他们的笑声和神态中，看出了所谈的似乎与我有些关联，可是为了礼貌上，我当然不便去探问。

我认识郁达夫时才虚岁二十岁，他已三十多岁，而且他是来看作为我伯伯辈的孙百刚先生时偶然遇见我的。说实话，初次相见，说是我对他有好感，不如说是好奇，爱慕不如说是敬佩，就好比一个读者见到了自己爱读的那本书的作者一样。我知道自己不太丑，但绝不是天下第一美人，未曾想到却会打动了已经成家立业的他的心，他在日记中写道："我也醉了，醉了，啊啊，可爱的映霞，我在这里想她，不知她可能也在那里忆我？"我那天回来后，只是心里感到很高兴，在孙先生家里认识了一个客人，而他是位有名的作家，从没有其他非份的想法。

我这个人天性活泼，爱说爱笑，不怕陌生人，这使郁达夫产生了误解，他在日记中频频写道："王女士已了解我意思，席间颇殷勤"，"王女士待我特别殷勤"，等等。

有一天，我去新闸路探访同学后回来，还未走到我们住处的后门，老远已经望见孙师母站在后门口向我打招呼，她说："你上楼之后，最好一直走进厨房里，将房门关上，暂时不要出来。若有人来敲门，也装作没听见，不可来开门，尤其是不要直接到自己的房间里去。"

我听了这些摸不着头脑的话，猜想内中一定有些蹊跷，又以为孙先生在房间里和一位陌生的朋友有事商量，我进去会不方便的。上楼之后，我照孙师母所嘱咐的做了。过了一小时之久，大约已经吃过晚饭，孙师母才来叫我回房。房间里没有别的人，事情过去了。这到底是怎么一回事？我未曾马上追问。不过凭我的猜想，也许会和郁达夫有关。

自从我认识郁以后，时时感觉到人们在议论我，我觉得自己没做什么坏事，大家为什么要在背后讲我？虽然孙百刚夫妇对我像自家人一样，但总归不如祖父亲。如果在家里，我一定会扑到祖父怀里痛哭一场，发泄我心中的委曲。一天我实在熬不住了，白天也不肯起来，躲在被子里痛哭，大家都劝我别这样，正在这时，郁达夫来了，见我这般模样，就问孙太太："王女士为什么这样的伤心？"孙太太搪塞着说："因为她要回杭州去，但又不愿离开我们。"郁听了以后，走过来拉着我的手说："别哭了。"见我不理他，他又写了张纸条塞给我，我一看，上面写的全是哄小孩的话，挺逗，不觉笑了起来。

我觉得我和郁达夫的友谊是纯洁的，我的胸襟是坦白的，两人之间并没什么不可告人的秘密，孙百刚先生和孙太太又是我在上海最信得过的人，所以等郁走后，我就把这张纸条公开了，不曾想到，这件事在郁达夫的胸中掀起了爱和恨交织在一起的波浪。

他在日记中说："一进她的房，就有许多不相干的人在那里饮酒高笑。他们一看见我更笑得不得了，并且骗我说她已经回杭州了，实际上似乎她刚出去，在买东西。坐等了两个钟头，吃完晚饭，她回来了，但进在别一室里，不让我进去。我写给她的信，她已经在大家面前公开。我只以为她是在怕羞，去打门打了好几次，她坚不肯开，啊啊！这就是这一场求爱的结果……”

在另一页中又写道：“但是回想起来，这一场的爱情，实在太无价值，实在太无生气，总之，第一只能怪我自己不好，不该待女人待得太神圣、太高尚，做事不该做得这样光明磊落，因为中国的女性，是喜欢偷偷摸摸的。”

在这儿要提一笔的是，尽管他在日记中疯狂地写着：“我只在设想将来我与她的恋爱成就后的事情。老天爷呀老天爷！我情愿牺牲一切，但我不愿就此而失掉了我的王女士，失掉了我这可爱的王女士。努力努力，奋斗奋斗！我还是有希望的呀！”但他仍念念不忘从广州到上海的重任，也就是受创造社成员的委托，为创造社重振旗鼓。就在认识我那天下午，他到出版部去处理来往信件时，听到国民党当局要来查封创造社的消息，马上到徐志摩那里去，托他写封信给丁文江，弄清情况设法避免发生事情，查到获悉“当不至有意外惨剧”时才安心。

三十六计，走为上计

自从开过这一次玩笑后，我仍旧感觉不出自己在感情上有什么变化，每当静下来的时候，还暗暗地计算岁阑的归期。最好就能在这几天里回杭州。三十六着，还是走为上着。我一走，一切的事情也都随之而烟消云散，再不会有什么枝节的了。

当时不知什么原因，火车站根本不出售火车票，我很焦急，正在这时候，在铁路局工作的年轻人丁幼方来找我了，他也是杭州人，其父也是我外祖父的老朋友，他知道我想回杭州，但又弄不到票，外祖父曾到他家去，托他到上海时候去找我。我见到了丁幼方真是喜出望外，立刻约定一月二十五日阴历十二月二十二日，我生日的这天就离沪返杭。

在离开上海的前几天，为了避免与郁达夫接触，被人当作笑料，所以我就住到同学陈锡贤教书的坤范小学里。陈锡贤也是杭州人，想乘学校放寒假，同我一起回家过年。出发的这天，我们很早起床，把已经整理好的箱子拿出来，又理了一次。然后坐三路无轨电车到北站，在约定的地点，看见丁幼方已经在等我们。互相打过招呼后，他立即带我们到一节另外加上去的车厢里去，一看是二等车厢，窗门上满是厚厚的保险玻璃。等我们坐定后，丁幼方就帮我们把车门、窗全部关上，并嘱咐一路上千万别开窗。我们起初并不明白这是为什么，后来经过嘉兴等站时，发现许多人拥上来，想推窗爬进来，但没有成功。因为我们的窗都关得紧紧的。

我踏进家门，只见妈妈正在为我的生日供奉菩萨，保佑我一切平安，供桌上放了四盘点心、四盘水果。我望着母亲微微有点驼的背，头发里夹杂着几根银丝，心里不觉一阵难过，我长大了，母亲老了。我奔上前去叫了声："妈！我回来了。"母亲转过身来，欣喜地上下打量我，"嗷！你回来了，把妈给想死了。快去看看祖父，他整天念叨你。"我正想跑进去看祖父，祖父已闻声而来了。"琐琐，快过来让外公好好看看。"两位老人拉着我问长问短，问我到温州生活怎样？如何到上海去的？在上海情况又怎样？其实这些问题我早已在信上讲了，但我还是一一回答。他们问了许多，但一句也没提到郁达夫。

我到杭州的当天，路上正巧遇见杭州女师训育主任江龙渊，她说："哎！王映霞你回来了？跟我到嘉兴去教书吧。"

我一口答应。我在回杭州的路上已想过找职业的事。

家中父亲去世多年，外祖父虽在担任育婴堂的工作，但毕竟他年纪大了，弟弟还小，我是老大，有责任照顾家里的一切，为母亲减轻负担。现在江先生的建议正合我的意思，所以便马上一口答应。第二天，就跟着她到嘉兴去。江先生是到嘉兴二中附小去接任校长职务的，她一直没结婚，后来曾当过“国大”代表。

我到嘉兴以后就给郁达夫写了封信，表明我们只能做一般的朋友，不应再有进一步的奢望发展。他接到信后很生气，在这天的日记中写道：“回到寓里来，接到了一封嘉兴来的信，系说王女士对我的感情的，我又上了当了。”

江先生安排我当四年级的班主任，在嘉兴看了看校舍，办了手续，当天就赶回杭州，正是寒冬腊月，快过年的样子。

我从上海回到杭州与家人团聚，同时又找到了职业，一切都顺利、平静。郁达夫却风风雨雨地从上海到杭州跑了一个来回。

郁达夫听人说，我一月二十三日返回杭州，想在我离沪之前再见一面，所以急匆匆赶到火车站，等了二个多小时，火车快开了，也没见到我，干脆跳上火车去寻找，又没找到，在车上补了票，在松江下车。在松江待了二个小时，见到去杭州的第二班车，立即买了去杭州的火车票。到了杭州，既未探听到我杭州的住址，也没有知道我回杭州的日期，却留在火车站上一班车一班车地等待着，焦急着，等了两天，仍是见不到我。在寒风侵袭的无可奈何中，不得不仍旧搭车转回到上海。郁达夫在这一天的日记中是这样写的："又只好坐洋车回城站来坐守，看了第二班的快车的到来，她仍复是没有。在雪里立了两三个钟头。我想哭，但又哭不出。天色阴森森的晚了，雪尽是一片一片的飞上我的衣襟来。还有寒风，在向我的脸颊上吹着。我没有法子，就只好买了一张车票，坐夜车回到上海来了。"

在郁达夫回到上海的第二天，我才离开上海。

返杭后收到的第一封信

我很愉快地回到了自己的家中，与家人团聚了，它冲淡了我这半个月来心理上的紧张情绪，我满以为一离开上海，能在温暖的家庭里，重度有规律的生活。可是我想得实在太简单了，事情并没有如我所想像的那么单纯。在我回家后短短的几日里，在上海的郁达夫还在为此事而伤透脑筋。

他是一月二十四日，即阴历十二月二十一日回上海的，第二天晚上，先到我寄住的地方，就是地处新昌路北京西路的坤范小学去找我，但终究没有敢进去，转而去了周勤豪家，打算在那儿消磨时间，可惜周家夫妇没在家，到南国社去了。于是郁达夫“就去南国社，喝了半夜的酒，看了半夜的跳舞。但心里终是郁郁不乐，想王女士想得我要死”。

一月二十六日郁收到我的信后，就硬着头皮到孙百刚家里探听我的消息，“费了许多苦心，才知道她是果于前三日回去，住在杭州金刚寺巷七号。我真倒霉，我何以那一天会看她不见的呢？我又何以这样的粗心，连她的住址都不曾问她的呢？”

一月二十七日郁早上起来，本想给我写信，但来了一位客人，一直和他谈到中午。晚上在周勤豪家吃饭，饭后聊天，他在日记中写道：“周太太听了我和王女士恋爱失败的事情，很替我伤心，她想为我介绍一个好朋友，可以得点慰抚，但我终觉得忘不了王女士。”

一月二十八日，郁睡到十点前后，刚起床，华林去看他。他一见华林，又大谈起他与我的事，他记道：“和华林谈了许多我这一次的苦乐的恋情。”等华林回去后，他立即出门给我发了一封信，这是我回到杭州后收到的第一封信。信是这样写的：

王女士：

在客里的几次见面，就这样匆匆别去，太觉得伤心。

你去上海之前，本打算无论如何，和你再会一次的，可是都被你拒绝了，连回信也不给我一封。

这半个月来的我的心境，荒芜得很，连夜的失眠，也不知是为了何事。

你几时到上海来，千万请你先通知我，我一定到车站上去接你。有许多中伤我的话，大约你总不至于相信他们罢！

听说你对茗溪君的婚约将成，我也不愿意打散这件喜事，可是王女士，人生只有一次的婚姻，结婚与情爱，有微妙的关系，你但须想想当你结婚年余之后，就不得不日日作家庭的主妇，或抱了小孩，袒胸哺乳等情形，我想你必能决定你现在所应走的路。

你情愿做一个家庭的奴隶吗？你还是情愿做一个自由的女王？你的生活，尽可以独立，你的自由，决不应该就这样的轻轻抛去。

我对你的要求，希望你给我一个“是”或“否”的回答，我在这里等你回信。

上海闸北宝山路三德里A十一号

达夫

十二月二十五日

郁达夫发这封信的地址是创造社出版部，他从广州来上海后，就住在那里。

郁达夫在信中说“在客里的几次见面”，因为我是杭州人，他是富阳人，到上海都算是外来客，所以称之为“客里”，他很喜欢用这个单词，他曾写过一首词，开首也是写“客里”。

客里光阴，黄梅天气，孤灯照断深宵。忆春游当日，尽湖上逍遥。自车向离亭别后，冷吟闲醉，多少无聊。况此际征帆待发，大海船招。

相思已苦，更愁予，身世萧条。恨司马家贫，江郎才尽，李广难朝。却喜君心坚洁，情深处，够我魂销。叫真真画里，商量供幅生绡。

“你去上海之前”，其实是说“你离开上海之前”。

“有许多中伤我的话，大约你总不至于相信他们罢！”谁中伤他？中伤他什么？这当中牵涉到的人和事很多，我因为根本不去关心这些，所以也没有再深入的想下去。

首先是孙百刚夫妇极力反对，认为郁达夫有妻子儿女，家庭美满，年过三十多的人，不该这样荒唐下去，追求一位年轻姑娘。孙先生曾给我讲过郁达夫的家庭情况，但我也没放在心上，因为我想这管我什么事啊？我根本没想过要嫁给他，只是一般的朋友而已，我后来才知道一些当时的情况。

孙百刚夫妇当时好比是我的保护人，况且与我家有世交之谊，万一出点什么事，他在外祖父面前交代不过去，他们商量之后，觉得最好的办法是赶快给我介绍一个适当的人，倘有所归宿，好杜绝郁达夫的觊觎妄想。现在回想起来，他们是给我介绍过不少人，如徐钓溪、章克标、蒋光慈等。

最近看到章克标写的一篇文章《孙百刚、王映霞、郁达夫》，他说："我那时在嘉兴浙二中教书，寒假期中到上海白相，借住江湾立达学园方光焘兄寓次，那时我还是没有结婚的单身汉。夏丏尊开玩笑对我说：'这里有一位绝代尤物，你应该去见见，也许天缘凑巧。'朋友们都怂恿我去凑合天缘，鼓动和催掇……我却认为是作弄我，要我出洋相，让他们看好戏。"我在孙百刚先生家里见到过几次章克标，只给我一个不声不响、不爱说话的人的样子，没曾想到会有这等事情，那时他几乎没有向我说过一句话，但也引起了郁达夫的不安，有一次还特地请章克标喝酒，席间郁达夫恳求章克标不要阻碍他、妨害他，并要章答应不去追求我。

章克标说："我并无这种意思，初次相识，还什么也谈不上。"可郁达夫不信，经过多次反覆申说以后，郁才有点相信，并对章克标表示了深深地感谢。

对于郁如此入魔地追求我，他周围的朋友都在嘲笑他、捉弄他。有一次他们假借我的名义写信给他，约在法国公园（今复兴公园）相会。反对他的不仅有孙百刚夫妇及其朋友，还有创造社的一群小伙计，如潘汉年、叶灵凤等。

叶灵凤在《达夫先生二三事》中说："后来为了反对他追求王映霞，我和其他几个朋友都和他闹翻了。他在《日记九种》里曾说有几个青年应该铸成一排铁像跪在他的床前，我猜想其中有一个应该是我。"这群小伙计反对郁达夫的根本原因不在他，而在我。叶灵凤在《郁达夫的〈迟桂花〉》里说：“我们这群年轻人，根本对王映霞没有好感。觉得我们所崇拜的达夫先生，竟爱上了一个梳横S髻、穿平底软缎鞋的女子，太不像我们想像中的‘爱人’了。这种不满后来还形诸言辞和行动，以致我在他后来收入《敝帚集》《寒灰集》的几篇文章里重重挨了几次骂。”

不管当时有多少人出于各种想法来反对这件事，我是不太清楚的。

郁达夫在这封信中说：“听说你对苕溪君的婚约将成。”苕溪即徐钓溪，是郁达夫留日同学，曾请我吃过饭。孙百刚见郁在苦苦追求我，就对郁谎说我将与徐结婚，遂引起郁的“婚约将成”的猜疑以及一通议论。

我回杭州后平静的心情被这封信搅乱了，信写得似乎很动人，看上去也还有人情味，我读了又读，思想斗争了又斗争，还是决定不了是否要回信。我若回了信，则当时四周的环境都是封建气氛，我怎么对付？这封信我若复了他，而对方再接二连三的来了信，我又怎么办？我马上想到了两句古谚：

落花有意随流水，
流水无情恋落花。

做一次“流水”又有什么不好。再一想，若有来而无往，不会被人说不懂礼貌？还是复他一封让他捉摸不定的信吧！我独自个坐着想着，就这样，我写了一封淡而无味的复信。

苦　恋

终于我决定写回信，就算是出于礼貌吧！

我信中告诉他，我是阴历十二月二十二日的早晨离开上海回杭州的，但对郁达夫信中提出的“希望你给我一个‘是’或‘否’的回答”，我避而不谈。他一月三十日收到我的信后，立刻写了封快信给我，信上说：

映霞君：

接到了你的回信，我真快活极了。你能够应许我来杭州和你相见么？时间和地点，统由你决定，希望你马上能够写一封回信来通知我。

信的往复，总须三天，若约定时日，须在阴历的来年正月初二以后。你的回信若能以快信寄来最好。

达夫

十二月廿七日晚上

郁信中所署的日期是阴历。

我还没收到他一月三十日写的信，第二天他又写了封信来，信是这样写的：

霞君惠鉴：

昨晚上发出了一封快信，今天又想了一天，想你家庭，不晓得会不会因此而起疑心。我胛下若有两只翅膀，早就飞到杭州来了。I think you should have understood me，you should have understood！

因为天冷的原因，今晨起来竟伤了风，一个人睡在客里，又遇到了一年将尽的这一个寒宵，想起身世，真伤心之至。

我病了，我在候你的回音，无论如何，我想于正月初二或初三搭早车到杭州来养病。

平常回杭州来总住在西湖饭店，这一回我想住在城站，因为你那里近些，不晓得你以为如何？

今晚上已经十二点了，我一个人翻来覆去，在床上终于睡不着。明朝一早打算就去请医生看病，大约正月初二三总能起床向杭州来的，我只在这里等你的回信。

达夫

十二月廿八日夜

信中英文的意思是："我想你应该理解我了，你应该理解我了。"

一九二七年的旧历年初一是二月二日，当我收到郁达夫一月三十日和三十一日的信时，正是爆竹声声迎新春之际。在故乡度春节，是最快乐不过的事情；尤其是从烽火连天的异地归来，到了慈母身旁，真有如婴儿在摇篮里那样的酣甜。我不理解他，也不想理解他，决心再不给上海复信了。不料，却因此受到了他的诅咒，他在二月五日的日记中写道："去年年底，我写了两封信去给王，问她可以来杭相会否，她到现在还没有回信给我。薄情的王女士，尤其使我气闷。她真是一个无情者，我真错爱了她了。"七日又写："可恨的还是那一位王女士。"

他那儿在拼命的骂我，我在杭州使劲地想：我该怎么办？白天我和家人、亲戚、同学一起玩乐，晚上躺在床上，我翻来覆去的睡不着，又拿出信来读，从信上可以看出，他是无论如何要来杭州见我的，这怎么行呢？如果他来了，我的长辈、我的亲戚、我的同学会怎么看我呢？我越想越怕，越想越急，理智在告诉我，若再相见，怕不是一件妥当的事情。于是，我就索性不分亲疏地写了一封信去责怪他。说他想到杭州来的动机是不应该、不纯正的。我以为一个人受到了这样的婉言拒绝，该会马上断绝杂念。至少，也总该搁起笔来，少写几次信，或者从此不写信来了。谁知这不过是我这个毫无社会经验的人，对于男女间微妙感情的一种天真想法，事实上，反而很快的发展到第二阶段上去了。

郁达夫九日收到我的信后，很伤心，马上又来了封信，信如下：

霞君惠鉴：

二月八日的信，今天才接到，我已经了解你的意思。杭州决定不来了，但相逢如此，相别又是如此，这一场春梦，未免太无情了。

中国人不晓得人生的真趣，所以大家以为像我这样的人，就没有写信给你的资格。其实我的地位、我的家庭，和我的事业，在我眼里，便半分钱也不值。假如你能 Understand me，accept me，则我现在就是生命也可以牺牲，还要说什么地位、什么家庭？现在我已经知道了，知道你的真意了。人生无不散的筵席，我且留此一粒苦种，聊作他年的回忆吧！你大约不晓得我这几礼拜来的苦闷。我现在正准备，准备到法国去度我的残生。王女士，我们以后，不晓得还有见面的机会没有？

达夫

二月十日

这封信右边另有小字两行：

你说我这一回去杭州的动机是不应该，我真失望极了，伤心极了。达夫又及

郁达夫在这封信中说我二月八日写给他的信十日收到，据日记记载是九日，而且“马上写了封回信，述说了一遍我的失望和悲哀……”但信尾的日期是十日，可能是笔误。

郁在信中写：“其实我的地位、我的家庭，和我的事业，在我眼里，便半分钱不值……则我现在就是生命也可以牺牲……”可就在写完这封信后，却在日记中写：“啊啊，女人终究是下等动物，她们只晓得要金钱，要虚空的荣誉，我以后想和异性断绝交际了。”

郁在十日的日记中记：“午前楼君李君来谈，吃过午饭，又有许多文学青年来访，就和他们出去，同时又写了一封信给映霞。”这封信如下：

映霞君：

十日早晨发了一封信，你在十日晚上就来了回信。但我在十日午后，又发一封信，不晓得你也接到了没有？我只希望你于接到十日午后的那封信后，能够不要

那么的狠心拒绝我。我现在正在计划去欧洲，这是的确的。但我的计划之中，本有你在内，想和你同去欧洲留学的。现在事情已经弄得这样，我真不知如何是好。我接到了你的回信之后，真不明了你的真意。我从没有过现在这样的经验，这一次我对于你的心情，只有上天知道，并没有半点不纯的意思存在在中间。人家虽则在你面前说我的坏话，但我个人，至少是很Sincere的，我简直可以为你而死。

沪上谣言很盛，杭州不晓得安稳否？我真为你急死了，你若有一点怜惜我的心思，请你无论如何，再写一封信给我！千万千万，因为我在系念你和你老太太的安危。啊啊，我只恨在上海之日，没有和你两人倾谈的机会，我只恨那些阻难我、中伤我的朋友。他们虽则说是在爱我爱你，故而出此，然而我。

伯刚那里，好几天不去了。因为去的时候，他们总以中国式的话来劝我。说我不应该这样，不应该那样。他们太把中国的礼教、习惯、家庭、名誉、地位看重了。他们都说我现在不应该牺牲（损失太大），不应该为了这一回的事情而牺牲。不过我想我若没有这一点勇气，若想不彻底的偷偷摸摸，那我也不至于到这一个地步了。所以他们简直不能了解我现在的心状，并且不了解什么是人生。人生的乐趣，他们以为只在循轨蹈矩的刻板生活上面的。结了婚就不能离婚，吃了饭就不应该喝酒。这些话，是我最不乐意听的话，所以我自你去后，尚贤坊只去了一两趟。

此外还有许多自家也要笑起来的愚事，是在你和我分开以后做的。在纸笔上写出来，不好意思，待隔日有机会相见时再和你说罢。

我无论如何，只想和你见一面，北京是不去了。什么地方也不想去，只想到杭州来一次。请你再不要为我顾虑到身边的危险。我现在只希望你有一封回信来，能够使我满意。

达夫

二月十日午后

信中说："我无论如何，只想和你见一面，北京是不去了。"郁的妻儿当时住在北京。

郁达夫出生于一八九六年，一九二〇年遵父母之命，和同乡女子孙荃结婚，孙荃虽受封建的传统教育，裹小脚，却也颇有文化，好熟读"女四书"、《列女传》，能吟诗作文，与郁达夫通信时，也时有与郁一唱一和之诗词，在富阳乡下也是个少有的女子。她为郁养儿育女，服侍婆婆，体贴丈夫，是个典型的贤妻良母。所以郁在追求我的时候，经常受到良心的谴责，他在二月七日的日记中写："可怜我的荃君。

可怜的我龙儿、熊儿，这一个月来，竟没有上过我的心，啊啊，到头来，终究只好回到自己的破烂的老巢里去，这时候荃君若在上海，我想跑过去寻她出来，紧紧地抱着了痛哭一阵。我要向她 Confess，我要求她饶赦，我要她能够接受我这一刻时候的我的纯洁的真情。”

郁达夫一方面觉得自己对不起结发妻，一方面又放不下我，真是左右为难，心中充满了矛盾，他写着：“我在无意识的中间，也在思念北京的儿女，和目前问题尚未解决的两个女性，啊，人生的矛盾，真的厉害，我不晓得那一天能够彻底，那一天能够做一个完全没有系累的超人。”

当时我对他极其复杂矛盾的心理不甚知之，我在想假若和他做个朋友，永远是朋友，让自己在生活中增加些丰富的养料，这当然没有什么不可以。因此，我在几次的去信里，在字句之间，暴露了我这个愿望。他都不满足，他希望排除一切，立刻把两颗遥远的心凑合在一起，这才遂了他的心愿。所以在正月初十，他的日记里有过那么一段：

> 晚上又接到映霞的来信，她竟明白表示拒绝了。也罢。把闲情付与东流江水，想侬身后，总有人怜。今晚上打算再出去大醉一场，就从此断绝了烟、断绝了酒、断绝了如蛇如蝎的妇人们。
>
> 半夜里醉了酒回来，终于情难自禁，又写了一封

信给映霞，我不知道这一回究竟犯了什么病，对于她会这样的依依难舍。我真下泪了，哭了，哭了一个痛快。我希望她明天再有信来，后天再有信来。我还是在梦想我和她两人恋爱的成功。

从郁达夫频繁的来信中，可看出他还是没有打消来杭州的念头。所以在家中过了元宵节后，我决定到上海去一遭。

其时，陈锡贤任教的坤范小学快要开学了，我就与她同行，到了上海，我就跟陈锡贤到坤范小学里安顿好以后，马上拿了杭州带来的土产去看望孙百刚夫妇。他们见到我很高兴，孙太太执着我的手说：“郁先生近来对你如何？”我说：“他一直想到杭州来，我怕他真来了，会被人说闲话，所以我就自己到上海来了。”

二月二十五日，是我与郁达夫分别后的第一次见面。两人在房间里坐了几个小时，竟然说不出一句话来。和一个月前的初相识时相比，在彼此的心灵里，都有着不同的感觉。我和他一起散步，一起谈笑，我仿佛把他当作一个大人。向他问这问那的，而他也降低了年龄，压住了原来的个性，凑合上我的好动好玩的脾气，和我谈笑。

有一次，我到他的办公室（创造社出版部）里去，偶然间翻看了他近日写的好几页日记，心中有些恼火，同时有些怕羞。我开始感到和一个作家交往，有些胆寒，回到杭州以后，我便狠狠地下决心要和他疏远，免得日后闹出许多笑话来。但不知怎的，自己的感情上似乎已起了什么变化，每当他一封封情意深长的书信，传递到我手中时，我却立即拆开来看，看完之后又非写复信不可，写了便立即寄出，寄出之后又后悔，像这样起伏变化的心情，一天中不知有过多少遍，时而想打算后退，时而想抛除了一切大胆地前进。同情与顾虑，充塞着我的心胸。我不想去告诉谁，但同时也希望有人能够了解我、同情我、帮助我分析。有时想到我从前读过的他写的小说《沉沦》书中那一个孤零得可怜的“他”，现在仿佛在我面前摇晃。“他”实在是足以同情的，我为什么怕？我为什么不敢同情呢？“他”不是还立过誓么？

> 知识我也不要，名誉我也不要，我只要一颗能安慰我体贴我的心。一副白热的心肠，从这一副心肠里生出来的同情……

如今，给与这同情的似乎只有我了，我亦不希望再有另外的人，来与我争夺这同情的付与；但我又马上想到，这太不简单了。他有一个复杂的周围的人事，还有一个那无可奈何的处境，于是，我彷徨了，我立刻想到了家庭惜我，社会绝我，一切的亲友耻笑我。我苦闷，我无以自遣，我去找母校的老师，答应到嘉兴的二中附小去教书，打算离开杭州、上海这两个是非之地。

到了嘉兴以后，我的心情依旧是沉重的。我在回忆，我在梦想，我重又为他一封封热情的来信，所眩惑起来。它竟占去了我每一分钟、每一秒钟的时间。我只能在难以告人的沉醉里度我的晨昏。

同情之心油然而生

人非草木，孰能无情。面对这样一个热情大胆的追求者，任何一个姑娘都会动心的，我犹豫、困惑、烦恼、兴奋，事至如今，我到底该怎么办？我回想起与郁达夫刚认识时，孙百刚对我说的话：“达夫是已经有妻子、有儿女的中年人了。他对于你的爱慕，虽则是出乎真情，然而多少总是不健全不正常的。你是否应当接受他的追求，在你自己应当有你自己的考虑。你以为如何？”我相信他当时对我的情感是真的，在日记中写：“恨死我了，那完全是因为爱之切的关系。”我家长辈在那个年代已算是相当开明的，但如此重大的婚姻之事一定要得到长辈的认可。

一九二七年四月三日，我从上海回杭州后，就对母亲和盘托出，母亲听后竭力反对，怪我不该那么随便地和一个已有家室的男人密切来往，我们家不管怎样，在杭州也算是体面的人家，况且他又没有固定的经济来源，还说我将来肯定要吃苦的。

我把母亲的意思如实地写信告诉了郁达夫。四月六日，他很焦急地来了封信，对母亲感到担心的几个问题一一作了解释，他写道：

映霞、亲爱的映霞：

你托光赤（蒋光慈）转来的信和快信，都已接着了，我一共接到了你两封信，而给你的信，这却是第四封了，你母亲的见解，也不能说她错，因为她没有见过我，不了解我家庭的情形，所以她的怪你太大意，也是应该的。不过映霞，只教你的心坚，我的意决，我们俩人的事情，决不会不成功，我也一定想于今年年内，把这大事解决。我对于你，是死生不变的，要我放弃你，除非叫我先把生命丢掉才可以，映霞，你若也有这样的决心，那么我们还怕什么呢？

现在杭州事未大定，火车也不大通，我决不至于冒失地到杭州来看你，等你把你母亲那里的话讲通了以后，我再听你的命，你要我什么时候来，我就可以来。

我的北京的女人，要她不加你我的干涉，承认我们的结婚，是一定可以办得到的，所怕的就是你母亲要我正式的离婚，那就事实上有点麻烦，要多费一番手续。映霞，我想你母亲若能真正爱你，总不至于这样的顽固罢！

映霞，我们两人精神上早已经是结合了，我想形式上可以不去管它的，我只希望能够早一日和你同居，我就早一日能得到安定。

我现在正在动手翻译书，只教时势一平，我的这本书译得成功，那我们两人组织小家庭的经费就有了。以后的事情，可以交给我们的朋友来代替我们解决，譬如光赤、华林诸人，都可以帮我们的忙的，只教你我两人的心不变就好了。今晚我也想早睡，不再写了。

达夫

四月六日午后十一点钟

四月十三日郁达夫坐船急急到杭州来了，他想直接跟我外祖父、母亲谈谈。母亲是个极其善良的人，心中再怎么不愿意，但看到郁达夫来了，还是把他当成客人，以礼相待。而外祖父自己是读书人，与郁达夫谈诗论文，边喝酒边聊天，大有人逢知己千杯少的气势，郁在日记中写到过他：

等了一忽，她的外祖父，就是她的现在承继过去的祖父王二南先生，也来了，他是一个旧日的名士，年纪七十五岁，然而童颜鹤发，蔼然可亲。和我谈了半日，就邀我去西湖午膳……晚饭时和老祖父喝了许多酒。

郁在杭州待了一周，四月二十日返沪，二十一日给我的信中说："此番来杭州，我们的事情，总算已经定夺了一半。"二十二日来信中说："今天写了一封信给你们爹爹，大约你总也能见到。我此番来上海后，精神百倍，心里安定多了。"信中的"爹爹"，指我的外祖父王二南先生，这是杭州人的叫法。二十三日又给我和外祖父各一封信。显而易见，他在争取外祖父的支持，因为我母亲不同意此门亲事，但最终我母亲还得听外祖父的。

郁达夫在为自己第二次婚姻奔波时，还忙于创造社的事务，到法科大学教德文课，到上海艺术大学去帮周勤豪解围等社会活动，生活没有规律，疲劳过度，终于得了肝炎，当时叫黄疸病，这是五月的事情，其实在这之前已有征兆，但他不注意。我五月十三日到上海发现他的眼睛已发黄。要他去看病，郁才勉强到自己的留日同学钱潮那儿去，看后果然是黄疸病。钱潮在一九四九年以后曾任上海静安区中心医院的院长，他是我的亲戚，偶尔也有交往。

我看郁那付病态，不知怎么的，心里非常可怜他，临走前嘱咐他一定要去住院。五月十七日，郁在王独清和画家陈君陪同下，在法租界金神父路（今瑞金二路）上的广慈医院住进了二等病房。这所医院是法国人开的，在上海挺有名气。郁在后来写的《王二南先生传》里，对自己的病有过一段记载：

> 就是身体，也旧疾复发，夜热睡汗等症状，色色俱全。痰里头更重见了点点的血迹。又因为在上海租界上乱避乱躲的结果，饥饱不匀，饮酒过度，胆里起了异状，胆汁溢满全身。遍体只是金黄的一层皮和棱棱的一身骨，饭也吃不进，走路也提不起脚跟来了……先生一见，就殷殷以保养身体为劝。

五月二十八日郁达夫离沪到杭州来养病，我祖父立即到集庆寺去请一位懂医道的老和尚来替他看病。当时郁住在西湖饭店，每天到我家来请和尚看病、吃药，中药都是我母亲煎的。

郁达夫笔下的定婚之夜

郁达夫来杭州养病，这又促成了他和我的接近。由于接近，了解得较先时深，同情也就更甚。于是我就在祖父的宽容，妈妈的勉强下，将我和郁达夫的婚约关系正式公开在亲友的面前了。他在一九二七年六月五日的日记上，有如下的一段记载：

六点钟上聚丰园去，七点前后，客齐集了。只有蒋某不来，男女共到了四十余人。陪大家痛饮了一场。周天初——映霞的国画先生，和孙太太——我俩的介绍人——都喝得大醉。

到十二点前才安排调妥。

和映霞的事情，今夜定了，以后就是如何处置荃君的问题了。晚上因为人倦，一上床就睡着。

我和郁达夫定婚的事，郁家知道，但到时只来了郁的二哥养吾，而且还是郁写了信，并亲自去了富阳才请来的。因为当时郁家是不同意这件事情的，据说郁达夫的大哥郁华（字曼陀，学法律的）曾写了许多信给他，告诫他这是要犯重婚罪的。

郁和我的事定下来后，他就准备每月寄五十元给孙荃，但常常忘记，或拖欠，每逢这种时候，总是我提醒他，有时就自己跑到邮局汇去。

《日记九种》的风波

一九二七年九月，郁达夫的《日记九种》在北新书局出版了，这是他半年多来生活思想真实的记录，在社会上引起哄动，大家都知道郁在追求我，成为人们饭后茶余的谈话内容。

想起半年前在创造社出版部他的房间里第一次看到日记时，我大发脾气，写了一封信痛骂他，他来了封长信，要我理解他、谅解他。他在信中作了解说：

映霞：

你的信，我真莫名其妙，我们两人到了这一个地步，难道还能抛离得开吗？我的日记是决不愿意在生前发表。日记上有几处是在骂你怨你，那的确的，我当时因为（一）我对你这样的热诚，你却对我毫无表示，

（二）你既说爱我，而又不愿意和我时常见面，（三）我是一个既婚的人，就要离婚，谈非容易，而你竟不谅我的苦衷，时时以不可能的事情来和我说，因而借口于此，想和我生疏。所以我一个人在无事的时候，前后想将起来，就不得不怨你骂你了，尤其是那一天我约你到先施来，你非但不来，连回信也不给我一封，所以晚上我对你真气得了不得，想写一封信给你，和你绝交。我之所以要写这一封信，所以要和你绝交者，正因为我爱你之切，不忍一刻不见你，不忍一刻抛离你的原因，你竟以为我有别意，而出此疑惧之举，我真不懂你的心思。我的日记，是丝毫不假的把我心事写在那里的，你若有工夫，仔细一看，就可以看出我待你的真意如何。你看我的日记，要从头至尾看了才可以说话，断不可看了一节两节，我在骂你怨你的时候的气话，就断定我待你的心思。并且我平常写东西，是不打算发表的，尤其是我的这一两年来的日记。映霞，我和你的关系，是已经进了无可再进的地步了，你以为还可以淡淡的分开来么？我的一死本来也不足惜，我不过怨我自己的运命太差，千年逢闰月，却又遇着了像你这样的一个多心的女子，我觉你对我太没有信用了，你这没有信用对我，就是你对我的爱情还不十分热烈的表白，映霞，你竟能够这样的狠心，把这一回的事情，当作一场恶梦，想丢了我而远去吗？我想你是不至于的，你竟能够毫不动心地看一个男子死在你的面前么？我想你是决不能够的。映霞，我此刻对你的心思，若有半点不诚，请你把我写给你的信全部公开出来，使社会上的人大家来攻击我，可是映霞，我爱你到了如此，而你对我，仍旧是和对平常一般的男子一样，这教我如何能够安心下去呢？

你所嘱咐我的事情，我事事都遵守着。我万不会把你我的事情，于不完全解决之先，公表出去。我对你也没有什么卑鄙的奢望。你若错解了我的意思，那我就不能不向天叫屈了。我那一封和你绝交的信，系在气愤的时候写的，你看了当不至于怨我罢，因为我爱你太深，所以我不见你的时候气愤亦自然猛烈，因而有那一封信的写出。现在事情已经过去了好久，而你又要拿了那封信来生是非，映霞，我看你是还在疑我。

我现在是怎么也不能再说了，觉得要说的话都对你说了。再说些好听的话来骗你，是我所万不能做到的事情。我的日记上也记着些关于我的女人和旁的女人的话。可是映霞，你总不会因此而疑我的吧！你若还不能信任我，请你再来一趟，我把我的日记从头至尾的让你看，使你的疑心能够解去。否则我们两人中间的爱情，竟因这一点小事而发生风波，未免太不浓厚，太容易摧折了。映霞，我这几天来精神也不好，你不要再来这样的苦我，我实在再不能尝这一种阻难的苦味了，映霞，我只希望和你两人得有早见面的机会，得早一日把你这一种无缘无故的疑心病除掉。

达夫

三月十一日

信中说：“我的日记是决不愿意在生前发表的。”可过了几个月就出版了，作为一个刚和他订亲的我，怎么会不气恼呢？他的日记的出版，事前我一点也没有知道。他之所以不让我知道，主要是希望我和他在感情上从此不再发生旁的枝节。他觉得光用公开的仪式似嫌重力不够，这样地将生活细节公布于众，我就不能再化作漏网之鱼。这是他个人想法。我读了《日记九种》以后，却感到他处处在为自己打算。至于当时的社会，是以男性为中心的，发现了这样一件大胆而新奇的事情时，人们将以何种目光来看待？他从未想过，也没有关心过。因此，我则为此而不快了好多天。而且，还有过一段消沉的时期，不大愿意和他同进出，少说话，并有近于后退的打算。但是我究竟还年轻，社会上的事情所懂得的还是太少，一时想过恨过，也就算了。郁闷在心头的恶劣情绪，过了不久，就被他的热情所融化。

结婚的波折

老上海一般都知道上海有个洋人（英籍犹太人）哈同，从一个失业青年最后变成了远东第一富翁，他手下有个人叫姬觉弥，后来成为哈同的主要帮手、“爱俪园”里的大总管。他在哈同花园里的地位仅次于哈同夫妇。他在哈同“王国”里是叱咤风云达几十年之久，直到哈同夫妇先后去世，他还在租界里八面威风了好几年，直到死去。他生前的声望，虽不及杜月笙，也庶几近之。

在我很小的时候，大约是朋友的介绍，外祖父就与哈同认识了，有时哈同请他去写些东西。一九二七年的秋季，我祖父答应了上海哈同花园姬觉弥的邀请和群治大学之聘，来上海教书，便把我们一家也搬到上海来住。为了进出方便，我们就住在靠近哈同花园的民厚南里（现称慈厚里）八八〇号的全部二楼。

这八八〇号是弄堂靠西的最后一幢石库门房子，是两楼两底，并连有过街楼，我们将统厢房隔成了三间，另外还有一间前楼，倒是方方正正。大约有二十多个平方米。

这时郁达夫和创造社的关系并未全断，每天还是在闸北宝山路办公，我在嘉兴二中附小教书，来往于嘉兴上海之间。祖父看他每天来来往往，实在辛苦，就答应了他的请求，让郁达夫暂时搬来和祖父同住。他就住在我们的前楼。

一九二八年的春天，郁达夫和我准备结婚。地点问题，倒着实经过考虑，最后才决定去日本东京。既然已决定下来了，我们就印发请帖，请帖上是二月二十一日在日本东京精养轩结婚，通知了中外亲友。后来临时由于经济问题解决不了，郁达夫说不去东京了，但又怕我祖父和母亲不同意，然后和我商量决定。在二月初，我们就到北火车站附近的小旅馆里去租住了一个多月，到了三月中旬，才又搬回民厚南里居住。不久就在南京路的东亚饭店（原址在现南京东路浙江路口的服装公司）请了两桌客，请的是几个比较接近的朋友，这一次的请客，就算作了是我们的喜筵。

这件事的始末，大约只有我杭州的同学顾鹤寿夫妇知道。当时他们正住在东京，接到请帖后，到了二月二十一日这天，去精养轩扑了个空，再写信来问我们，才知道我们没有去。除了他们夫妇，大约是没有其他人知道这次结婚的秘密。

住在旅馆里的这一个月的生活，就诚如他所说的：“日日痴坐在洞房。”只能从窗户外偶尔吹进来的几阵春风里，知道春天是已经来到了。几十年来，有不少关怀我们的亲友，陆续地问起过，我总笑而未答。现在想来，在我的生活中，这是一件重要的事情，应该向大家说明的。当时我虚岁二十二，还是一个不明世故的少女。

半个多世纪过去了，报上忽然出现我和郁是在日本结婚的消息，根据是郁达夫在一九二八年春天写给日本作家佐藤春夫的信：

> 佐藤先生：
>
> 为了尽快启程赴日，所以在上海上船过早而受到了怀疑。抵长崎时是否许可上岸尚未可知。只好当作一次旅行了。兹有事拜托：如有寄到关口町府上的我的信件等，烦请加封转回（上海赫德路嘉禾里一四四二王宅）……

从这段信的内容上看，他显然是已经上了轮船在船上写的。

我自从一九二七年一月在上海和郁达夫相识，一直到一九四〇年五月在新加坡和他分手为止，在这中间，郁达夫单身搭乘日本船赴日的事情，据回忆所及，只有一次，就是在一九三六年的十一月，郁以福建省政府公报室主任的名义，为购买印刷机而去日本的这一次。

至于其余的十多年岁月中，除了他在福建工作的少数日子以外，他的出门，我都知道。现在，我怎么也回忆不起来有他上了日本船而在抵长崎时又被退了回来的一段情况。

还有，郁达夫在一九二八年前后所写的文章中，往往有“因为我现在隐居乡间——上海附近，无法去邮局……”在写这些文章的时候，他都是住在嘉禾里，也就是他所称的“上海乡间”。如有人真正认为他是住在乡间或吴淞等处，那是有出入的，这是我了解的第一手资料，不会错。

至于还有些朋友看到郁达夫在《日记九种》中所记录的请客的事，以为我们已结婚，这有说明的必要。一九二七年五月，他和我在杭州聚丰园请客的事情，是有的，但不能说明我已和他结婚。在当时社会中，男女双方在相识后确定关系，而向亲友们邀宴，叫作“订婚”，是旧礼节，现在是不必要的了。

一九二八年的三月，我和郁达夫本拟去日本东京结婚，后来因为经济不足而没有去成，就改在上海东亚饭店请了两桌客，请的都是些平时最熟的朋友，这样一来，就算作了我和郁达夫的夫妻身份的公开。现在有刊物上讲到我们一九二七年五月在杭州请客结婚，又有的说我和郁达夫在上海东亚饭店——即旧的先施公司——请客结婚，这显然是把两次请客的用意未弄清。

在我和郁达夫共同生活的十二年中，一起搭轮船出门的次数并不多。在一九三二年，我和郁达夫从普陀回上海，搭过一次轮船。在一九三五年夏天，我们去青岛时也搭乘过一次轮船。再后来，则要算在一九三八年冬天我和郁达夫同赴新加坡是搭邮船的。其他，从来没有搭乘过日本轮船。

一九二八年前后，由于白色恐怖，郁达夫的住处没有一定，逃难和躲避的事情也是有的。但由于那个时候他身体有病，决不能离家独居，因此既未去乡间，也未上船去他方，不过就在赫德路附近租间亭子间住住，避一下风头而已。

总的说来，我既没有和郁达夫共乘过日本船，而他单身去日本也仅有在一九三六年冬天这一次。那么，他当年写给佐藤春夫关于搭船去日本结婚的这一封信上所说的，只能算作是他的设想了。设想不一定要成为事实。我想此事只我一人清楚，我应当向社会说明真相，免得后人根据某些推测之辞，衍化为“事实”，以讹传讹下去。这对于从事郁达夫研究者来说，更希望他们明察真相，不致误会。

我们的小家庭

三四个月以后，祖父嫌住房陈旧，就在住处附近的赫德路（今名常德路），看定了单幢的两幢房屋，弄名嘉禾里。

嘉禾里是一条较小的弄堂，内有并列着的两排弄堂，我和郁达夫住的是前弄堂，是东洋房子（就是没有天井的）一四七六号，房租每月八元。

祖父他们住的是后弄堂，有天井的石库门，单幢，房租每月十二元，门牌是一四四二号。一九二九年祖父又迁回杭州，我们就租住了一四四二号。

从此，我和达夫总算正式组成了家庭，既然是家，就得像家的样子，房屋是空空荡荡的，由于当时经济拮据，无力购置新家具，只得去租，有床、写字台、方桌和几个凳子等几件少得不能再少的家具。

接着是还债，一个是内山完造，因郁非常喜欢买书，有钱时去买，无钱也去买，因此欠下笔款子。

另一个是胡适之，他当时任中国公学的校长，郁先前与他的关系并不怎么样，据郭沫若先生在《论郁达夫》中说："胡适攻击达夫的一次，使达夫最感着沉痛。那是因为达夫指责了余家菊的误译，胡适帮忙误译者对于我们放了一次冷箭。当时我们对于胡适倒并没有什么恶感。我们是'异军苍头突起'，对于当时旧社会毫不妥协，而对于新的不负责任的人们也不惜严厉的批评，我们万没有想到以'开路先锋'自命的胡适竟然出以最不公平的态度而向我们侧击。这事在胡适自己似乎也在后悔，他自认为轻易地树下了一批敌人。但经他这一刺激，倒也值得感谢，使达夫产生了一篇名贵一时的历史小说，即以黄仲则为题材的《采石矶》。这篇东西的出现，使得那位轻敌的'开路先锋'也确切地感觉到自己的冒昧了。"

"胡适在启蒙时期有过些作用，我们并不否认。但因出名过早，而膺誉过隆，使得他生出了一种过分的自负心，这也是无可否认的实情。他在文献的考证上下过一些工夫，但要说到文学创作上来，他始终是门外汉。然而他的门户之见却是很森严的，他对创造社从来不曾有过好感。对于达夫，他们后来虽然也成为了'朋友'，但在我们第三者看来，也不像有过什么深切的友谊。"我也不清楚郁、胡的友谊究竟如何，但在我们结婚之前，他时常向胡借一百、二百的。我不喜欢向别人借钱，更不肯借了钱不还，所以情愿自己清苦点，也要把钱还掉，我们家弄堂口有一家当店，家中实在没钱用时，我就把母亲给我当陪嫁的金银首饰去一样一样的当掉。另一家是中药店，里边有个电话可借用，我经常去打电话给北新书店的李小峰经理催要版税。电话打过后，他们多少会送点钱来。由于收入不固定，我尽量节衣缩食，减少家用，连电灯也不装，还和一个奶妈合用一个梳子，这种事情，现在怎么也不会再有。三餐吃的，都在母亲家里，好在住处相距只有几步路，较为方便。郁达夫《灯蛾埋葬之夜》这篇文章，就是在这间房子里写成的。

他在文章中对我们住房曾有过这样的描写：

“新搬的这一间小屋，真也有一点田园的野趣。季节是交秋了，往后的这一屋的附近，这文明和蛮荒接近的区间，该是最有声色的时候了。声是秋声，色当然也是秋色。”

“不晓得在什么时候，被印上了该隐的印号以后，平时进出的社会里，绝迹不敢去了。”

“所以断绝交游，抛撇戚串，和地狱底里的精灵一样，不敢现身露迹，只在一阵阴风里独来独往的这种行径……”

“这墓地的历史，我也不大明白，但以从门口起一直排着，直到中心的礼拜堂屋后为止的，那两排齐云的洋梧桐树看来，少算大约也总已有六十几岁的年纪。”

我们这一间新屋的房租与设备，他是这样写的：“小屋的租金，每月八元……室内设备，简陋到了万分，电灯电扇等文明的器具是没有的。”

嘉禾里对面正好是一个电车场，所以，这里的不少居民是电车司机、售票员。我们之选中这一个住处，一则是为了和祖父的住处相近，二则是因为这里的房租低；最大的理由，还是因为和真正的劳动人民杂居一处在“只认衣裳不认人”的上海滩上，比较容易隐蔽。有了以上这些原因，郁达夫是很满意这个环境的。

住房并不大，只有楼上一间正房的光线较为充足。可惜是朝北，冬寒而夏热。从亭子间的南窗望出去，正好是静安寺公墓（今名静安公园）的所在，那墓地里每座坟的水泥盖上，竖立着的大理石安琪儿，也都历历可数。

因为政治关系，我们初搬入时，没有把这个地方向朋友们公开过。亲友信件，也全由北新书局转。所以亲友们也就无法知道我们究竟住在何处。真所谓“和地狱底里的幽灵一样”，来迎送那四季的变幻。从斜阳影里，我才知道一天将过；再从后门外面儿阵秋风里飞过来的落叶，知道寒冬已即将到来了。生活费用，当然是少得不可再少，因为不是这样，我们又怎么能够把欠债偿清？精神与经济，是小家庭里最重要的两个组成部份，但主要的还是前者。在精力充沛的我俩心灵里，只有和爱，只有欢乐，只有对未来的美好的憧憬。

既无亲友的来扰，我们又很少出外去看亲友。在屋子坐得气闷时，也就踱到附近的几条人行道上闲步，谈着过去，谈到未来，再谈及这尚未出生的小生命。饱尝了欢乐的两颗心，觉得已经再也说不出什么别的愿望了。在散步散得有点疲倦的时候，我们便又很自然地回到了小楼上。太阳成了我们的时钟，气候算作我们的寒暑表。在这十里洋场的一角，是很少能够有人体会得出我们当时的满足的。

对于我俩的结合，有不少朋友和后来写郁达夫传记的学者，都认为结婚使郁达夫结束了长期漂泊孤苦生活，变得有条有理起来，他更加勤奋地创作……

左舜生在《郁达夫与徐志摩》中说："……一直到他和王映霞结合以后，在某次的'鱼龙会'上，我还看见他们俩联袂偕来。其时正是王映霞的盛时，皓齿明眸，愈朴素而愈显其美。当时我心里想，有关郁达夫这样一个个性的文人，居然有这样一段姻缘的成就，足见冥冥中的主宰者还是很公道的，不禁为他们暗暗祝福。"

当时对我俩的结合，有的赞美，有的反对，我们反正是躲进小楼成一统，管它春夏与秋冬。我生性好动，却因受传统观念的深刻影响，是想安安稳稳地过安静快乐的家庭生活，这与郁达夫的喜欢广交朋友，参加社会活动是相矛盾的。

掌勺、喝酒、散步

妈只生我一个女孩子，在家的时候，是从来舍不得我去做粗重的家务的。所以当我开始独立支撑一个家庭时，最感到苦闷的就是家务。煮饭时我不懂该淘多少米，放多少水。记得最早时候我们曾买过一座台灶，上面可以放一只菜锅和一只饭锅。应用的时候，常使我手忙脚乱，往往顾到了饭就顾不到菜，不是把饭煮焦，就是将菜烧烂。光是两个人的一天三餐，已经使我忙不过来，又何况郁达夫每当写出一段好文章或者得意的诗句时，他就会到灶下来把我拉上楼去，让我先看一遍，读一读，问我顺口不顺口，往往弄得我两头顾不到。为了学做厨下的一切琐务，我真着急了好几个月。

郁达夫还常常用“孺子可教”这四个字来鼓励我学做家务，其实我所最担心的，是每日清早提着菜篮上菜场去买副食品。既要抛头露面，又须讨价还价。妈在背地里可怜我，说我爱去搞这些粗工作。祖父则叮嘱我说："学会了是自己的本领。"我只想硬争这一口气，好好地来撑住我们这个小家庭。

烧菜是一件难事，两个人都没有经验，而两个人却都爱吃。郁达夫爱谈烹饪理论，也不知是从哪一本书上看来的，他喜欢在我面前充能手、充内行。教我某一种菜应该烧几分钟，哪一种肉要煮多少时间，这样的一教我，我这个初学手弄得更糊涂了。不是炒得太生，吃不动，就是煮得太烂。他看看不对头，再来大家研究，时常把一顿饭搞了两三个小时。后来他又想出了一个主意，说："要学会烧好吃的菜，就得先出学费。我和你先到大小各式菜馆里去吃它几天，我们边吃边讨论，这样一定容易学会。"于是，我们前前后后也就去吃了几十次，把一个月来的稿费全吃光了。很显然的，开销已经超过了我们的预算。于是在每一次上好馆子走回家的路上，我总爱埋怨他："乱花钱，有些弄得得不偿失。"他道："你真不懂，如果想烧好吃的菜，则非要吃过好菜不可，不然的话，便成了瞎子摸象。现在我们暂时花些小钱，将来学会了烧菜时，我们就可以一直不到外面去吃，自己来烧，不是又省钱又有滋味？"他还说："人的身体最要紧，身体是别人抢不去的财产。"因此在我们家里，从不讲究穿着，只在饮食上多花些钱。不这样，他的黄疸病和肺病，又怎么会好得起来？

他早时所讲的关于学烧菜的途径，我觉得也颇有道理，从此以后，我就认真地学烹饪，学会烧许多菜，尤其是他所爱吃的几样。连日本的酱汤，我也曾学着做。其余如缝纫、洗衣之类，我也学会并熟练了。

由于会烧的菜很多，所以根据季节的变化，各类蔬菜的上市情况，我就变着花样烧。

春夏之际是吃茄鲞的大好季节，触景生情，把自己所知道的对茄鲞的一种做法（与《红楼梦》中讲的那种茄鲞不同），略述于后，供诸同好，如有不足之处，还望有以教之。

“鳓鱼”，形同鲥鱼，在夏秋之间，把它用盐稍稍一腌，因为鱼身肉薄，所以腌后几天就可以用来佐膳。把腌过的鲞用来和茄丝合烧，我们江浙一带的人就称之为“茄鲞”。这是宁波人最爱吃的。

当茄子上市的时候，买它一斤，若能买到外皮是淡紫色的杭州茄子则烧起来更软、更糯。老年人爱吃它。

至于腌过鳓鱼，严格些说，可以分成三种：就是头暴、二暴和三暴。头暴鳓鱼，在三四月间，用盐腌三五天后，就可以做菜，不过鱼的肉比较硬。二暴呢，鲫鱼腌的日子稍稍多几天，虽身略有香味，鱼的肉较头暴略酥，但还稍硬。至于三暴，则滋味又不相同了。鱼的肉更香更软，爱吃的人，就觉得其香无比，其味无穷。

茄鲞，可用鳓鲞的三暴来煎烧比较好。烧法：

①茄子洗净（约五〇〇克）去柄切成丝。

②把五〇〇克左右重的鳓鲞切半条，分成两块，去鳞、去肠、洗净、沥干。

③一〇〇克蚝油熬熟，把两块鱼放入油锅，两面稍煎，等略有黄色，盛入碗中；锅内余油，把已经切好的茄丝倒入锅中，略炒匀，再将两块已盛起来的鲞鱼倒入茄子上面，加五十克酒、少许白糖、一点水。用文火烧一会儿，再放入已切好的葱花，即可盛在碗中。佐酒，或佐饭，均所宜也。

郁达夫把它当下酒菜，可吃好长时间。

关于我掌勺的艺术水平，郁飞至今念念不忘，老是抱怨自己的妻子烧菜没我烧的菜香，这使我颇得意。

祖父爱喝酒，我因之亦能喝上一些，不过我并不喜欢。结婚以后，为了想使他少喝酒，当然我应该首先不喝。表面上他总答应得好好的，总说“就这一次”，或者是“从下月一日开始”，但他一看见酒，总还是十分贪杯。我很懂得酒能伤神，亦能乱性。酒后会说出许多不应该说的话，做出许多不可以做的事情。好几次是为了吃酒的问题，我们中间发生过小争执。不过这一种小争执，并不伤脾胃，不至于有切肤之痛，过了一会，也就恢复了原状。

寒冬十二月的一天，外面大雪飞，一个友人跑来邀请他去浴室洗澡。他走后，我一直提心吊胆，从下午等到傍晚，再等到午夜，不见他回来。心里虽焦急，但亦无可奈何，怕他发生了什么问题，但干着急又有什么用呢？次日黎明，只听见我们住屋的门敲得很急、很响，把我从睡梦中惊醒了，马上起来开门出去一看，只见一个陌生人扶着满身冰雪的郁达夫，踉踉跄跄地踏进了客堂间，那个陌生人喘着气，向我诉说："清早我因事路过赫德路，见嘉禾里口的马路上倒着一个人。慌忙扶他起来一看，才知道是醉酒。于是我马上叫醒了他，问明了地址，才把他扶起来了。"

我谢了这一位好心的过路人之后，马上把他扶到楼上，他半睡半醒，我才知道郁达夫昨夜醉卧在马路上的冰雪里。马上煮姜汤，拆洗棉衣，足足忙了我一整天。从这一次给我们的经验教训之后，凡是有朋友来邀他出去吃饭或喝酒，我一定要这一位朋友负责送他回来，否则，就下"禁令"，不许他出去。

这样的约法二章，初几次很有效果，但后来，不是得罪了他的朋友，就是郁达夫自己没有信用，甚至于恼恨我，想想真是我自寻烦恼。再后来，我也就不再说些什么了。真是何苦？

每当轻寒薄暖的季节，我和郁达夫时常出去闲步。在当年的极司斐尔路（今名万航渡路）和愚园路上，时常会碰上回到曹家渡去的独轮车在兜揽生意，郁达夫老爱和我乘这一种"第四阶级"的小车子。开始坐上去的时候，我有些怕难为情，又怕摔跤，等上车坐定后，我们就分坐在两旁，我的左手拉住他的右手，一路上和在后面推车的人天高皇帝远的聊上几句，的确是别有风味；有时在路上碰见我们的坐小汽车的朋友，当他们从车窗里伸出手来向我们打招呼时，我们亦就略为点一下头，颇有我行我素的自得其乐。愚园路尽头，便是兆丰公园（今名中山公园）。我们从车上下来，进了公园，一直缓步到公园后门（曹家渡）出来。沿路的一花一草，一事一物，我总爱向郁达夫问个明白，他就像大人对孩子似的，不厌其烦地讲得很详细。

逛马路成了我们寂寞生活中的一种课程。郁达夫喜欢溜达，老是反背着双手，低着头，不作一声地向前走去。我们常在霞飞路（今名淮海中路）的洋槐或洋梧桐下的人行道上散步，向西走去，行不多时，徐家汇天主教堂的双尖顶就可以望得见了，倘若我们的脚力还可以胜任的话，那么就会折向龙华。龙华寺的龙华塔，是我们经常去的。这样的一段相当长的路程，是当年我和郁达夫经常去散步的地方。

来回一次之后，我们并不感觉到怎样疲劳，可是这一晚的睡眠，必然很甜很香。

内山完造

从我们家出来，走到静安寺搭上一路电车，不到一个小时，就可以到达北四川路底的终点站，下车之后，马上可以望见一家白漆门面的书店。是当年作家们常去的地方，如鲁迅、郑伯奇、夏丏尊等都是内山书店的长客，同时也是内山完造的朋友。

郁达夫从广州一到上海，就去光顾了内山书店，用日语和内山完造交谈，很快成了朋友。日本小泽正元撰写的《内山完造传》中说，有一次，日本作家谷崎润一郎到上海来，内山完造特地在自己书店的二楼开了个碰头会，到会的除郁达夫外，还有谢天逸、田汉、郭沫若、欧阳予倩、唐林、王独清、傅彦长、汪馥泉等，日本客人还有研究中国戏剧的冢本、菅原等人，中日双方畅谈两国的文学、戏剧。

像这样的聚会，郁达夫常常应邀参加，例如一九三〇年六月十五日内山完造举行晚宴，在座的有鲁迅、郑伯奇、郁达夫，日本汉学研究者有太田宇之助、藤井元一、高久肇、山县初等。

郁达夫的作品在日本有一定的影响，因此，当日本的作家和学者到上海来，内山总要介绍他们结识郁达夫，有时让店里的伙计陪到我家来。

一九二七年初，我和郁达夫认识不久，他便把我带到内山书店去，并为我介绍了内山夫妇。内山完造是一位忠诚厚道的中年人，有一张方圆形的脸，人不高也不矮，见人总是九十度鞠躬，非常讲究礼节，如果见有女客的话，他会马上到里面把夫人请出来招待。我们定居上海以后，每隔上两三天，我们很自然地就会去一次。谦恭而好客的内山夫妇，一见我们进门，也经常是茶啊、烟啊、点心啊地继续不断地招待着。郁达夫把我带到这家书店去，第一，当然是因为我们的同进出已经习惯了；第二，他在暗示我，到这里来买书可以暂时不必付款。因为我们当时经济并不十分宽裕，而郁达夫是有无限制的买书欲的。一到内山书店之后，他总要我安心坐等，他自己则去找刚从日本寄到中国来的新书和杂志。挑选了一大堆之后，便笑逐颜开地告诉我说，这些都是不易买到的书。而内山先生呢，有时也知道我们不一定能马上付清书款，但他总以极真诚、极信任的态度要郁达夫将书刊先拿回去，把书账记下来。不仅如此，在郁达夫经济上有转不过来之时，比较进当铺更容易得到钱的地方，也便是这里。而且，可以让我们分期付还。

记得在我和郁达夫结婚后的初期，郁达夫领到版税以后，也立即转到这里来还清许多积下的欠债。这件事给内山书店的伙计留下深刻的印象。一九八四年，曾在内山书店当学徒的王宝良在《忆达夫先生与内山书店》中说：达夫先生是创造社元老、有名的大作家，但他没有一点架子，和蔼可亲。他不但与内山，与书店里的职工都很熟悉，随便聊天。他亲切地叫我“宝良，宝良”，关心地问起我的家庭情况。有一次，达夫先生与我一起在内山家吃饭，他还向我敬酒，使我受宠若惊。相比之下，那位张资平就不大一样了，架子很大，对我们店员态度很傲慢。有次他来买书，已经欠了书店一百多元书款，还要欠账，我只得告诉他必须先把欠款付清。他就把内山找来，想用老板来压我，内山问明情况后，也认为我做得对。达夫先生买书当然也经常记账，但他总是及时付清，从不拖欠，不像张资平那样企图占便宜。

有几个遭难的朋友，来到上海后一时无容身之处，便去找内山，由内山帮助找一安全之处。当年在上海的鲁迅，也曾到内山书店暂避。

和内山先生的接触中，觉得他非常热爱中国，是个有道德、有正义感的日本朋友，他表示将来“死，也要葬在中国上海”。早在四十年代中期，他的夫人美喜子去世时，就已把墓地做好了。当时上海有份刊物叫《女声》，主编是日本作家佐藤俊子，她也是内山书店的常顾客，内山曾对她说："坟墓做成桥的样子，因为想表示在上海贩卖日本书籍的意思，便在它前做了一本开着的书，请人把碑文写在上面。碑文是夏丏尊先生给我写的。碑文是这样的：'设书肆为津梁，期文化之交互，生为中华友，殁作华中土，吁嗟乎，如此夫妇！'"

一九五九年九月十九日，七十四岁高龄的内山先生，以日中友好协会副会长的身份，应中国文化协会的邀请，到北京来参加庆祝大会。不料由于身体衰弱，飞行的劳顿，在到达北京的第二天，突然大脑出血，不治而逝。十二月二十六日，上海文化团体的许多老朋友迎接内山完造的遗骨到他的"第二故乡"上海，安葬在上海万国公墓，同他早已安眠于此的前妻美喜子，永远安眠于此地。

我记忆中的鲁迅

查《鲁迅日记》，可以发现郁达夫和我的名字第一次共同出现是在一九二七年十月五日。郁达夫早在一九二三年就开始与鲁迅交往，是亲密的老朋友了；而我以前虽在外祖父王二南的影响下，热爱文学，看过鲁迅的一些著作，可是从来没有见过他。这天我第一次见到了鲁迅先生和许广平先生。鲁迅在日记中道："夜小峰邀饭于全家福，同坐郁达夫、王映霞、潘梓年、钦文、伏园、春台、小峰夫人、三弟及广平。"

全家福是一家本地菜馆，坐落在四马路（今福州路）上。李小峰是北新书局的老板，当时鲁迅除将自己大部分著译交其出版外，又为之编选、校阅书稿，介绍作品，编辑丛书。这天请客吃饭，是因为鲁迅十月三日从广州抵沪，李小峰为他接风洗尘。李小峰平日不善言词，每到一处总要拉着夫人蔡漱六同行，他俩以前是北大同学、鲁迅的学生，后结为夫妻。

在座的不是鲁迅的亲属，就是鲁迅的朋友。我在这儿特别要提到的是孙伏园兄弟俩。孙伏园是鲁迅任山会初级师范学堂监督时的学生，一九二四年以记者身份与鲁迅等同赴西安讲学，一九二六年、一九二七年又随鲁迅去厦门和广州。孙伏园的弟弟叫孙福熙，字春苔，鲁迅在日记中常把他写成孙春台，是个留法学生，一九二六年至一九二七年间任上海北新书局的编辑，曾为鲁迅设计过《野草》及《小约翰》的封面。兄弟俩只相差四岁，但孙伏园看上去比弟弟大好多，因为他留着胡子。鲁迅到上海的第二天，即十月四日，就和许广平、周建人、孙伏园、孙春台、林语堂一起合影，人们常称这张是鲁迅和许广平的结婚照。人民美术出版社于一九八一年七月出版的《鲁迅画传》、上海教育出版社于一九八一年八月出版的《鲁迅在上海每——活动旧址图集》、文物出版社于一九七七年三月出版的《鲁迅》中都收了这张照片，但《鲁迅》画册中的这张照片上只剩下四个人，孙春台和林语堂均被除去。

一九二七年十月六日鲁迅在日记中写道："上午郁达夫、王映霞来。元庆、钦文来。午达夫邀饭于六合馆，同席六人。"鲁迅十月三日抵沪时，在爱多亚路长耕里（今延安东路一五八弄）共和旅馆下榻。鲁迅和许广平住在二楼，那是一间二十平方米左右的木结构房间，朝南有二扇小窗，还有两扇落地窗直通阳台。屋内陈设很简单，一个方桌、一个写字台、四个凳子、两个沙发，东西两侧各放一个单人床。我们进去时，鲁迅和许广平正在说话，见我们来了，立即起身迎接我们。只见鲁迅身材不高，和蔼可亲，身着一件旧的灰色袍子，说话时常带着沈重的绍兴口音，热情地和郁达夫打着招呼。当郁达夫向他介绍“这是密司王”时，鲁迅马上亲切地和我握手，并把许广平拉过来，说：“这位是密司许。”接着我们就坐下来聊天。后来陶元庆和许钦文来了。谈到中午，郁达夫提出请鲁迅吃饭，于是我们一行同去六合馆吃饭。六合馆大约座落在六合路上的一个饭馆。饭后，服务员端上咖啡，每人一杯，鲁迅朝许广平看了一眼，说：“密司许，你胃不行，咖啡还是不吃的好，吃些生果罢！”语气是热情的，语言却是告诫性质的，充满了柔情。我第一次见到鲁迅这样对待许广平，确实有点好奇，但后来见多了，也就习以为常。有一次，我们一起吃饭，上来一个北方菜，叫爆双脆，内中含有肚子和猪肝，许广平刚吃一块，鲁迅就要她少吃点，说：多吃会不消化的。口气中，除了对妻子的爱，似乎还有种父爱。

一九二七年十一月二日鲁迅在日记中写：“达夫及王映霞来。”

鲁迅和许广平于一九二七年十月八日上午，从共和旅馆移入位于横浜路的景云里二十三号。景云里是单幢的石库门住房，鲁迅租了一幢。楼下是会客室，前楼一大间是鲁迅和许广平的卧室兼书房，一张黑色的半新不旧的中号铁床，安放在东南向角上，床上挂着帐子和帐沿，这白色十字布绣花的帐沿，不用说一定是许广平的手艺了。

这次看到鲁迅，我不像第一次见到他时那么拘谨了。鲁迅除示意许广平倒茶之外，他还希望许广平能坐下来陪我说说话。鲁迅这天穿的是一件深灰色的厚呢长袍，头发有些长，到上海后大约还没时间去理发，而且鲁迅的鬓脚又低，耳前耳后都遮盖在他白色的面孔和颈子上，这样一来，教人看了似乎愈显苍老。其实，这时候他还未到五十岁。

鲁迅叫许广平为密司许，称我为密司王，若有三个以上的人在座，他从不讲日语或其他国的语言。他虽然中式打扮，却极懂西方礼貌。例如在一同走路或进出汽车时，总要让我和许广平先行，而且，他也极尊重密司们谈话的主题，从没有在我和许广平闲聊时他突然走过来插进别的话题。反正，他是极尊重女性的人。

我和郁达夫住在嘉禾里一四四二号，我曾代郁达夫写信给鲁迅，约他来玩，那天他来后，就与郁达夫天南海北地聊天，我则到厨房里去做菜。从这次起，我才知道鲁迅爱吃火腿，后来许广平也学会吃火腿，并喜爱起来。一九五六年许广平到上海来参加鲁迅迁葬活动时，我约她一起到采芝斋去，买了二只火腿送给她。从这件事也可以看出许广平对自己的丈夫爱得有多深。鲁迅在给妈妈写信的末尾，总写上“儿迅”或者是“广平同叩”。这说明他在写信时，没有忘记在他的小家庭里还有一个妻子广平，这些情形实令我非常感动。

鲁迅定居上海之后，在和北新书局打官司之前，因为开销大，许广平想出外教书借以贴补家用，鲁迅知道后，说：如果你出去教书，我不是又将过我的独身生活了么？（大意如此）许广平听后，非常理解鲁迅的心意，放弃了想出外教书的念头。鲁迅手指缝中夹着一支香烟，微微地向他的妻子一笑，这是一种会意的笑，满足的笑。

一九三二年十月五日，鲁迅在日记中写了这样一段话：“晚达夫、映霞招饮于聚丰园，同席为柳亚子夫妇，达夫之兄嫂，林微音。”

那时，请客吃饭是常有的事，我们考虑到鲁迅是南方人，所以特地找了一家无锡馆，在四马路上的聚丰园，并邀请了柳亚子夫妇、郁达夫的兄嫂和青年作家林微音，陪鲁迅共进晚餐。柳亚子那时与鲁迅不很熟悉，因此，达夫就成了中介。这可以一九三三年一月十日鲁迅致郁达夫的信为证。信中写道：“字已写就，拙劣不堪，今呈上，并附奉笺纸两幅，希为写自作诗一篇，其一幅则乞于便中代请亚子先生为写一篇诗，置先生处，他日当走领也。”事情是这样的：郁达夫喜爱鲁迅的墨宝，曾请鲁迅写二幅自己的诗，即《答客诮》和《无题（洞庭木落……）》。(《鲁迅日记》一九三二年十二月三十一日所记是：“洞庭浩荡楚天高”，收入《集外集》时，改为“洞庭木落楚天高”。）鲁迅将写好的字和信寄给郁达夫，同时附上二张白笺，要郁回写一幅，另一幅则通过郁达夫去请柳亚子写，写完后，放在郁处，过几天鲁迅自己来取。一月十九日下午，郁达夫将自己和柳亚子写的诗笺亲自送到鲁迅寓所，《鲁迅日记》对此有明确记载。鲁迅后来一直珍藏着这两幅诗笺，郁达夫写的那幅是一首七绝，诗云：“醉眼朦胧上酒楼，彷徨呐喊两悠悠。群氓竭尽蚍蜉力，不废江河万古流。”短短二十八字，高度评价了鲁迅的伟大功绩。

这天鲁迅和往常一样，与大家谈笑风生，他称呼我“密司王”，我则称他“大先生”。因为看到许广平在旁边，郁达夫就打趣地说：“大先生，你的华盖运可以脱了吧？”这时大伙的目光都集向许广平。鲁迅听了哈哈大笑，连拿纸烟的手也因畅怀的笑而颤抖起来。过了一星期，即一九三二年十月十二日，鲁迅在日记中写了一首七律，那就是著名的《自嘲》。

鲁迅这首诗是书赠柳亚子的，鲁迅在诗后还写了一段跋，跋云：“达夫赏饭，闲人打油，偷得半联，凑成一律。”“达夫赏饭”，“赏饭”两个字说明了郁达夫和鲁迅之间互相比较尊重熟悉，友谊也较深厚。郁达夫一生最尊崇、最可信赖的朋友，可以说就是鲁迅，鲁迅也最了解他。鲁迅和郁达夫的友谊从几件事上就可以看出一斑，他们一起编《奔流》杂志，一起参加发起“中国自由运动大同盟”，共同加入“中国民权保障同盟”，还有鲁迅为《申报·自由谈》撰文，是郁达夫去约的稿；当左联发起筹备时，是鲁迅提名推荐郁达夫参加，后来左联“开除”郁达夫，又是鲁迅表示反对……凡此种种，都说明二人的友谊非同一般。

至于“闲人打油，偷得半联”两句，我认为那天鲁迅和大家吃饭时，说说笑笑，并不是商量什么正事，因为大家一起吃饭闲聊，鲁迅先生有感而作，故谐称之为“闲人打油”。而诗中的句子在吃饭时提到的，我记得只有与郁达夫开玩笑有关的“运交华盖”这一句，其他都未曾提到过。我想也许鲁迅以此起韵，“凑成一律”，那也可算作“偷得半联”吧！因此，鲁迅这首脍炙人口的述怀之作可以说是郁达夫无意中促使鲁迅吟出的。

《鲁迅日记》一九三三年十二月二十九日中记：“下午映霞及达夫来。”第二天又记：“午后为映霞书四幅一律云：‘钱王登遐仍如在，伍相随波不可寻。平楚日和憎健翮，小山香满蔽高岑。坟坛冷落将军岳，梅鹤凄凉处士林。何似举家游旷远，风沙浩荡足行吟。’”

我们是在一九三三年春末，全家搬到杭州去住。虽然搬到杭州去住，但我们每个月总要到上海来办点事情，也常去看望鲁迅，有时在鲁迅寓所见面，有时在内山书店碰头。一九三三年十二月二十九日下午，郁达夫和我一起去看鲁迅时，我对鲁迅说："大先生，我们搬到杭州半年多了，你应该送一样东西给我，留作纪念，最好是你自己的作品。"说完，我就拿出四张事先带来的虎皮笺交给鲁迅。当然我知道鲁迅是会答应我们的请求的，但我怕他忙，一时给忘了，所以特地把纸笺带去，放在鲁迅处，比较保险。果然，鲁迅第二天就写了上面提到的那首诗。后来是郁达夫去取回来的。取回来之前，他先到上海河南路上的裱画店裱好，又配上四屏条的镜框，带到杭州。起先我把它挂在租屋的楼下客厅里，等"风雨茅庐"落成，就挂在新居的客厅里。抗日战争时期，与郁达夫的二万余册藏书，一起被日寇掳走，至今下落不明。

需要说明的是：鲁迅先生送给我字幅时，诗并没有标题。有人说当时就有"阻郁达夫移家杭州"的标题，这是不对的。因为我绝对不会把写有"阻郁达夫移家杭州"标题的诗，去挂在自家客厅的墙上，那不是成了自我嘲讽了吗？那么这首诗的标题到底何时加上去的呢？据朋友告知，在一九三四年秋，杨霁云编《集外集》之前，在一九三四年七月二十日出版的《人间世》第八期里，高疆写的《今人诗话》一文中，谈到鲁迅、郁达夫等人的诗，内中就有鲁迅“讲西湖的《阻郁达夫移家杭州》……”看来，很可能这位署名“高疆”的人，是第一个为鲁迅这首诗随意加上标题的。本来香港的徐讦先生也是《人间世》的编辑之一，不知他是否还能记得这件事。可惜现在，他也去世了。想来，姓高的人是到过我家，见而抄去，任意添上诗题的。

鲁迅在日记中有三十多次记到我的名字，其实在日常生活中往来还要多些，有些不一定记之笔下，由于年代相隔较久，许多事情我已记不清楚了。

阳春和静子的诞生

一九二八年的冬天，我们的第一个男孩出世了，取名飞，小名阳春。因为他的出生正好在旧历的十月中旬，刚刚是十月小阳春的时节。

孩子出世以后，我们都不主张自己喂奶，郁达夫的意见是："女子一喂奶，身体就要差。"我还是在爱玩的年龄，若要我管了孩子，便一步也不能离开，所以我们就很快地雇用了奶妈。有了奶妈，这原来的两口之家，一时便成了四口，不但在无形中添上了许多热闹，而且在简单的小家庭里，也就谨慎得多了。我除了主持家务之外，俨然像是一个母亲的样子。其实，这时候，我还是虚岁廿二岁啊！

一九二九年九月十七日，在我们第二个孩子诞生的前两个月，郁达夫接到安徽大学的电报，聘他为文学系教授，月薪三四〇元。他想了半天，答应去教半年试试，就复了他们一个电报。第二天郁达夫出去买书，准备带到安庆去，午后就收到安庆电报和电汇一个月的薪水。

在他动身之前，我想到他的工作不一定有保障，在替他购买轮船票时，我为他买了来回票，以防万一（当时的所谓来回票可用半年）。在送他上船的时候，要他千万注意自己身体，观察环境，不要冒险行动。

船在九月二十七日“午前五时起锚”，郁达夫二十六日晚就上船了。上船后夏莱蒂和李守章来看他，直谈到十二点多钟。夏莱蒂与郁一起办《大众文艺》的。李守章即李俊民，五十年代为上海新文艺出版社社长，现为上海古籍出版社的名誉社长。一九二五年年初，李守章在武昌师大国文系读书时，郁曾教过他，所以是郁的学生。当时也写小说，他写的《跋涉的人们》曾受到鲁迅的称赞。

船行了二天，九月二十九日中午到达安庆，适“遇政变兵变，受了不少的惊慌”，多天住在百花亭的安徽大学内。十月三日安徽大学的预科功课表排定，郁去教两点钟文学概论，可是十月六日，郁就因安徽省教育厅长程天放的攻击，并被列入“赤化分子”名单，幸得友人邓仲纯事前通知，要他立即离开安庆，幸得船票是买来回票，自安庆回上海，不必再买。郁达夫即乘上一条船回到了上海，行李等物，已经来不及取，全部留在安大。郁在这天日记中写：“从安庆坐下水船赴沪，行李衣箱皆不带，真是一次仓惶的出走。”

这时，我竭力主张去和安大办交涉，要他们赔偿损失，郁达夫怕多事，只是不停地发电报写信去。一九三〇年一月七日，“发电报去安徽索薪水”。一月十五日，“午膳后发快信一封去安庆催款”。一月十七日，“早晨去北四川路，打听安徽的消息，即发电报一通，去问究竟”。这样过了一段时间，我们想老这样也不行，结果还是我去了一次安庆，代他向校方算回了一学期的薪水，并把他带去的行李、书籍等取回。

战争中我们曾到富阳避难，后来又住在环山镇郁达夫的姐夫家，在我去丽水时，把郁达夫的日记留在环山镇。当时也不知道这批日记是毁于战火还是仍在人间。一九八五……七十年代末，我看到杭州出版的杂志上有郁达夫日记片断，后来《新文学史料》上也有部分日记发表。这些经历半个世纪才发表的部分日记，今已收入一九八六年十月浙江文艺出版社的《郁达夫日记集》中，编者分别把这些日记冠以“增补日记”（一—八），即自一九二七年八月——九三〇年六月十七日之间的部分日记。此书的《出版者的话》中有一段话，说：“其中各组‘增补日记’，或因日记原稿本来就有残缺，或因发表时有意删略节选，所以不是逐日都有日记。”现在，我无法知道“有意删略节选”“不是逐日都有”的日记究竟内容怎样。但一九三〇年二月二十八日“命映霞去安庆搬取书籍，送她上船”的事，本系郁达夫高兴地与我商量后，由我为他去处理棘手的事，而日记中却用了命令的口气，令我感到矛盾！

一九二九年的十一月中，我们的第二个孩子静子出世，是一个女孩子。不知道是因为她爱哭呢，还是因为郁达夫从安庆回来之后情绪不佳，他总嫌这个孩子会闹，不怎么爱她。所以在静子满月以后，我就请妈妈把她带到杭州去抚养。好在祖父他们早于半年前就搬回了杭州，况且雇用奶妈，也总是杭州方便。如是一住三年，等我将她带回上海自己领时，她已经会喊爸爸妈妈了。但不知怎的，郁达夫总觉得这个女孩子没什么好玩，要送给人家，几次和我商量，我拗不过他，便允许了。有一天，就由郁达夫把孩子抱到淞江，交由一个淞江的保姆带领。不到两年，孩子生了病，病了一些时候，就夭折了。我们中间仅有的这一女孩，从此永远也见不到了。

鲁迅、许广平是过了一个多月才知道我们又添了这第二个小孩，但不知是男是女。我们又没有告诉他。所以鲁迅、许广平在一九三〇年一月八日给我们写信祝贺，还以为又养了一个儿子，信上说：

达夫
映霞 先生：

我们消息实在太不灵通，待到知道了令郎的诞生，已经在四十多天之后了。然而祝意还想表表的，奉上粗

品两种，算是补祝弥月的菲敬，务乞

晒收为幸。

鲁　迅
许广平　启上

一月八日

鲁迅信中写的“粗品两种”是一件绒线衫和一条围巾。鲁迅在一月九日的日记中记有此事：“与广平以绒衫及围领各一事送赠达夫、映霞，贺其得子。”

当我看到鲁迅写的贺信时，又高兴又难过，高兴的是鲁迅先生在百忙中还惦记着我们家的事，难过的是静子已送到杭州，不在身边。后来我托人把两件礼品带到杭州去。

收版税和做“护士”

郁达夫的全集及日记，从一九二七年开始，就全部归并到北新书局出版。如果真能按当时的销路来收取版税的话，数目还相当可观。若以这些版税来维持我们的生活，不说富有，总还可以过得去。但“北新”当时的情况是，有时明明双方讲妥，书局一个月应发付多少钱版税，年终再另外结清，你若不用电话或书信去催讨，则他们也就会忘记送来，或者迟些时候再送来。这是“北新”的作风，也是“北新”的方法。当年鲁迅要和“北新”打官司，怕也由于“北新”的这种对作者不尊重的作风所致。

鲁迅原来与北新书局的关系不错，后来情况有了很大的变化，如由鲁迅和郁达夫主编的《奔流》创刊于一九二八年六月，原先说好是由“北新”负责给作者送稿费的，可是却没兑现。一九二九年八月七日鲁迅写给韦丛芜的信中说：

“北新近来非常麻木，我开去的稿费，总久不付，写信去催问，也不覆。”一九二九年八月二十日给李霁野的信中又说：“北新脾气，日见其坏，我已请律师和他们开了一个小玩笑，我实在忍耐不下去了。”鲁迅说的“和他们开了一个小玩笑”，就是当年北新书局长期拖欠鲁迅巨额版税和《奔流》作者稿费，鲁迅乃向北新书局提出法律诉讼的事件。后来由郁达夫出面调解。

为了能及时的得到版税，维持生计，我每月总要打几个电话，向“北新”要钱。逢年逢节，则更须打得起劲。

郁达夫的每一种书的初版或再版，照例由我将印好的几千枚郁达夫的印花送交北新书局。作者印花送去之后，去催讨版税则是我的份内事了。不过多多少少，每月约一二百元钱是可以催到手的。其余的开销，则全赖各报刊零星的稿费了。钱拿到后，郁达夫总爱先抽出一部份来买旧书，若在旧书店里看得高兴的时候，他就会倾囊全部买书。当他雇着人力车把一大堆书送到家时，他便得意洋洋地指着一本本的旧书对我说：“这些都是珍本、孤本，都是绝版书。真不容易买到手的啊！”我听了觉得好笑又好气。为了他这样的没有计划的买书，我很替他担忧，影响家庭日常开销。不过比较起来，买书比全花在烟酒上，总要好得多多，我亦就不再开口了。

有时所收到的数目较大，我就暗中为他储蓄了一些，将这不固定的收入来作固定的开销。有时他买书太多，影响了我们生活，我也就觉得家用困难了。不过郁达夫对于我的经济安排，从无异言，我们在这十二年生活中间，从来没有为了经济而发生过意见。一九三〇年二月中国自由大同盟成立，在发起人的宣言里，郁达夫第一个签名。在这以后，他和鲁迅等一起署名发表过不少主持正义等的宣言。正在这时，郁达夫患了很严重的痔瘘。据老北门一个由胡適之介绍给他的医生的诊断，说非住院施手术不可。但从我们那时的经济条件来看，住医院是很困难的；并且又有朋友跑来通知，说租界上风声不稳，黑名单内有郁达夫的名字。于是我们立即设法对付，赶快把家中的有些书籍和重要文件，全部包好藏好，有的则转移到别处去。又在住所的附近，租下了一个小亭子间，让郁达夫独自一个移居到那里去，暂时隐蔽起来。至于租住亭子间的理由，只说是为了乡间来了许多亲友，家中一时住不下。至于对家中的奶妈则说："先生有病要开刀，去医院住比较方便。"这样的两面一布置，大家都非常相信。郁达夫搬到"新居"后，每顿给他送饭送菜的是我，每天陪伴他去老西门一位中医那里看病的也是我，有时我还得学做护士，为他敷药换绷带。家务和孩子，也不得不挂在心上。当时我虽然终日忙得无片刻余暇，但是我的心情是愉快的。

裂痕的出现

一九二九年的夏天，我们这一个小家庭里，发生了这样的一件事：

郁达夫的二哥从富阳来，住在我们家。弟兄相见，分外亲热。他本来就同他的二哥感情非常好的。这次见了面，我备了酒菜招待他。看他俩喝酒喝得差不多的时候，我就劝说不能再喝了，并说："我们还是大家吃饭吧？"郁达夫一下子就不高兴了，只穿了一身中式的单衫单裤就出了家门。我和他二哥起先还以为他一会儿就回来的，后来一等再等，依然不见他回家。于是，我安排他二哥宿在客堂间里，自己则回到楼上去休息。

第二天早晨，他二哥回富阳去了。家中空空荡荡的少了一个人。天快黑了，我收到了一份从宁波青年会发来的电报，我急忙看电文，才知道是郁达夫从宁波发来的。电报上说，他的钱和手表被窃，要我马上送一百元钱去宁波。

幼稚柔弱的我，一想到他的安危，怎么也要弄到钱给他送去。家中没有这么多现钱，又没值钱的东西，我想来想去，决定把我结婚时母亲赠我的一对金手镯去当了一〇〇元，立即赶到十六铺轮船码头，买票上船。

第二天清晨，船到宁波，我在青年会里找到了郁达夫。

见了他，我第一句话就说："给你送一百元来了。"他"哦"了一声，说："我们一起到普陀去玩几天，再回上海好不好？"

我在青年会里住了一夜，第二天，在去普陀的船上，郁达夫告诉我，那一天傍晚他从家里出来，是因为我阻止他喝酒，使他很生气。等走到十六铺码头，天已黑，就和衣倒在码头的水泥地上睡了一夜，之后，便买了船票到宁波，手表等就是在码头上不见的。

这件事发生的真实原因，郁大约不好意思对人说，对朋友只说："一个人在上海街头，喝醉了酒，经扒手掏走了钱包，不知怎样糊里糊涂在十六铺码头上了去普陀的轮船，就这么一个人来了，连忙写信告上海要王映霞寄钱，王就带着钱自己跑来，两人一起留下了。"当时郁达夫还写了一首诗《游普陀作》：

山谷幽深杖策寻，

归来日色已西沉。
雪涛怒击玲珑石，
洗尽人间丝竹音。

郁达夫有过人的智慧，有绝世的才华，可是他每当脑筋一转，脾气一发，他就不会顾及前后，自己控制不住自己。他很知道这一件事是做错了，他亦了解这件事情会在我的精神上留下难以消除的伤痕。

一九三二年二月十日，突然又不告而别，我打开抽屉，发现少了一张存有五〇〇元钱的单子，这些钱对我们当时的家庭来说是一笔不小的款子，我骤然震惊了一下，但马上又想开了，钱是身外之物，失去了并不稀罕，只是不知他究竟跑到那儿，会不会出意外，心里有点着急。上海的亲戚、朋友家我不敢去打听，怕被人笑话，面子上下不来。母亲和外祖父早已搬回杭州去住，无人可以商量。我是一个已经出嫁的女儿，而且是自愿嫁给他的，死活我得一个人承当。

任你怎么心烦意乱，还得做家务，照顾孩子，有朋友来访时，我以谎言搪塞，只说达夫外出几天，不久就会回来了。时间一天天的过去，我仍没有郁的半点消息。不料有一天，我意外地收到我表姐张幼青（她后来嫁给周象贤）的来信，信中说，她前几天在杭州闸口的江边，看见郁达夫，他随身未带行李，手中只提了两包旱烟，走上了开往桐庐的轮船。

读了信，我心中马上猜到他出走的原因，是因为在上海住厌了，况且我又老劝他少喝酒，大约想走回头路，回到富阳去。并不是如他后来在文章中写的，是因为“白色恐怖”“春服既成……”等等。其实，一个人的思想是变幻莫测的，有什么想法尽管可以向我明说，我是个爽达的人，有什么不可商量呢？我一边想，一边安慰自己，同时我心中的痛楚是无法形容的，望着这个家、这两个儿子，我真想大喊一声：“他为什么这样对待我？”

我曾看见一篇文章里说：“……发妻荃君，既遭遗弃，又藕断丝连，怜念有加，暗中来往如故。这一切都是他们夫妇隙末凶终的因素……”此话并不是没有道理。当初和郁结婚时，说要与孙荃离婚，但实际上只是分居，而且他在诗中几次把我当作妾姬看待，如他写的七律《登杭州南高峰》中，就有：

病肺年来惯出家，
老龙井上煮桑芽。
五更衾薄寒难耐，
九月秋迟桂始花。
香暗时挑闺里梦，
眼明不吃雨前茶。

题诗报与朝云（后改霞君）道，
玉局参禅兴正赊。

《偶感寄映霞》：

一带溪山曲又弯，
秦亭回望更清闲。
沿途都是灵官殿，（我姓王，杭州有嘲王灵官者）
合共君来隐此间。

很明显，这是把我比作苏东坡姬侍朝云。以后在《毁家诗纪》中，又把我比作白乐天的姬侍樊素，还称为“下堂妾”。说实话，我也是有文化教养和自尊心的女人，心中岂能无动于衷？

终于，郁达夫回来了，我仔细地观察他的神态，竟然看不出什么异样，再看他随身带的行李，是一只网篮，上边有“富阳郁氏”的字样。这时，我才开口：

“你这么些日子到哪儿去了？”

“富阳、桐庐，严子陵钓台。”

“在富阳住了几天？”

“一个星期。”

“你在富阳的日子里，还想到上海的家和孩子们？你为什么不声不响的走掉，不告诉我你的去处？你欺骗了我，你对我说了谎话。你欺侮我过去没有男人，没有嫁过人，不像你这样当面讲好听话，私下又背着我行事。你把我当作什么人？！”

当时郁达夫写了《钓台题壁》诗：

不是尊前爱惜身，
佯狂难免假成真。
曾因酒醉鞭名马，
生怕情多累美人。
劫数东南天作孽，
鸡鸣风雨海扬尘。
悲歌痛哭终何补，
义士纷纷说帝秦。

他听了我的话，一言不发。我也不哭、不闹，只写了一封信给我的母亲，她老人家收到我的信，立即从杭州赶到上海。

郁达夫知道母亲是当年我们婚约中仅有的一个反对者，而今的事实放在眼前叫我怎么办呢？母亲问他：“达夫！你说应该怎么办？”郁达夫无言以对。二人从深夜谈到天明，郁达夫写了一张保证书交给母亲，母亲用信封封好，交给了我。于是，从表面上看这件事是似乎已经告一段落了，但在我的感情上，创伤却一日一日地加深下去，因为任何物质，是交换不到感情的。

没有几天，母亲要回杭州去，我在送她老人家上火车后的归途中，感到心酸。回到家中以后，很有一股突然的感觉：似乎这一个家已经不像是我的家了。猛然间，阳春走到我面前来喊了一声“妈”，才使我恢复了原来的神智。想着已经出世了的两个孩子，想着腹中那七个月的胎儿，又想到这几年来辛辛苦苦建立起来的这一个家，我真感了来日之茫茫。

结婚以来，除与郁达夫同行或同赴友人宴会之外，我一直深居在家，几与我的同学、亲友不相往来，也久不通信。但自从这次以后，我也逐渐与同学、亲友恢复往来。我做了许多郁达夫所不愿意我做的事情，如去探望几个独身的同学啊，告诉了她们我的痛苦。等郁达夫不在家的时候，约她们到我家里来看我，或者在空闲时给她们写几封信。我更不像前几年一样地死守在家中。我的心变了。

郁达夫的个性自幼孤独，青少年时代就没有开朗的机会，尤其是在日本一住十年。正如他自己在《血泪》中所写的那样：“在异乡飘泊了十年，差不多我的性格都变了……”环境给他养成了一种苦闷的颓废的性格，不习惯于有规律的家庭生活。到了某个时候，他想恢复一下他的幻想，便立刻会无声无息地出走一次。但走，也不会走得太远，不久自己也就会回来。不过从我的性格上想来，他的这种举动，似乎是我们家庭生活的症结。为了爱面子，在朋友面前我不敢声张出来，爱与恨的复杂的感情充满了我的心，我曾动过多次可怕的幻想，怕他发生什么意外；但等到他安然地又回到家中的时候，便立即消失了。

我原谅他的病态，珍惜他的不健康的身体；另外，还感佩着他的才华。于是，只能言归于好。

许多事情是不能有一个开头的了。有了第一次，还会有第二次第三次，甚至于无数次的了。有时为了饮酒，又有时为了别的鸡毛蒜皮之类的事情，我只需看他眉头一皱，头一摇，知道他马上会重犯老毛病了。有时我总觉得好奇，想探究一下他倒底是往何处去的？去做些什么？为了感情，为了他的安危，我就在后面追踪他。

两个人距离二三十步，有时十几步，更有时好像并行着。不过彼此老是默不作声，活像两个陌生的行路者。有时向西行，从住处走到曹家渡，有时又走到霞飞路尽头，大家自管自的走着。这几条熟路，都是我们结婚前后携手同行过的地方。而曾几何时，心情便各有不同。一种伤感怀旧的情绪涌上心头，我的步子，便自然而然地缓慢了下来，原来在我前面行走的他，偶尔一回头，发觉我跟在他后面。时间已经到深夜，他自己也走得有些疲倦了，他就马上会喊了一辆人力车，叫车夫把车子拉到我身边，让我跨上坐定之后，他也就坐了上来，两个无言无语地回到家中。这样地走了一场冤枉路，在他总算是已经发泄了闷气，我却在受折磨。他倒若无其事地与往日一样，叫我、逗我、为我倒茶送水，示意我休息。于是我又只能在疲劳里、在悔恨中，度过残宵。

在上海的这四五年中间，像这样的情形的反覆，是不计其数的。弄得久了，我亦习以为常，任他自去自来，任他愁烦欢笑。在一次次的纠纷以后，我也曾摸索到了许多教训，我不敢把心底里真正的思想暴露出来。我孤独地苦闷地想起了在我和郁达夫结婚前妈对我讲的箴言，师长、同学对我的轻视。又想起了我那可爱的令人怀念的故乡的一切、儿时的一切。我热烈的真诚的感情渐渐地改变了。同时，家庭影响我的娇，社会影响到我的骄，在逐渐发展。

一九三一年三月十七日，我们的第三个孩子出世，取名云，小名殿春。这孩子的面貌与性格，从小就特别像他的父亲。未到满月，我就得到祖父在杭州的患脑溢血的电报，我和郁达夫就匆促地赶往杭州，总算见到了老人家最后的一面。我从不爱哭，但这次在我祖父的灵前，却流了不少眼泪。老人家长眠了，从此他再也不知道我此后的日子是欢乐还是悲愁。

他又出走了

郁达夫在外祖父面前经常写悔过书，多写后就不起作用了。因此一九三二年一月的一天，我叫郁达夫请来了律师徐式昌，和北新书局的经理李小峰，当着众人的面，郁达夫亲笔写下了一式三份的“版权赠与书”。律师、书局和我三方各执存一份。

版权赠与书

著作者郁达夫愿将所著《寒灰集》《鸡肋集》《过去集》《奇零集》《敝帚集》《薇蕨集》《日记九种》《迷羊》，译稿《小家之伍》等书版权及附属于各书之权益全部赠与王映霞氏，除与出版者重订新合同外合将此旨说明各书三纸以一致出版者一存律师处一交王映霞氏收藏为据。

版权赠与人　郁达夫

证人律师　徐式昌

证人出版者　上海北新书局

被赠与人　王映霞

中华民国二十一年一月

我有一个好友叫刘怀瑜，河南人。其父在浙江安吉经商。她比我小一岁，却比我早一年考进杭州女师，我在学校里与她一见如故，她为人潇洒，谈吐风趣，是个可亲可敬的朋友。我与郁达夫结婚后居家上海时，她考进中国公学读书，毕业后又回杭州女师教书。

一九三二年一月廿八日（旧历二月初八）天在下雪，日本侵略军进攻上海，蔡廷锴等领导的第十九路军，在上海人民爱国精神的影响下，对日军进行了英勇抵抗，史称“一·二八”事变。这年的阴历二月初八，刘怀瑜和一个女同事到上海来参观十九路军的战果，住在三马路（今汉口路）的惠中旅馆，她叫人送信来，信中说，在上海只待三天，希望我们接信后马上去她那儿见见面。

我给郁达夫看了信，见他面有难色，就建议我们吃过晚饭，等孩子们睡觉后去吧。他听了不置可否，微微地点了头。我和郁达夫到了惠中旅馆后，看不出他有什么奇怪的心境。他看见这是一个双人房间有两张床，并带有浴室，还说："今天我们可以在此地洗澡了。"我和怀瑜好久没见面，说话自然我多，郁达夫偶尔插几句，他见我们越谈越热烈，就说，他先回去，叫我住在旅馆陪刘多谈谈，而且还约好次日清晨他来陪我们去吃早餐。我听了真高兴，觉得他挺体谅我。

第二天，郁达夫一早就到旅馆来，然后我们三人一起到大三元吃早点，中午又共进午餐，在三人谈话中，我一点也没有看出他有什么异样。午后四时，他叫车与我一同回家。但汽车驶到嘉禾里弄堂口，他先下车，站在汽车旁，等我下车后，突然他又回到车里，对我招招手，说："再会了。"车子也就马上开走。我心里很纳闷，刚才的快乐一古脑儿地被扫荡了，我闷闷不乐地回到家中，走进房间，发现床上的棉被少了一条。我坐在床上，茫然地望着地上，不知该干什么。这时家中的女佣进来对我说："昨夜少爷一个人回到家中，不多一会儿，就手提被包对我们说，少奶奶已和别人住在旅馆里，不回来了，我也要住到别处去，你们看好两个孩子。"

我听了这些话，知道他又犯老毛病了，不像当初他第一次莫名其妙出走时那么惊慌，只静静地在家中待着。三天后，邮递员送来了一封信，封套上写着本市邮寄。打开来读了信，才晓得他是负气出走，并说文章写好就会回来。

"负气"，气打哪儿来！我想来想去想不出他"气从何来"，后来他告诉我，他是怀疑我与怀瑜同性恋爱，好一个爱幻想的大作家。他还告诉我，他在外面半个多月中，时常回来，躲在门外，看我和谁在一起，有谁来看望我。结果他经常看到的是邵洵美和姚蓬子，也就没闯进来与我呕气。

他信中说的文章，就是中篇小说《她是一个弱女子》，郁达夫就是在上述这种奇异的情绪下写了这一本小说。此书一九三二年四月二十日由上海湖风书局出版，出版不久，即被当局查禁。十二月，纸型移交现代书局再版。其实，这本书大写一个丑八怪的女性仗势强横虐待另一个女性的所谓“同性恋”的小说，郁达夫也自认是失败之作，只因其中有些违碍的字句，而遭禁。

有人批评过：郁达夫凭自己构想的框子来写作，把文学作品当成自己的思想图解。所以，郁达夫自己也不得不承认，“这篇小说，大约也将变成我作品之中最恶劣的一篇”。

过了七八天，已回杭州的怀瑜写信来，问我怎么没有再去看她，也没写信给她。她问：“《大晚报》上刊有你和郁达夫先生在闹离婚，是真的吗？”这突如其来，意外的问题，使我惘然。我自然无可奉告，因此只得不回信。

大约过了二十天，郁达夫拎着棉被回到了家中，又若无其事地照常生活，和没事一样。

我本不在乎他的穷还是富，我只需要他以真挚的感情对待我，就像他当初狂热地追求我那样，可现在又怎样呢？真是：“问君能有几多愁，恰似一江春水向东流……”

我家的常客

从一九二八年到一九三三年春的几年中，我们家几乎天天有客人来，大部分是当时活跃于文坛的青年作家。

一九二八—二九年，那时姚蓬子没有职业，很穷，经常到我家来玩，吃饭时便留下一起吃。他也写文章，托郁达夫介绍给刊物发表，得点微薄的稿费。有一天，他带来了一位女士，说："这是丁玲。"当时丁玲在文坛上已有点名气，所以一听名字，大家似乎就成了熟人。丁玲给我的第一个印象是爽直、大方，没有一点旧式女子的扭捏。她的头发剪得很短，而且是往后梳的，像个男青年，我一看这种发式，就知道她的思想一定"左"倾。她人长得比我胖，比我矮，长得很结实，头几次来说话比较少，只是坐下来专心地搓麻将，后来来的次数多了，我发现她非常健谈，有时大家在一起聊天，几乎是听她一人说话。她当时大约在编《红黑》杂志，所以常和郁达夫谈稿子、杂志等事，有时也谈谈吃什么菜的生活杂事。她是湖南人，但和我们说话时，说普通话。姚蓬子讲的诸暨话，我们讲的上海话，她都能听懂。丁玲吃菜不挑剔，能喝酒，但量不大，姚蓬子一喝酒就脸红。

我以前没看过丁玲的作品，自从认识她以后，才在杂志上注意着她的小说。她从来没有一个人到我家来过，每次不是由姚蓬子陪着，就是由沈从文陪着来。我们家有个习惯，从来不问人家的家庭情况，住在哪里？客人来就来，走就走。所以我对丁玲当时是否成家，住在那儿都一概不知道。

赵景深先生在《丁玲》一文中说，有一次他去看丁玲，“丁玲正在蓝罩的台灯下写小说。我一看不觉大为惊诧，怎么她的字这样像沈从文呢？”赵先生把戴望舒、施蛰存、杜衡比作文坛上的“三剑客”，说胡也频、丁玲、沈从文也如他们三人一样，是非常要好的朋友。

沈从文很早就与郁达夫认识，郁曾写过一篇文章，题为《给一个文学青年的公开状》，写的就是沈从文。沈从文对郁达夫很尊敬，对他的作品也很推崇。沈从文在一九三一年写的《论中国创作小说》中，这样评价道：“郁达夫，这个名字从《创造周报》上出现，不久以后成为一切年轻人最熟习的名字了。人人皆觉得郁达夫是个可怜的人，是个朋友，因为人人皆可从他作品中，发现自己的模样。”

来我家玩的作家都较穷，只有邵洵美是例外，他是一个最富有的文人。邵每来都是坐自家的小汽车。鲁迅先生在《登龙术拾遗》一文中，用这样的几句话说邵洵美“有富岳家，有阔太太用陪嫁钱，作文学资本”，想来不差。

邵洵美的妻子叫盛佩玉，是铁路总办盛宣怀的孙女，我和郁达夫刚认识的时候，他们的结婚仪式很别致，先在静安寺路电影院举行西洋式的结婚仪式，然后回到斜桥总会（今南京西路青海路）同和里举行中国式的仪式，向长辈们叩头。盛佩玉在八〇年代写的回忆录（见台北《传记文学》第五十四卷第一期）中说，当时叩头叩得精疲力尽。邵洵美是留英学生，既是诗人又是画家，但他不喜欢穿西装，嫌它穿着太拘束，到我家来常穿的是中国式的长袍。关于他的形象，《秋海棠》的作者秦瘦鸥先生在《从纨袴子弟到翻译家》中曾详细地描写：“他眉清目秀，长发隆准，俨然是个美男子。他穿的服装质料高级，但并不成套，衣领和钮扣都没扣上，显出一副落拓不羁而不很潇洒的气派；态度倒还平易近人，并不像一般贵家公子那样目空一切。”

那时我每天早晨到附近的菜场去买菜，家中虽只有我和郁达夫两个大人吃饭，但每天总要准备五六个人的饭菜，朋友早上九十点钟来，聊一会儿，就拉开桌子开始搓麻将，吃午饭时喝酒，日近黄昏，客人陆续离去，这些朋友一般只吃午饭，不吃晚饭。我前前后后地忙着，留着普通的短发，身穿布旗袍，脚蹬平底鞋，完全是个地地道道的家庭妇女。

多病的白薇

我第一次知道白薇，是在郁达夫的日记里。

他在一九二六年十一月十五日的日记中写："在学校的宿舍里，遇见伯奇，他告诉我说：'白薇来广州了！'他的意思，是教我去和她接近，可以发生一点新的情趣，但是我又哪里有这一种闲情呢？老了，太老了。我的心里，竟比中国的六十余岁的老人，还要干枯落寞。"第二天又写道："午后赴分部晤仿吾，因即至酒馆饮酒，在席上见了白薇女士。她瘦得很，说话的时候，带着鼻音，憔悴的样子，写在她的身上脸上。在公园的黄昏细雨里，和她及独清、仿吾走了半天，就上西关的大新舞台去看戏，我半夜才回。"

一九二六年十二月三日日记，记和石君、曾女士等喝酒，白薇也在座，郁"我一人喝酒独多醉了"。十点多钟，和石君、白薇女士等又上电影院看《三剑客》，到十二点散场出来，酒后未醒。郁自称："路上起了危险的幻想，因为时候太迟了，所以送白薇到门口的一段路上，紧张到万分，是决定一出大悲喜剧的楔子。总算还好，送她到家，只在门口迟疑了一会，终于扬声别去。"几乎演出一场大的悲喜剧！

十二月十二日在日记中写着："与白薇谈了半宵，很想和她清谈一晚，因身体支持不住，终于在午夜前二点钟的时候别去。"

白薇在《回忆郁达夫先生》一文中说："当时不知是谁偷偷告诉我，说是郁达夫有意追求我，使我吓一跳。我深心尊敬他是文学先驱，是长辈！"其实她比郁达夫还大二岁。那么郁达夫对我的态度如何呢？有一次郁对白薇说："有人认为我很浪漫，我认为这是友爱，不是邪爱。你不信？即使在那个女孩子在我家过夜，我决不会触犯她。"郁对白薇倒底是否有那个心？我完全没有把它当作一回事，看过也就忘了。

一九二八年的一天，我们家来了一位年过三十的中年妇女，矮矮小小的，穿着一件旧式样很怪的连衣裙，郁达夫一见她，马上就站起来，迎上前去，两人用日语互相问好，接着郁达夫给我介绍说："这是白薇女士。""哦，你好，请坐。"我与她打过招呼后，就去忙自己的事了。以后她与杨骚一起来过几次，与大家说话时，经常夹带着几句日语。后来我在《奔流》上见过她的作品，如《打出幽灵塔》的剧本等。

每次白薇离开回家时，郁达夫总叮嘱我将她用过的茶具等用开水煮一煮，我很奇怪，这是为何？郁说：“她有毛病。”我听了很害怕，不敢与她多接近。

从郁达夫朋友的口中，我知道了些白薇的身世和生活情况，她一直很穷，所有的钱几乎都用来买药，我对她有点同情，但更为她惋惜，为何不好好嫁个人，过安稳的生活呢？她得过许多病，什么猩红热、肺炎、丹毒、伤寒……等，我以为她早已不在人间了，直到一九八七年九月十一日《文汇报》上刊登了一则消息：“三十年代著名女作家白薇遗体告别仪式在京举行。”才知道她刚去世，终年九十四岁。

略谈徐志摩和胡適

徐志摩和郁达夫都出生于一八九六年，一九一一年又都在杭州府中学同一个班级读书，此后，郁达夫去日本留学，徐志摩去美国留学，两人的兴趣爱好有许多相似之处，因此友谊很深，郁曾不止一次坦白地对徐说："我是个作家，不是个战士。"我们住在上海时徐志摩没到过我家，但在徐志摩或胡適请客的酒席上见过几次。

每次请客吃饭，基本上就是徐志摩、胡適、邵洵美、郁达夫和我。徐志摩似乎不属于美男子行列，但很有男人的魅力和气质，长短胖瘦都适中，看上去是很舒服。他和胡適、邵洵美都喜欢穿中式衣服，但衣服的料子很好，颜色也比较亮，如米色、银灰色、淡蓝色等。徐志摩说话很风趣，席间常和大家说说笑话，我每次去吃饭，都觉得非常轻松愉快。

徐志摩在一九三一年十一月十九日的一次空难事故中丧生。郁达夫知道后很难过，当年十二月十一日写了一篇散文《志摩在回忆里》，十二月十九日又加“附记”刊登在一九三二年一月一日《新月》第四卷第一期《志摩纪念号》上，他为徐志摩写了挽联：

三卷新诗，廿年旧友。与君同是天涯，只为佳人难再得。

一声何满，九点齐烟。化鹤重归华表，应愁高处不胜寒。

我在杭州女子师范读书时就知道胡適，原因之一固然是因为他是中国新文化的早期传播者；原因之二是他的表妹曹诚英与我同校，但比我高一班。曹诚英长得不好看，而且是小脚，但同学都对她另眼看待，因为知道她是大名鼎鼎的胡適的表妹，胡適待这个表妹很好，关心她的学业。一九二五年曹诚英在杭州女师毕业后进东南大学学农科，一九三一年毕业于中央大学农学院，一九三四年赴美国，在以农科为著名的康乃尔大学深造。曹诚英选择农科专业后又去美国留学，据说还是胡適的主意。

为蒋光慈介绍女友

郁达夫在一九二七年一月十九日的日记中写："吃饭之后，蒋光赤送文章来了，就和他一道去访王女士。谈了二个钟头……"这就是我第一次见到蒋光慈。上海发生"四一二"事件以后，蒋去武汉，九月又回上海。我和郁达夫结婚后，他时常来我家玩，吃饭聊天。和蒋光慈认识不久，我就知道了一些他的个人生活情况。

蒋光慈自幼由家庭为他与姓王的女孩订婚，女孩长到十八岁到蒋家来做童养媳，蒋光慈始终不同意结婚，并到苏联留学，姓王的姑娘在他家做了五年童养媳，直到蒋光慈一九二四年回国后才解除了婚约。王家在当地很有势力，蒋家也不敢得罪他们，就把王姑娘当作自己的女儿，办了许多嫁妆，把她嫁给了姓潘的。

一九二〇年还在安徽的蒋光慈经朋友介绍，与开封河南省立第一女子师范学校读书的宋若瑜开始通信来往。一九二六年八月宋若瑜在上海与蒋光慈同居，不料一个月后，宋若瑜因肺病住院，同年十一月六日就去世了。蒋光慈悲痛万分，在一九二七年一月出版的短篇小说集《鸭绿江》的扉页上题词："本书纪念亡妻若瑜。"

郁达夫介绍我与蒋光慈认识的时候，正是他沉湎于对亡妻的哀思之中，郁达夫见他这等模样，很想为他解除些痛苦，就与我商量，能否将我的同学陈锡贤介绍给他做朋友。

郁达夫在一九二七年三月十日的日记中写："到静安寺叫了汽车，上坤范去约陈女士出来吃晚饭。又去约蒋光赤、周勤豪夫妇，光赤不来，周氏都来了。"我们原来商定这天让蒋光慈和陈锡贤见见面的，但蒋却没来。后来又为他们约了个时间，那就是三月十六日，郁在先施公司楼上开了一个房间，晚上八点多约蒋光慈来，郁在这天的日记中说着："为他介绍了陈锡贤女士，一同吃过晚饭，她们先回去，和光赤谈到午前两点钟方入睡。"虽然我们尽力撮合，但还是没成功，大概是没缘份吧。

一九三〇年初，蒋光慈与吴似鸿同居，过了一年多，一九三一年八月三十一日蒋光慈在同仁医院病逝，临终时亲友都不知道，只有吴似鸿一个人在他身边。我们是见到报上的消息以后才知道的。

参加赵景深的婚礼

赵景深先生在我印象中是位规规矩矩做人、兢兢业业做事的好人，平时穿着很随便，我从来没见他穿过一件笔挺的衣服。

我曾见过陈伯欣的文章，也与我同感。陈伯欣与赵景深在北新书局同一编辑室内一块工作过三年：一九三〇年十二月到一九三三年十二月。他在《一位勤奋的多面手作家——忆赵景深先生》一文中说：“他律己严格，公事公办，认真负责，每天夹着书册准时进办公室，除非在工作上与人有必要的联系，绝不浪费时间。只有在午休时，他才和同事们谈笑风生。”又说：“赵先生的书桌上，工具书和参考书，分别列队成行，两行崭齐，稿纸、钢笔、墨水瓶、吸水器等，都摆得端正，望过去十分舒服顺眼。”

赵景深自一九三〇年六月起任北新书局总编辑，并主编

《青年界》，其时北新书局的主持人李小峰的妹妹李希同也在北新书局工作，专管钱财，李小峰很看中赵景深，将自己的妹妹嫁给他。

一九三〇年四月二十一日，他们在四马路（福州路）振华旅馆举行婚礼，主持婚礼的好像就是李希同的两个哥哥李小峰和李志云，李志云他们也在北新书局工作，前往祝贺的大部分是北新书局的同人，其他有鲁迅、许广平、郁达夫和我，鲁迅在这天的日记中写："李小峰之妹希同与赵景深结婚，因往贺，留晚饭，同席七人。"

郁达夫与赵景深主要是编辑与读者之间的交往，私交很少，正如赵景深在《郁达夫回忆录》中所说：我与郁达夫来往和通信很少。只记得郁达夫和王映霞同住在丽都饭店附近的一个弄堂里时，他们俩请小峰和漱六、我和希同到他家里去吃过饭。是否还有刘大杰一同去，已经记不清了。

这件事我一点也没印象，首先我们从来没有在丽都饭店附近的弄堂里住过。丽都饭店在爱文义路（现为北京路），我们在上海住过的嘉禾里和民厚南里都在福煦路上，相距尚有二三站路。

赵景深在该文中还抄录了一九三六年北新书局出版的《文人剪影》中的一段文字，说：

有一次我到武昌路的武昌大戏院（这戏院早已停

业了）里去看贾克珂根主演的《贼史》，原作者是英国大小说家狄更司，凑巧就遇见达夫和他的映霞坐在后排。我照例是戴着不大合光的近视眼镜到不大有人坐的最前面几排去。就在那一天，奥迪安影戏院（现亦停业）也开演狄更司的《双城记》，我问达夫去不去继续连看，他摇了摇头。可见当时我的热狂比他还要高。

这件事我也已想不起来，但我和郁达夫确实经常去看电影，有时兴致高，会一场场连下去看，特别是世界名著就更喜欢看，如美国霍桑的《红字》，伊凡纳兹的《妇人之仇敌》《白蔷薇》等。待我们有了孩子后就不大去看了。

林语堂和鲁迅的一次争吵

我与林语堂的接触，大部分是在林语堂、鲁迅、郁达夫和李小峰请客吃饭的时候，一起吃饭的次数较多，但有一次吃饭的情形至今不能忘怀。那天最初大家都在喝酒聊天，不知怎么的，鲁迅和林语堂忽然争吵起来，鲁迅面红耳赤地站起来，转身欲退席离去，我第一次见到鲁迅发脾气，当时就想，这事其实是不用发这么大脾气的，大约是鲁迅生病的关系，一种病态的表现吧。我看看鲁迅，又看看林语堂，只见林语堂低着头，一声不吭，郁达夫见此景，赶忙出来打圆场，说："大家还是吃饭吧。"在大家的劝说下，鲁迅总算没有拂袖而去，在座的人都极力用别的话来打岔，饭是吃了，可索然无味。

查《鲁迅日记》，一九二九年八月二十八日写着："小峰来，并送来纸版，由达夫、矛尘作证，计算收回费用五百四十八元五角。”我查《鲁迅日记》补上一段：“赴南云楼晚餐，席上又有杨骚、语堂及其夫人、衣萍、曙天。席将终，林语堂语含讥刺，直斥之，彼亦争持，鄙相悉现。”

《鲁迅日记》中多次记到我和郁达夫同去参加请吃饭的事。但这天的日记中没记我，也许是遗漏了。因为鲁迅和林语堂在宴席间直接冲突就是这一次，来得十分突然。所以给予我的印象很深，不会记错。

这件事的起因是在席间谈及有关北新书局开纱厂的传闻是“奸人”造谣，鲁迅受了挑拨。林语堂也许“奸人”在跟他捣乱，暗指张友松传播他在汉口发了笔洋财一事。鲁迅当即予以斥责，两人由此争吵起来。自这次以后，鲁迅和林语堂一直不来往，直到一九三三年才有联系。

林语堂对生活要求很高，当时他住的是花园洋房，出去坐小汽车，常去舞厅消磨时间，我们认为他已经生活得很不错了，可他对我们说，他在吃苦，等书编好就有钱，可以出国去了。他指的书，就是《开明英文读本》和《开明英文文法》。这两本书销路很好，使林语堂得到大批版税。吕叔湘先生在《三十年代颇有特色的国文、英文课本》一文中说：这两本书的出版“曾经在英语教学界引起一些震动”。

林语堂用英文写过一本书叫《京华烟云》，又名《瞬息京华》，一九三九年初在美国初版，曾被推荐为诺贝尔文学奖的预选作品。前一阵我在一九八八年十一月一日《团结报》上看到一篇题为《林语堂和〈京华烟云〉》的文章，内中说："身在异域的林语堂，很想把它译为中文，在自己祖国传播。当时林语堂心目中最理想的翻译家是郁达夫，原因是达夫英文精、中文熟，老于此道；达夫文字无现行假摩登之欧化句子。"可当时郁达夫远在新加坡，无暇顾及。其实在一九四〇年我与郁达夫离婚之前，林语堂从美国给郁达夫寄来五〇〇元美金，要他翻译《瞬息京华》。可是郁达夫把钱用光了，书却没翻译，当时我还对郁说："你拿了钱，就得守信用，时间长一点不要紧，但书一定要译。"一九四〇年五月，后来我离开新加坡，就不知郁原来是否动笔译过一些否？

移家杭州

自从一九三一年和一九三二年这两年以来，我心理上幻灭得厉害。似乎人未老而精神衰，对于各项事物，也都提不起兴趣。有时想到树高千丈，叶落归根，就很盼望有一个开支可以节省的安定的去处。郁达夫他亦与我有同样的想法。后来他在《住所的话》里，有过这样的理想：

自以为青山到处可埋骨的飘泊惯的流人，一到了中年，也颇以没有一个归宿为可虑。近来常常有求田问舍之心，在看书倦了之后，或夜半醒来，第二次再也睡不着的枕上。

尤其是春雨萧条的暮春，或风吹秋木的秋晚，看看天空，每会作赏雨茅屋及江南黄叶树舍的梦想；游子想乡，飞鸿倦旅……

我和郁达夫，都认为唯一符合我们生活上、经济上、愿望上的去处，是坐四小时火车即能到达杭州，在从来不关心政治的我的胸怀里，认为杭州是我出生、入学、长大的家乡，有我母亲故旧、同学朋友，想像中的最好去处，可以作为我的终老之乡。

当时孙百刚先生曾问我为什么要举家从上海搬到杭州去？我只说：孩子长大了，要上学，而杭州的小学比上海好，一切生活都是杭州方便，所以准备搬到杭州去。但孙先生猜想我们去杭州的原因不光是这些，认为“经济的因素，也占着主要的成分。因为在嘉禾里这几年中，历年达夫稿费收入，除家用开支外，经映霞的运用，相当积储了一笔数目。但在民国十九年以后，达夫小说的销路不及从前，生活费用逐年加高，收入反而减少，当一家主妇的映霞，当然觉得有变更计画的必要。其时杭州的生活程度，低于上海，这也许促成他们离沪赴杭的一种动机吧”。

孙先生的猜想一点也不错。那时杭州的生活费用只需上海的一半，北新书局若能守信用，将每月两百元的版税按时寄来，那么我们日常生活就不成问题了。而且在杭州，有我的母亲、我的母校、我的同学可以去走动。当时我们商量决定后，马上写信去托了在杭州的友人徐葆炎。没有多久，他就为我们介绍了杭州大学路场官弄内的一所旧式房子，门牌是六十三号，在一个庵堂的隔壁。我立刻写信去，托他租定了下来。

我们搬家的那天情形，郁达夫在《移家琐记》中写道：“搬家那天早上，春雨霏微。”为计时的正确……把一段日记抄在下面：“一九三三年四月廿五（阴历四月初一），星期二，晨五点起床，窗外下着蒙蒙的时雨，料理行装等件，赶赴北站，衣帽尽湿。携女人儿子及一仆妇登车，在不断的雨丝中，向西进发。野景正妍，除白桃花、菜花、棋盘花外，田野里只一片嫩绿，浅淡尚带鹅黄，此番因自上海移居杭州，故行李较多……午后一点到杭州城站，雨势正盛……新居在浙江图书馆侧面的一堆土山旁边，虽只东倒西斜的三间旧屋，但比起上海的一楼一底的弄堂洋房来，究竟宽敞得多了……”

就在移居杭州的第二个月，我生下了第四个孩子耀春，又名亮。已经有了三个儿子了。对于现实的生活环境，虽然清苦一些，但我相当满意。家的命运，孩子的命运，我不懂什么意思？与郁结婚后发生过几件上边提到的事，引起我幻灭的悲哀，都因此渐渐地黯淡下去。

初到杭州时，我只觉得换了一个新鲜环境，心境开朗，还没有体味出杭州的特殊境遇。两三个月以后，警察局派来了几个人，说是来检查书籍的。这个时候，我才暗中感受到自己一贯疏忽政治的可怕。继之而来的，便是各式人等的接二连三的来访，有的自称是“学生”，又有的说是“同学”，还有的竟在当地的报刊上登出了访问特写。这就很自然地给我们招来了不少慕名和好奇的来访者，增添了麻烦和嘈杂。从此，我们这个自以为还算安静的居处，不安又不静起来。比如，今天到了一个京剧名角，捧场有我们的份；明日为某人接风或饯行，也有给我们的请帖。什么人的儿女满月，父母双寿，乃到小姨结婚等等，非要来接去喝酒不可。累得我们竟无半日闲暇，更打破了多年来我们家庭中的书香气氛。我这个寒士之妻，为了应酬，也不得不旗袍革履，和先生太太们来往了起来，由疏而亲，由亲而密了。所谓“座上客常满，杯中酒不空”，正是我们那一时期热闹的场面。同时因为有东道主的招待，我也就饱尝了游山玩水的滋味，游历了不少名胜。

到青岛等地避暑

一九三四年的夏天，未到初伏，已经是热不可耐，当时气象预告，说今年将有六十年来未曾有过的热流降临杭州。消息一传开，我们就有些担起心来，商量凑出几个钱，去找一个清凉的地方避暑。正巧这时汪静之、卢叔桓来信相邀，到青岛的海边去住一个夏天，用费不多而交通便利。于是我们决定去青岛，孩子打算只带一个大的孩子，小的两个留在杭州托我妈照顾，说走就走。

一九三四年七月六日，我们离杭州经上海去青岛，轮船驶抵青岛港时，就可以望得见在绿树浓荫里的一幢幢红瓦洋楼，把视线横扫过去，则是一条弧形的海岸线。青岛的温度，据说最热亦总保持在华氏八十度上下。虽然骄阳烈日，但当你一望见青碧的海水与澄蓝的天空时，身心便自然而然地会清爽起来。我们在青岛海滨的三四十天的时间里，清晨或薄暮，我几乎是在沙滩上度过。当游泳游倦了的时候，我便仰卧在沙滩上，将两手枕着头，闭上双目，愁烦和俗情俗念被冲洗得一清二净。

游兴未尽，我们便又从青岛乘车到了北平。车过济南时，我们下去停留了二天，李俊民先生在《落花如雨拌春泥——郁达夫先生殉国四十周年祭》一文中曾有过详尽的叙述，不妨摘录几段：

> 不料一九三四年八月中旬，一个雨后微凉的晚上，我在济南的寓舍正闲暇无事，忽然来了远客，竟是郁达夫先生和王映霞女士。他们俩来到济南这块地方，而又寻访到了我们的住处，是大出我和我妻汪蓁子所料的，感到非常荣幸和幸福。郁先生还是老样子，清癯而不过于消瘦，体魄还是健康的。王映霞女士较在上海时肥胖了一些，并不减其秀丽，不过使人增添了一种少妇的感觉。郁先生说来自青岛，他是去青岛避暑的，还将去北平，只是路过济南，不会耽搁很久。当时谈话不多，我们约定明天对济南几个著名的去处，总得游览一番。
>
> 第二天（八月十三日）一大早，我们雇好人力车，他们夫妇来了，我住处距趵突泉很近，所以先到了那里，趵突原来是天然的，泉水涌起颇高，“趵突”两字很形象，后来人工改造，一气化三清，平分秋色了，但

高度也还可以。那里旧时是商场，人声嘈杂，所以没有久留。其实附近还有珍珠泉和李清照的读书处，由于我当时对那里的地形不熟悉，无法向他指点。后来去到金线泉，在池边找到一定的角度，金线显现在目，这是因为许多微细的喷泉互相牵掣，划成了界线阳光反射而成。接着去到黑虎泉，原来黝黑的虎头已经破损，沿着丛生的青苔，从虎口喷出泉水，汇注在崖下的深池中；后来也是一分为三。从下面添筑了三个虎头，喷出的泉水比较流畅了。在这里，环视沿着山崖的杂草丛树，景色颇佳，留连一刻后，就顺路到了南郊山麓，走下人力车，爬上千佛山山腰。郁先生登上高岗，清风徐来，溽暑全消，他向北平眺华、鹊二山，中间是洛口的黄河铁桥，我告诉他“黄河入海流”，从此沿黄河东流到海，就再没有山了。华山即“华不注”，传说是燕齐交战之处，燕师三绕“华不注”而终于败绩。遥望这山川胜处，郁先生的心情是爽朗而且愉快的。

回到济南城中，已是中午时间，午饭是在院西大街一家较大的餐馆里吃的。我考虑到在济南招待郁达夫夫妇，有三种名产是必须点到的：一是洛口供应的黄河鲤鱼，餐馆把它们弄来养在小池子里，活蹦蹦的，餐馆要顾客自己挑选出来，当场摔死，然后再去烹饪；上桌以后，除略有沙土气息外，是极其鲜嫩可口的。二是大明湖特产的蒲菜，形似菖蒲而中心细嫩，又似茭白而没有茭白肥大，煮为清汤，是从清新素雅中得味的。三是青稻米，是小清河两侧种出的粳米，小清河是山泉汇成的河流，灌溉出来的稻米青而发黑，清香无比。产量不多，号为贡米，过去大部份进贡，老百姓是无法吃得到的。这三种特产都具备了，所以这次聚餐是值得纪念的。

饭后经过曲水亭，那里大街石板下就有流泉运行，绕行到历城学宫（山东省博物馆所在地）之东的船埠，雇船出大明湖，先访古历下亭，读到杜甫的诗联：“海右此亭古，济南名士多。”大明湖沿湖为种植菱藕的私人所分割，中间畛界纵横，湖面不清。所以我找到一处能够看到千佛山倒影的地方，指给郁先生看。千佛山和大明湖之间，隔着一座济南城，但千家万户的济南城厢看不见，而千佛山的倒影却历历如绘，刘鹗在《老残游记》中对此描画得很清楚。而在“五四”之后，蔡元培先生父女和胡適游到这里，望不见千佛山有倒影，怀疑刘老残是想象之辞。前此我和我的姑丈同游至此，有王冶秋陪同，他就摄下了大明湖上分明看到千佛山倒影的一张照片，我的姑丈题了四句诗：“影影南山倒入湖，天然写出不曾诬，蔡家父女空腾笑，崇实还虚博士胡。”我把这首诗背诵给郁先生听，以博取他一笑。

坐船沿大明湖迤西朝北，游历了张公祠、铁公祠、北极阁等处，尽情徜徉，欢快之至。但他夫妇俩买的是联票，下晚五时前就得赶去津浦车站，搭五点零五分的特别快车去北平了。

在北京的日子并不多，但这时的季节，正好是已凉未寒的时候，在北京人说来，这是最好的季节。北海故宫的历代古迹，虽然是值得令人瞻仰浏览，但我对阵阵秋后所随之而来的风沙，多少是有些顾虑的。

孙百刚先生这时已在北京工作，老朋友异地相逢，当然是分外高兴。他就挤出了时间，陪我们一起去游玩了北戴河。

当时的北戴河海滨，都是达官贵人们的洋房别墅。据说是禁止使用汽车的，则其地之清静，可想而知。若缓步在静寂的海滨，除了潮汐的冲击声外，所偶尔触听到的，便只有林间的鸟语。北戴河可用以代步的，只有驴子。我把它当作一种新鲜的玩意儿看待，每每骑上背之后不肯下来。

在我们游兴未阑时，却得了杭州家里发来的电报，说四儿耀春病重。接到了这一份电报之后，真是一个晴天霹雳，于是我马上踏上归程，单身回到杭州。

总计从盛夏到初秋，两个月来的游历，已把我的俗虑与愁怀，在表面上已经洗得清洁无遗。回到杭州后我和郁达夫的感情，似乎暂时地又恢复了起来。但在我的内心深处总怎么也忘记不掉在一九三一年和一九三二年他在上海我们共同生活时的许多作为。

每当他不在家中的时候，我总要拿出一包他从前给我的一些旧信来翻翻。不过翻阅的结果，总容易把我的思想感情，拉回到几年以前和郁达夫初认识时的境地。这原因大约就在当年他写给我的某一封信，当年是怎么写？而现在又是怎么做，若能用以对比一下，则又大大的不同了，今我为了纪念他，纪念他初期给我的情感，我有时把这封信上的句子，背了出来。信是这样写的：

映霞：

这一封信，希望你保存着，可以作我们两人这一次交游的纪念。

两个月以来，我把什么都忘掉。为了你，我情愿把家庭、名誉、地位，甚而至于生命，也可以悉弃。我的爱你，总算是切而且挚了。我几次对你说，我从没有这样的爱过人，我的爱是无条件的，是可以牺牲一切的，是如猛虎电光，非烧尽社会、烧尽己身不可的。内心既感到了这样热烈的爱，你试想想看外面可不可以同路人一样，长不相见的？因此我几次的要求你，要求你不要怀疑我的卑污，不要远避开我，不要于见我的时候要拉一个第三者在内。好容易你答应了我一次，前礼拜日，总算和你谈了半天。第二天一早起来，我又觉得非见你不可，所以又匆匆的跑上尚贤坊去。谁知事不凑巧，却遇到了孙夫人的骤病，和一位不相识的生客的到来，所以那一天我终于很懊恼地走了。那一夜回家，仍旧是没有睡觉，早晨起来，就接到了你一封信——在那天早晨的前夜，我曾有一封信发出，约你今天到先施前面来会——你的信里依旧是说，我们两人在这一个时期内，还是少见面的好。你的苦衷，我未始不晓得。因为你还是一个无瑕的闺女，和男子来往交游，于名誉上有绝大的损失，并且我是一个已婚之人，尤其容易使人家误会。所以你就用拒绝我见面的方法，来防止这一点。第二，你年纪还轻，将来总是要结婚的，所以你所希望于我的，就是赶快把我的身子弄得清清爽爽，可以正式的和你举行婚礼。由这两层原因看来，可以知道你所最重视的是名誉，其次是结婚，又其次才是两个人中间的爱情。不消说这一次我见到了你，是很热烈地爱你的，正因为我很热烈的爱你，所以一时一刻都不愿意离开你。又因为我很热烈的爱你，所以我可以丢生命、丢家庭、丢名誉，以及一切社会上的地位和金钱。所以由我讲来，现在我所最重视的，是热烈的爱，是盲目的爱，是可以牺牲一切的，朝不能待夕的爱。此外的一切，在爱的面前，都只有和尘沙一样的价值。真正的爱，是不容利害打算的念头存在于其间的，所以我觉得这一次我对你感到的，的确是很纯正、很热烈的爱情。这一种爱情的保持，是要日日见面，日日谈心，才可以使它长成，使它洁化，使它长存于天地之间。而你对我的要求，第一就是不要我和你见面。我起初还以为这是你慎重行事的美德，心里很感服你，然而依我这几天自己的心境来一推想，觉得真正的感到热烈的爱情的时候，两人的不见面，是绝对的不可能的。若两个人既感到了爱情，而还可以长久不见面的话，那么结婚和同居的那些事情，简直可以不要。尤其是可以使我得到实证的，就是我自家的经验。我和我女人的订婚，是完全由父母作主，在我三岁的时候定下的。后来我长大了，有了知识，觉得两人中间，终不触发生出情爱来，所以几次想离婚，几次受了家庭的责备，结果我的对抗方法，就只是长年的避居在日本，无论如何，总不愿意回国。后来因为祖母的病，我于暑假中回来了一次——那一年我已经有二十五岁了——殊不知母亲、祖母及女家的长者，硬的把我捉住，要我结婚。我逃得无可再逃，避得无可再避，就只好想了一个恶毒的法子出来刁难女家，就是不要行结婚礼，不要用花轿，不要种种仪式。我以为对于头脑很旧的人，这一个法子是很有效力。那里知道女家竟承认了我，还是要我结婚。到了七十二变变完的时候，我才走投无路，只能由他们摆布了。所以就糊里糊涂的结了婚。但我对于我的女人，终是没有热烈的爱情的，所以结婚之后，到如今将满六载，而我和她同住的时候，积起来还不上半年。因为我对我的女人，终是没有热烈的爱情的，所以常年的飘流在外，很久很久不见面，我也觉得一点儿也没有什么。从我这自己的经验推想起来，我今天才得到了一个确实的结论，就是现在你对我所感到的情爱，等于我对于自己的女人所感到的情爱一样，由你看起来，和我常年不见，也是没有什么的。既然是如此，那么映霞，我真正对你不起了。因为我爱你的热度愈高，使你所受的困惑也愈盛，而我现在爱你的热度，已将超过沸点，那么你现在所受的痛苦，也一定是达到了极点了。爱情本来要两人同等的感到，同样的表示，才能圆满的成立，才能有好好的结果，才能使两方感到一样的愉快。像现在我们这样的爱情，我觉得只是我一面的庸人自扰，并不是真正合乎爱情的原则的。所以这一次因为我起了这盲目的热情之后，我自己倒还是自作自受，吃吃苦是应该的，目下且将连累及你也吃起苦来了。我若不是一个利己者，那么第一我现在就要先解除你的痛苦，你的爱我，并不是真正的由你本心而发的，不过是我的热情的反响。我这里燃烧得愈烈，你那里也痛苦得愈深，因为你一边本不在爱我，一边又不得不聊尽你的对人的礼节，勉强的与我来酬酢。我觉得这样的过去，我的苦楚倒还有限，你的苦楚，未免太大了。今天想了一个下午，晚上又想到半夜，我才达到了这一个结论。由这一个结论再演想开来，我又发现了几个原因。第一，我们的年龄相差太远，相互的情感是当然不能发生的。第二，我自己的丰采不扬——这是我平生最大的恨事——不能引起你内部的燃烧。第三，我的羽翼不丰，没有千万的家财，没有盖世的声誉，所以不能使你五体投地的受我的催眠暗示。

说到了这里，我怕你要骂我，骂我在说俏皮话讥讽你，或者你至少也要说我在无理取闹，无理生气，气你不肯和我相见。但是映霞，我很诚恳的对你说，这一种浅薄的心思，我是丝毫没有的，我从前虽则因为你不愿和我见面而曾经发过气，但到了现在——已经想前思后的想破了的现在，我是丝毫也没有怨你的心思，丝毫也没有讥骂你的心思了。我非但没有怨你讥诮你的心思，就是现在我也还在爱你，正因为爱你的原因，所以我想解除你现在的苦痛——心不由主，不得不勉强酬应的苦痛。我非但衷心还在爱你，我并且非常的感激你。因为我这一次见了你，才经验到了情爱的本质，才晓得很热烈的想爱人的时候的心境是如何的紧张的。我以后想遵守你所望于我的话，我此后想永远地将你留置在我的心灵上膜拜。我这一回只觉得对你不起，因为我一个人的热爱而致累及了你，累你受了一个多月的苦。我对于自己所犯的这一点罪恶，认识得很清，所以今后我对于你的报答，也仍旧是和从前一样，你要我怎么样，我就可以怎么样。你（按：下边两行字用墨涂了）。

映霞，这一回也算是受了一回骗，把我之致累于你的事情，想得轻一点，想得开一点吧！

映霞，这一回我真觉得对你不起，我真累及了你了。

我还希你不要因此而断绝了我们的友谊，不要因此而混骂一班具有爱人的资格的男人。这一回的事情，完全是我不好，完全是我一个人自不量力的瞎闹的结果。我这一封信，可以证明你的洁白，证明你的高尚，你不过是一个被难者，一个被疯犬咬了的人。你对我本来并没有什么好恶之感，并没有什么男女的私情的。万一你要证明你的洁白，证明你的高尚，有将这一封信发表的必要的时候，我也没有什么反对的抗议。不过若没有这一种必须的事情发生的时候，我还是希望你保存着，保存到我死后再发表。

最后我还要重说一句，你所希望我的、规劝我的话，我以后一定要牢牢的记着。假使我将来若有一点成就的时候，那么我的这一点成就的荣耀，愿意全部归赠于你。

映霞，映霞，我写完了这一封信，眼泪就忍不住的往下掉了，我我……

每当我被郁达夫莫名其妙的事情弄得烦厌，心中不快的时候，我常把这封信拿出来看看，思量婚前婚后的极不相同的境况，借以冲散我的悲愁。但郁达夫是不知道的，似乎他已经忘记了他曾经早先对我写过这样的信，说得一番动听的话。这封信和他写给我的信，幸几经劫难，保存下来的一些信都收入《达夫书简》里，让读者评说。

三儿之殇

一九三四年秋天，我匆匆的从北平赶回杭州，就是为了我们的第三个儿子郁亮的病。我们日日请郁达夫留日朋友、儿科名医钱潮来给他诊治，因为缺少药物，也还是离开了人间。

前边我曾提到钱潮，他与郁达夫同岁、同学，又是大同乡，一九一五年他结婚时，郁达夫曾写了首七律《寄钱潮——时正新婚，赋此嘲之》，但这首诗过了整整六七年，钱潮才见到。钱潮在《我与郁达夫同学》中，曾提到替我们小孩医病的事，但时间搞错了，应是一九三四年，他写的是一九三五年。他说：

> 一九三三年郁达夫举家移居杭州，住在横河桥附近的场官弄，与我父亲家相距很近，我们的交往才又多

起来。我们经常见面，经常一同游湖和赴宴，达夫这段时间的日记上都有记载的。承达夫的信任，他孩子生病也总是让我去诊治。记得一九三五年（按：应是一九三四年），达夫与映霞所生的第三个儿子病重，就是请我去看的。我诊断是脑膜炎，但是由于当时统治的腐败，当时杭州连磺胺类药品都买不到，更不要说抗生素了，只能眼睁睁地看着病魔夺去孩子的小生命，至今想来还觉痛惜。

在这个孩子出生的时候，身体的肥硕，在杭州城里都是少见，但不知怎的，由感冒而引起了肺炎，再变成了脑膜炎。从他起病一直到断气时为止，不到一个月，从来没有哭闹过，只在钱潮医生为他动手术抽脊髓时，才听见他几声哭声。后来看看无法转好，我们才陪他坐汽车回到富阳，因为郁达夫的意思，是要“埋近先茔为树槐”的。不过，这孩子在生前短短的两年里，我们的确无条件更好地抚养他。郁达夫为伤悼这个孩子的死，曾写了六首悼诗：

（一）

嬴博之间土已陈，千秋亭畔草如茵；
虚堂月落星繁夜，泚笔为文记耀春。

（二）

命似潘儿过七旬，佯啼假笑也天真；
两年掌上晨昏舞，慰我黔娄一段贫。

（三）

跬步还须阿母扶，謇裳言语尚模糊；
免教物在人亡后，烧出红绫半幅襦。

（四）

明眸细齿耳垂长，玉色双拳带乳香；
收取生前儿戏具，筠笼从此不开箱。

（五）

魂魄何由入梦来，东西岐路费疑猜；
九泉怕有人欺侮，埋近先茔为树槐。

（六）

生小排行列第三，阿戎原是出青蓝；
怜他阮籍猖狂甚，来对荒坟作醉谈。

风雨茅庐

杭州是我的故乡，年纪大了几年，总时有一种鸟倦知还的感觉。对郁达夫说来，这也很有诱惑力的，他在《住所的话》里写过这样的一番话，希望在杭州有一个洁净的小小住宅，可以舒适地饮酒、美食、午睡、看书、写作：

> 这一种好旅游，喜飘泊的情性，近年来渐渐地减了。连有必要的事，非得上北平、上海去一次不可的时候，都一天天地拖延下去，只想不改常态，在家吃点精致的菜，喝点芳醇的酒，睡睡午觉，看看闲书，不愿意将行动有所移易了。总之是懒得动。
>
> 而每次喝酒，每次独坐的时候，只在想着、计划着，却是一间洁净的小小的住宅，和这住宅周围的点缀与铺陈。

地皮不太大，只教有半亩之宫，一亩之隙，就可以满足。房子亦不必太讲究，只须有一处可以登高望远的高楼，三间平屋就对。但是图书室、浴室、猫狗小舍、儿童游嬉之处、灶房，却不得不备。房子的四周，一定要有阔一点的回廊，房子内部，更需要亮一点的光线。此外是四周的树木和院子里的草地了。草地中间的走路，总要用白沙来铺才好。

这希望，不但是郁达夫的，而且亦是我的。事也凑巧，就在我们住房的贴邻，还有一块菜园，菜园中间有一座五木落地的凉亭，以及一间破旧不堪的房屋。这一块东西略长而南北较短的长方形地，若用它来建造一幢普通住宅，还是可以的。而且从我们搬来杭州住宅之后的两年里，这间房屋，就从来没有什么闲杂人进去，只有一位老人，像是这块地方的看管者。

有一天，在孙百刚先生的寓所里，遇见了一位姓沈的朋友。这一位姓沈的朋友，在七八年前，是曾托人向祖父向我提过亲而被祖父回绝了的。今天在朋友家中突然相见，我们两人都觉得有些局促不安。不过被热心的主人一介绍，彼此也就恢复了常态。在聊天的中间，我们谈到了住处。这位沈先生谈到了他正在负责整理的浙江省救济医院的院产。沈氏又顺便提到"在场官弄内，好像也有我们的院产，但不知是在哪一头”。

我听了他的话就有些注意起来，以为场官弄并不太长，没有很多的房屋，这位沈先生所提到的，会不会就是我们住处隔壁的那一块闲地。沈又接上去说：“也许就在你们住屋的附近，有一块空地，里面只一间破屋。”

“你们的空着的院产，不正可以拿来利用利用？像这样的让它荒芜下去，不太可惜么？”百刚先生插上了一句。

“最近我正在作一个全部整理的计划。还这样打算，谁如果看中了院里空着的地产，则可以设法以山地来交换，不过，当然也要向省政府申请批准。”

沈氏的这一番话既符合公家要求，又遂了私人心愿。我很想再了解得深一点，但终因我与沈还是初见，不能操之过急而作罢。隔了半个多月，沈氏到我们的住处来。他提起了我们贴邻的那一块地皮说：“今天我是专程来拜访二位的，而顺便又可以测量一下你们的住屋旁边的那一块院产。这一块地，有一亩多，造一间住宅倒还合适。如果有人能用三十亩山地来和我们交换，那是符合院内的计划的。”

“谁又有那么多的山地？除非农户人家，不过他们也不会需要城市中的空地。”我说。

“这问题不难解决，如果是城市居民想交换，那么他可以托熟人为他们代购山地。”沈氏进一步提醒我。

我们送他到大门口，当他跨上车子的时候，又补充了一句："如果你们贤伉俪需要山地，我一定可以代劳。"

过了些时候，沈氏把玉皇山背后三十亩山地的地契送了来。价款一千七百元，当面付清，然后我们又正式办理了向浙江省政府申请转移产权的手续。这样，不到三个月，这块"风雨茅庐"的地基总算定局。郁达夫在一九三五年六月二十九日的日记里，记上了这样一笔："午后，邻地之屋户出屋，将门锁上，从今后又多了一累。总算有一块地了。"

凑合着这几年来积聚下来的一些稿费，加上从安庆安徽大学收回来的半年工资，付出了买山地的价款之后，就所余无几了。但既已有了这一块地，就决心把房子造起来。我们请了朋友兼建筑包工的郭某来计画了一下。他说："如果光造四五间平房的话，则所费也有限，有四五千元，亦可应付了。"

我一听这口气，觉得还有些把握，如果郁达夫能在平日里少买一点书，我再节约一点家用，凑上了版税，大约也差不多了。何况在买地之初，有一个朋友还许下了大愿，说愿意借给我们以造屋的钱。

房子式样的蓝图送来了，东改西添，郁达夫爱有两间独立的书房，我又喜欢三间平屋，于是墙外一座三开间，墙内二间书房，再加上所谓猫狗小舍与儿童游戏室，以及浴室下房；又种了些从很远的郊区搬来的树木花草。排场虽并不大，数目却可观了。一九三五年年底动工，熬过了一个冰雪的冬季，到一九三六年的春季完了工。合计建造这幢“风雨茅庐”，足足花掉了一万五六千元。

郁达夫在一九三六年一月十日写的《记风雨茅庐》一文中，曾把新居的名字解释为“避风雨的茅庐”，一块横额，是郁达夫乘“马君武先生这次来杭之便，硬要他伸了痛风的右手”写的，并不是像有些传说的那样，是郁达夫本人亲笔题写的匾额。马君武（一八八〇——一九四〇）曾因翻译拜伦的《哀希腊》而闻名，一九三三年商务印书馆还出版了他翻译的达尔文著作，人称他为马君武博士。郁达夫与他熟悉，所以能在他手痛风的时候，还会“硬要他”写，而马君武也肯写。自此以后，郁达夫和王映霞的新居“风雨茅庐”也就传播开来了。

“风雨茅庐”占地一亩一分四厘，并不像有的人想像得那样富丽堂皇、花园洋房、亭台楼阁。如郁达夫在《记风雨茅庐》中所描述的，“有点像是外国乡镇里的平民住宅的样子”。大门口很一般，二扇毫无艺术性的黑铁门，朝西对着大学路。走进大门，两边有五六间小房间，作为小孩的起居室和堆放杂物的。抬头往前看，可以见到一幢坐北朝南的正房。正房是相对大门两边的小房间而说。正房包括客厅、卧室等三间。正房的东面是一堵带有月洞门的砖墙，穿过月洞门，又可看到一幢与正房相仿，但面积较小些的三间房间，作为书房和藏书室。这二幢房即郁达夫在《记风雨茅庐》中说的："三开间的两座小蜗庐。"他还说："中间又起了一座墙，墙上更挖了一个洞。"这个"洞"，就是指月洞门。月洞门的北边，靠墙有三间小屋子，是保姆的住房、厨房和卫生间。至于郁达夫文章中提到，有人向他建议，东南角上可造一小楼，郁自取楼名"夕阳楼"，后来却没有建造。

在杭州，郁达夫有一个丁姓的女学生，这个女学生并非是在什么学校读书的，她不过是一位富有人家的小姐。年龄三十左右，结了婚，但因不如意而又离了婚，住在她娘家，慕郁达夫之名，昧昧然的甘拜他为老师。她的父母也经常和我们来往，他们在上海和杭州都有住宅，对于这几千元是不稀奇的。所以造"风雨茅庐"的不足之数，是这一位郁达夫名义上的女学生来替我们补足的。她的父亲是富阳人，叫丁梦星，是富阳的富商，现在杭州延龄路头头上还有他们的住宅，丁姓的洋房。

因为很多朋友来向我们问过这一件事，我就在这里趁便说明一下。

我想买地造屋的动机，除了上面所述的以外，当年我还有另一种想法。钱，它可以任你化用，但亦足以成为夫妻反目的根源之一。而且物价上涨，货币贬值，与其留在手头，倒不如把它安置住屋，适当地用掉为好。至于房屋的布局以及房契的姓名等，是通过我和郁达夫二人详细的协商后才作出决定的。在西面墙脚的角上，朝外安放了一块界石，这块界石上是写着“王旭界”三个字，还是郁达夫的亲笔（王旭是我的本名）。一九八一年十月鲁迅百岁诞辰纪念时，有几位学者还到过“风雨茅庐”的旧址，见到郁达夫写的这三个字仍留在墙角里。

一九四六年抗战胜利后，我回到上海，听在杭州的家中人说，有人想占据“风雨茅庐”。我想我这辈子是不会再到杭州去定居了，留着也无用，就由我弟弟金右谭出面把房子卖了。买主现在定居美国，我也不知道他的姓名，但在一九八三年第十二期《西湖》上见到过一篇文章，是买主的小舅子徐涌星先生写的，题为《郁达夫的杭州故居——“风雨茅庐”》，他说：“我童年时期曾有幸在‘风雨茅庐’中度过。因在一九四六年，我姐夫通过王映霞（王旭）的兄弟金右谭，买下了这座房子。那时，郁达夫已在印尼被害，‘风雨茅庐’也已在风雨飘摇中破旧不堪了。我姐姐是个读书人，认为这屋虽旧，但环境幽雅，有利于父母度过晚年，且离浙江大学很近，弟妹们可以受到这座学府的影响和熏陶。于是买了‘风雨茅庐’后，经过修整，住了下来。”

我有“风雨茅庐”的房契，况且在房子边上还立有一块“王旭界”的界碑，不论从事实上说，还是法律上讲，我拥有自由出售房子的权力。几年前，竟有一根本不知真相的人，却无中生有，竟然在某报上诬写，说我是“乘危把屋盗卖”。现在房基上还放着郁达夫写的“王旭界”三个字石刻石碑，买主手中还保存着卖契，那上边有我弟弟、弟媳、姨婆等人的名字，没有我的名字。卖房得来数千元，都是分送给亲戚故旧之穷困者。例如姨婆，是我母亲的表姐妹，我离开杭州后，她就住在“风雨茅庐”里，当时已年过八旬，从旧房搬出后，得租新房，我就从这笔钱中拿出一部分给她安家。

一九四九年以后，“风雨茅庐”收为国有，做了派出所。近来听说有人建议将（其）辟为“现代浙籍作家群的陈列室”，这当然是一个佳音。

到福州去

一九三五年冬天，我们在应酬中，无意间遇见了在西湖作寓公的葛敬恩（湛侯），他是陈仪的亲戚（编者按：葛与陈并无亲戚关系，但系浙江同乡、日本士官学校同学，二人同时在孙传芳部，葛任陈之参谋长，二人关系极为密切，陈接收台湾时葛为秘书长）。由于他的从中介绍，将郁达夫和陈仪的关系拉在一起了。郁达夫想到福建去，我们为此有过一段较长时间的考虑。他在和陈仪通了几次电信以后，才决定了他的福州之行。

一九三六年的二月二日（旧历正月初十），我为郁达夫准备好川资行装等，郁达夫预备乘早车到上海，然后再换船南行。

他的脾气和作风我是想得到的。为了他这次出门，我们曾争论过一些时候。这还是移居杭州后的第一次争论。他临行的前一晚，我提出了打算陪他到上海，亲自送他上靖安轮船的要求，因为我怕他到了上海之后，若不马上上船的话，则他身边的旅费将会无计画地用完。但他对于我的提议却不同意。他认为，我匆忙间的一趟来去，劳神而又伤财。双方的出发点都不坏，但是闹却闹了一夜，争执了一夜，谁也不让谁，大家坐到天明。看看开车的时间将到，才决定了让他一个人走。不过在送他上火车之后，我马上赶到了曹秉哲律师的住处，和他商量，接通了上海靖安轮船上的长途电话，得到了的确已有这么的一位乘客上了船的消息后，我才安心，也总算尽到我做妻子的责任了。不过胸中的郁闷，持续了好些天。后来，郁达夫写的《闽游滴沥》和《闽游日记》里，也都记载着那一晚我和他的争执的情况。

《闽游滴沥》里说：

上车的头一天晚上，杭州还是北风雨雪，寒冷得像在河北的旧都里一样，并且因为要决定出行与否的缘故，和内人还起了一场无谓的争执。闹闹吵吵，一直坐到了天亮……

只是静默下来，心里头总觉得有点儿隐痛难熬，先还是浑浑然不晓得是为了什么，随后才想起了昨天晚上和霞的一场争吵，与今天开车时她那张立在铁栅外的苍白的脸，就是这一点心痛的病源……因此我这一点心痛，终于苦受了两日两夜，直等船到了福州，在南台青年会住下，一个电报送去之后，方能稍稍淡薄了下去。

《闽游日记》里，郁也提到此事。二月二日日记上说："清晨六时起床，因昨晚和霞意见不合，通宵未睡也。"事件的经过是前月十五日，福州陈仪来函相召，但郁达夫因南京有要人来杭，"与周旋谈饮，无一日空"，搁至年底，南京要人离杭，又忙于过旧历年，"一日挨一日的过去，竟到了前晚；因约定的稿子，都为酬应所误，交不出去，所以霞劝我行，并欲亲送至上海押我上船；我则犹豫未决，并也不主张霞之送我，因世乱年荒，能多省一钱，当以省一钱为得。为此两人意见冲突，你一言，我一语，闲吵竟到了天亮"。又说："既经起了早，又觉得夫妇口角，不宜久持过去，所以到了八点钟就动身跳上了沪杭火车，霞送我上车时，两人气还没有平复。直到午后一点多钟在上海赶上了三北公司的靖安轮船，驶出吴淞口，改向了南行之后，方生后悔，觉得不该和她多闹这一番的。"

这则日记中，不难找出郁达夫心境不快的原因，他不让我伴送他乘火车上轮船，主要是在他走之前一段时间里，他为参与欢迎一个要人的"周旋谈饮，无一日空"，到了年底又逢上旧历年，"习俗难除，一日挨一日的过去"，竟到了临走的前晚，因约定的稿子，都为酬应所误，交不出去之故，大有关系。我原是好意劝他，想陪他上船，竟不知郁为何却用了“押”字，说我欲亲送至上海押他上船！

郁达夫到福州之后，发来平安抵闽的电报，随之而来的是一封信，信里有一首诗：

离家三日是元宵，
灯火高楼夜寂寥。
转眼榕城春欲暮，
杜鹃声里过花朝。

不到一个月，我写信给他说我想去福州，但却被他回信拒绝了。我真猜不透他为何不要我到福州去作伴的原因。后来，直到这年的冬天，我到福州后，才看见他这样的几段日记：

“一九三六年二月廿七日，连得王映霞来信两封。即作复告以缓来福州。”

“三月五日，昨晚在东街喝得微醉回来，接到了一封霞的航空信，说她马上来福州了。即去打了一个电报，止住她来，因这事半夜不睡，犹如出发之前的一夜也。今晨早起，更为此事不快了半天。本想去省府办一点事，但终不果。就因她的要来，而变成消极，打算马上辞职，仍回杭州去。下午约了许多友人来谈，陪他们吃茶点，用去了五六元，盖欲借此外来的热闹，以驱散胸中的郁愤之故。”

“三月六日，午后洗澡，想想不乐。又去打了一个电报，止住霞来……霞的回电已到，说不来了，如释重负，快活之至，就喝了一大碗老酒。”

“三月七日，自前天到今天，为霞的即欲来闽一信，平空损失了五十多元。女子太能干，有时也会成祸水。发霞信一。”

后来我曾细细地咀嚼过郁达夫那几天的日记，得到了一个要旨，就是说“女子太能干，有时也会成祸水”。想了心中有些不舒服。这岂不是与孔孟之徒贬低“女子无才便是德”的语词何其相似。

一九三六年中秋节的前两天，我在杭州分娩，这是我们的第五个孩子。郁达夫得到消息后来电报，说取名“荀”，小名建春。这孩子生下地来就体格健壮，食量大极。在杭州找不到适当的奶妈，亏得富阳郁达夫的老母亲，替我们找了一个，叫人送到杭州。顺便还送来一盒东北人参，说是叫我在产后服用的。

孩子逐年增添，在毫无保障的社会里，给我带来了无限的威胁，这是母性的烦忧，做父亲的是体会不到而平时加以忽略了的。

我后来终于去了福州。

蔡圣焜先生在《忆郁达夫先生在福州》中则说：

“一九三六年十月，郁达夫先生先往上海为鲁迅先生送殡，后东渡日本，据说是应日本各社团、学校之请前往讲演，并去商议出版《大鲁迅全集》之事，约一个月后偕同他的妻子王映霞来福州的。郁达夫是从上海、日本、台湾、厦门，于一九三七年一月五日回到福州的。至于‘旅费不足’，似乎不成问题，因为他曾嘱咐人家将稿费寄杭州，这可以从一九三六年二月十二日郁达夫致陶亢德的信中得到证明，他信中告诉陶亢德：‘款寄到杭交王映霞收好了……收条亦交杭州好了。’”

一九三七年的春三月，我奉他的命去福州，心中的闷气还是未曾消除。将杭州的家务略一安排，随身只带了郁云。因为他从小脾气古怪，容易闹事。到福州之后，我随时注意郁达夫之所以不让我早来福州的原因，但我还是漠然。既是多年来的夫妇，我为了自慰，也就不再想入非非了。他陪我去玩过几处名胜，吃过多次名菜，访过许多朋友，玩过好几次日本堂子，叫日本名妓来替我敬酒。可惜我还没住上半年，在这个临时的家庭刚刚安排就绪时，卢沟桥的炮声响了。于是商量决定，我带了殿春先回杭州，同船的有陈仪先生的女儿陈文瑛。

日本之行

一九三六年的冬日，南京侍从室何廉奉蒋介石之命打了一个电报给福州的陈仪。电文的大意是：请郁达夫到日本去一次，去到东京和郭沫若谈谈，要叫郭沫若回国来，可以取消对郭沫若的通缉令（原来是通缉郭沫若十年），同时，交给郁达夫治装费数百元。当时郁达夫正在上海参加鲁迅葬礼，于一九三六年十一月十三日，由上海直接动身赴东京的，对外则说是，福建省政府派他去采购印刷机和讲学。我还特地从杭州赶到上海去送郁达夫的行。

郁达夫到东京后，与郭沫若见了几次，一起喝酒吃饭，而且去看了许世英大使。这些，都是为郭沫若在一九三七年夏回国作准备。在日本时，郁、郭有互赠诗，郁达夫写：

却望云仙似蒋山，

澄波如梦有明湾。
逢人怕问前程驿，
一水东航是马关。

郭沫若写：

十年前事今犹昨，
携手相期赴首阳。
此夕重逢如梦寐，
那堪国破又家亡。

一九三六年十二月十七日郁达夫离开东京时，郭沫若到车站送别郁达夫。

郁达夫从东京绕道京都去奈良，他到京都后给我写了封信，信的题目是《从鹿囿传来的消息》：

霞：

昨天到了京都，是日本明治维新以前的旧都，我在八高学生时代，曾经来过好几次的旧游之地。将近二十年的久别，这回见了，心里的确也感到了不少的愉快，但是腐蚀一切旧文化的物质文明，在这旧都的表面上，也留下了许多俗恶浓艳的斑点样的波纹。火车站前高耸着的“丸物”的层楼，“京极”边野屋檐下闪烁着的轻质的年红，以及少女身上穿着在那里的不相称的洋服，我以为都是将这旧都的固有的美摧残下去的污点。

五层的塔，有挑角的寺院，广袖虹文的少女的衣裳，日本人叫作“蓬婆丽”的那一种像斗斛似的龛灯，这些日本固有的美，现在虽则也还存在，但被新世纪的魔术品来一打击，颜色是黯淡得多了。

今天起了一个大早，坐汽车到了奈良法隆寺前，是日本圣德太子的道场，古物之多，多得像进了北京旧日的博物馆。木造的那间金堂，阅时一千好几百年，现在还坚固得同新造一样。五重塔、仁玉门，以及东院的梦殿传法堂之类，古色古香，没有一处不肃然起敬。我在这梦殿里想起了正在受难的祖国，想起了又将纷乱的国内的政情。

午后到了奈良市内，与作家志贺直哉氏谈了两个多钟头的闲天。他的作品很少，但文字精练绝伦，在日本文坛上所占的地位，大可以比得中国的鲁迅。我们也曾谈到了这一位新近去世的中国最大的文人。

这两日来，日本天气变得异常的闷热，虽在十二月里，却有点像黄梅时节的样子。我在奈良的汽车上，遇到一阵大雷大雨，在志贺氏的书斋里也看了许多打在他那座庭园里的拳头大的雨点。两个人听着雨声，吃着从新村送来的梨儿以及美味的红茶三明治等，竟把门外面等着送我回车站去的汽车忘了。直到志贺氏告诉我说“把汽车先回覆了它吧”的时候，我才感到了谈话的时间过于久长，想立起身来告辞。但一则碍于主人的款待太殷，二则也嫌天上的雨点太大，看看他所收藏着的八大山人、沈石田以及元人的画幅，竟又把站起来的半身坐下来。

将近四点钟的时候，雨点住了，我匆匆地向他道了谢，告了别，但他却硬主张同我一道地出去走走。临行的时候，还送了我一本他新出的著作集《万历赤绘》，一边走出了门，一边他说：“印错的字太多，实在不愉快得很。”

从雨后的山谷里，穿到上春日山、若草山去的那一条深林古道，实在令人有点舍不得马上就将它走完。他说：“昨天有古装的行列，前天将宝镜从里宫搬到了外宫，今晨又搬回来，这是奈良一年之中最盛大的祭祀。可惜你迟来了两天，没有赶上。”被他这么的一说，我倒也深感到了昨天没上奈良来过夜的失策。

我们从山后走到了山前，在路上又遇着了东大寺的住持上司氏。由上司氏引路，我们在最短的时间里看完了大佛寺及附近的一切值得看的古物与风景。

志贺氏说：“我虽则在这里住上了十几年的光景，

但一个人却从没有出来这样的走过。”

在大佛寺前的茶座里吃完了一盆薇蕨做的糕饼之后，天色也渐渐的晚了；我们和上司氏分了手。他又和我走上了坐公共汽车的站头。在灰暗的夜阴里踏上汽车，和他点头作别的一瞬间，我于感激之余，几乎想再跳下车来，仍复送他回去。若在十几年前的年轻时代，当这样的时候，我想又免不得要滴滴几滴伤感的清泪了。志贺氏的待人的诚挚，实在令人感动。我真想不到在离开日本的前一天，还会遇得到这一个具备着全人格的大艺术家。他是日本第一个寡作的小说家，正唯其寡作，所以篇篇都是珠玉。他说：“近来在改削那篇长篇《暗夜行路》的后半。”我坐在回京都来的电车中，仿佛看到了他那种枯坐在灯下，握笔推敲，不到自己满意时不止的真情热意。今天是十八，明天要上船离开日本了；上床睡不着，所以又重新起来，挑灯写这一封信。

你将此信看完之后，就请加封转寄给亢德（编者按：《论语》主编陶亢德），信上面应加上一个“从鹿囿传来的消息”的题名。余事等到了台湾之后再谈。祝你和小孩们都好！

达夫

十二月十八夜

一九三六年十二月十九日自神户乘船离开日本回国后，仍为郭沫若回国之事奔走。一九三七年五月十八日郁达夫连着给郭沫若去了两封信，一封航空信，一封平信。郁信中说："今晨因接南京来电，属我致书，谓委员长有所借重，乞速归……此信到日，想南京必已直接对兄有所表示，万望即日整装，先行回国一走。临行之前，并乞电示，我当去沪候你，一同往南京先走一趟。这事的经过，一言难尽，俟面谈。"一九三七年七月廿七日，郭沫若回国，郁达夫果然赴沪迎接。这一件事，在郭所写的文章中从未提到，不知何故。

郁达夫从日本回国时，曾到台湾逗留了一周，时间是一九三六年十二月廿二日至廿九日，十二月三十日抵达厦门，一九三七年一月五日才回到福州。

避难富阳

“八一三”上海战事起，大家都纷纷准备逃难。许多过去来往的友人，相见时都问起我家的行止。这些外来的紧张，使我有些惊惶失措起来。我正在对着一个老人和三个孩子一筹莫展时，郁达夫为了到上海去迎接一个从海外乔装归来的朋友，顺道回到了杭寓。他的回杭，壮了我不少的胆量，满以为彼此的行动，是可以一致的了。谁知不到半个月，他又匆匆由海道赶回福州。不过在临走前，他曾说过，倘若上海吃紧，教我带了孩子，带了简单的行李，先避富阳，托养吾二哥为我们租一间房子住下再说。

郁达夫的二哥叫郁浩，字养吾，在富阳城里做医生，和郁达夫最好，是富阳城里少有的诚实可靠之人。

向当时的杭州市长周企虞借用了汽车，整理了一家简单的行李，我就偕同老母、三个孩子、一个建春的奶妈，浩浩荡荡的回到了富阳。因为我已先有通知养吾，所以他已经给我们租定了靠富春江边的两间房间，总算是我们全家的安身之所。

我们在富阳住的地方，就在鹳山脚下，“春江第一楼”旁，租定了两间房间。这房子在富春江畔，门窗一开，就能见到白茫茫的江水，距达夫母亲所在的鹳山亦不远。每当茶余饭后，我老爱牵着两个大的儿子在江边散步，或者静坐在江边石上，遥望那来去的风帆。

有一天夜间，郁达夫忽然回到富阳来了。他一进房，就告诉我，说是他所乘坐的海轮，竟在吴淞口外遇着了敌人的航空母舰，该轮为了安全，立即折回宁波，几时再开，无从得悉。他因为住在宁波心焦，就索性转回杭州，一进场官弄的家门，才知道我们全家已经到富阳，这就牵动了他的肝火。他又连夜赶回富阳，找到了我们的住处。和我一见面，他脸色就变了。我辨言察色，知道他是在怪我离杭过早。他几曾想到六十多岁的老母，一周岁的婴儿，又有奶妈，全家大小的行李，等等。我究竟不是一个旧式的乡间妇女，能够忍气吞声。怒火上升时，原想很痛快地和他评一评理，可是年龄一大，涵养也就较深，而且在兵荒马乱的此时此地，还是忍耐为好。三五天后，他便又从浙赣路回到福建去了。诗纪中的“去年曾宿此江滨，归梦依依说富春”这两句诗，就是暗指此事。

在兵荒世乱，我又单枪匹马，带了六旬老母和三个不满十岁的儿子，寄居在他的故乡，日子过得并不容易。不过两个月来，无论是在富阳县城或是乡间，我和达夫的老母亲，或者和养吾二哥的一家，彼此都相处得融洽和谐。我们住在杭州时，老人家也曾来过两次，就住在我们家里。我这次来富阳，亦并非初次。老人家年龄大了，难免有点重男轻女的看法。我身边的三个都是男孩，这一点是老人家最开怀的。老人家吃素、念佛。我每天总挤出时间带了孩子看她一次，顺便带一二样她所爱吃的素菜，而我们大小，也就陪她一起吃了饭，才回自己的住处。在闲谈里，她告诉我，想翻一身丝棉袄裤，说富阳没有人能替她翻。我就马上满足了她的心愿。在我们要离开富阳去金华之前，在责任上和礼节上，我应该邀她同行。她摇摇头说："你们年轻，又带了孩子，应该马上离开这里。我老了，不中用了，而且又舍不得离开这个老巢。饭总不会没有吃，饿不死的。"

我家在富阳住不上两个月，养吾告诉我，他准备把他的全家（即他的夫人和孩子）全部搬到富阳的南岸环山去住，暂时在他的妹婿家住一个时候再说，并且问我去不去，我们打算怎样？我听了之后自然心里很焦急，想来想去，只有一条路，就是和二哥他们同行止。

正在这个时候，有一天晚上，杭州的孙百刚先生路经富阳来我家，看了我们，他并且说："要在富阳借宿一宵，还有司机。”这时我们虽然只有两个房间，但也不能不请他安顿下来。并且和他在灯下谈到这几个月来的荒乱情况，我还对他说：“杭州的许多朋友都为我来了信，问明我家的安危，例如杭州市长周象贤、浙江教育厅长许绍棣等等。”因为是闲聊，并且还打算拿出一些信件来，给孙百刚先生看；却不料正在这时，后门有人在喊：“火烧了。”我这一惊就非同小可，也顾不到孙先生是什么时候离开我家的。在忙乱中叫醒了老太太，又叫醒了郁飞弟兄，后来知道原来是一场虚惊，火并没有烧大。

不久我们和养吾一家，整理了行李，雇了一条小木船，去到了环山叶家。

这叶家原是郁达夫的姊夫家，姊姊自小就嫁给姓叶的，不久病故，但这位忠厚的姊夫还和郁家来往。他自己造了新房子，也就完全让我们两房人家占用了。

我们在环山还只住了两个多月，已经是木叶萧萧的初冬时节。外面但听人说，战争扩大，富春江也快要封锁，我想富春江若一封锁，则我们住处的水上交通就会断，只有到十里外的场口这小镇作为通道。这个时候如果郁达夫能回富阳来，则我是一定要和他同回福建，让一家同住一处。我那紧张的心情，也可以松弛一些。

住得不久，我打算单身到富阳城里去打听一下消息，不料在富阳城的街上碰到了程远帆。

程远帆是浙江省的财政厅长，也是我们从上海搬来杭州住下后才认识的。这时他刚从杭州到金华去，路过富阳，听说富阳是郁达夫的家乡，便下车来找找我们看，不料，就在街上遇见了我。

据他告诉我说，我们现在住的环山，不能久住。若一旦富春江被封，环山到富阳的交通只能依靠十里外的场口镇。场口又是一个小镇，容纳不了许多人。程远帆劝我们还是走出这一个小圈子，向金华方向走。先到金华住定以后，然后通知郁达夫，要他马上来接。

对程远帆的这一个建议，我是完全同意的。但如今即将封江，富春江若被封，则我们又如何能出去呢？

程远帆叫我不要着急。他说如果富春江被封，他可以向富阳县的县长解释一下，并向县政府借用一条木船，把我们一家老小，从环山接回到富阳，再在县政府借住一宿。第二天车子一到，就可以走了。至于程远帆自己，当天马上要回杭州去，第二天，他就叫了一辆汽车，到富阳来把我们全家接往金华的。

我当时听了他这一番有见解、有安排的话，觉得不论往后如何，在目前，这实在是一个忠厚长者的肺腑之言。

于是，我别了程远帆，马上再回环山去，向母亲把这一个计划讲了。母亲听后，也认为这计划不错。于是把行李整理好后，别了养吾，我们这一家老小，用木船重新又把我们装回富阳。

第二天程远帆的车子从杭州开来富阳，我们这一家，就搭上了他的车子，一直到金华。到金华住下来，马上去信福州，告诉郁达夫我们已经到了金华，盼望他能到金华来把我们接走。

在丽水又见到许绍棣

谁知到金华不久，大约是将近春节的时候，听说浙江省政府要搬到丽水来，若从丽水去江山再到福建的浦城，是比较容易。至于我们的家，位在金华和丽水，也是相仿。何不就在大家搬家的时候，我们也搬到丽水去住呢？这念头一转，索性一搬再搬，在一九三七年的冬天，我们老小六人，租下了丽水燧昌火柴公司的两个房间，住定了下来。

丽水是浙江的一座小县城，但城里燧昌火柴公司的房屋，相当宽敞。从杭州搬去的浙江省政府，民、财、建、教四个厅，以及各厅的附属机关都驻在这个燧昌公司里办公。本来像我们一家人是不能与省政府机关住在一起的，后来经过了财政厅长程远帆的周旋，总算允许我们也租住两间。我和老母亲以及孩子们就都住在这两间房间里。等一切安顿好，我的心才算安定了下来，马上写信去告诉郁达夫，并要他写信向程远帆道谢。

燧昌公司是刚建好的一栋新屋，五开间、五进、三层楼，住在里面的有不少是我在杭州，因郁达夫关系而认识的熟人，如省主席黄绍竑、财政厅长程远帆，还有教育厅长许绍棣。

俗话说：做人难、难做人、人难做、做难人。我和郁的争吵、出走、最后离开，凡事种种似乎均归之于我与许绍棣的相识为导火线，近几年来海外朋友寄来些资料，在此略作辩证。

根据海外的资料介绍，许绍棣是浙江临海县人，自幼父母双亡，靠伯母抚养成人。中学毕业后在上海复旦大学读书时，在方家当家庭教师，方家大人很看中他，遂将女儿方志培嫁给他。一九三六年方志培患肺病去世，留下三个女儿。许曾任浙江教育厅厅长等职，抗战胜利后当选“立法委员”，一九四九年去台湾，一九八〇年八十二岁在台湾病逝。

在上海的许绍棣的表妹——潘文珍女士曾对我谈到，许绍棣先生晚年信奉耶教，尤专心吟咏。他的集唐诗如：

几多人物在他乡，
枕绕泉声客梦凉；
白首思归归不得，
海天东望夕茫茫。

在他的集诗中，也不难看出他对故乡的怀念。

我和郁达夫搬到杭州后，当时杭州往来的朋友较多，许也是其中之一。这在郁达夫的日记中均有记载，但仅此而已。至于外边流传什么“丽水同居”之事，纯属谣言。至今还健在的胡健中先生在《郁达夫与王映霞的悲剧》（见本文“代序”）文中曾坦率地说：“以许绍棣为人之方正清廉，许、王两家儿女亲属同居者之多，及他们每次相见都有别的朋友在场，在十目所视之下，我确信他们的关系仅止于爱慕和别后的通信。”

近来还有人却将两封不是我写的信，随手取过来，栽在我的头上。一些好事之徒，据以别人的信为证明“丽水同居”之事。她的手迹和内容本身很清楚，用不着多说。无怪有的朋友一眼看出不是我的信，劝我不必理它。我为真正的朋友高兴，也为不明真相的朋友惋惜，更为好事起哄的人可叹。我现在已是八十出头的白发苍苍老人了，我真猜不透那些无事生非的人，为何要将两封别人的信栽在我的身上？

我现在安度晚年，六十年来所遭受的非议和不快的事，经历不少，我都泰然处之。身外之言（何况谎言），于我无涉！

我为孙多慈与许绍棣做媒

我憧憬着的浙东的几处名胜，像永康的方岩和金华的北山，往昔只能在郁达夫写的游记里了解一些，到了丽水之后，一有时间，我便约几个朋友去玩个痛快。游踪所至，游兴之浓，我在家信中都告诉了郁达夫。当然，从他的脾气来讲，他是会不高兴的冷嘲热讽，在他的复信里我都可以看得出来。

一九三八年三月九日郁达夫离开福州，回浙江丽水，然后去武汉，参加军委会政治部第三厅设计委员会工作，厅长就是郭沫若，郁是应他之邀而去的。

郁达夫到丽水后就张罗着把我们全家——就是母亲、孩子、奶妈等，接去汉口。在临走前，他的朋友李立民（安徽人，一九三八年在浙江省政府做秘书，后死于车祸）来看他。他说："达夫！丽水不是久留之地。我家人口多，女儿也有五个，妻子又亡故。为了逃避轰炸，我想趁你们全家去汉口之便，托你把我的大女儿李家应带走。到了汉口，她会去找亲戚的。”

次日上车时，除了我们自己七个人之外，又添上了李家应。她和我是初次见面，从外表看来大约有二十八九岁。

我们从金华乘火车到南昌，一路上和李家应谈谈说说，并不感到寂寞。李家应和我也就渐渐地熟悉了起来。她告诉我，她是南京中央大学西画系毕业的，这次是打算到汉口去找工作做。她又继续说：她还有一个姓孙的好朋友，未婚。孙的爸爸，在浙江教育厅做事。孙要陪爸爸，这次就没有和我同行。李家应又问我，说：“伯母，你有没有适当的人替孙多慈介绍一个？”我当时考虑到，怎么读到大学还会没有朋友的？就问李家应：“孙多慈到现在还没有朋友么？”李家应回答：“怎么说呢？我们的老师徐悲鸿在追求她。”不过李家应并不赞同这一件事。因为徐是有妻子的，又是留法的，孙多慈又不懂法语，若和徐结了婚，日后在生活上的问题正多着呢。

我停了一会，再说：“我们认识的人并不少，未曾结婚的倒还未想到。有一个许绍棣，两年前他妻子亡故，但遗有三个女儿。”李家应马上说：“他有三个女儿不妨事。到了汉口，伯母，你能不能给我写信去征求一下对方的意见？我家里还有多慈的相片，有必要时可以附了去。”我答：“试试看。”因为我和李家应谈话是在火车上，郁达夫看见我和她谈得久了，就过来问：“你们谈得这样的津津有味，是谈些什么？”这是郁达夫多疑的脾气。“我们正打算给许绍棣介绍女朋友。”我回答他。郁达夫不响，走开了。

我们乘火车到达南昌时，郁达夫说：“既到南昌，何不去玩一下庐山？这里去也不远。可惜的是冬末春初，气候太冷一些。”我们于是走马观花地去玩了庐山，然后再匆匆地从九江乘轮船去汉口。

到了武昌的第三天，李小姐就来找我，并且把孙的相片也带来了，要我替她们写封信去问问。我迟疑了一会，告诉她：“让我慢慢地写。”

我的信寄去之后，等了多日，没有回信。李家应要我再去信。隔了一些日子，回信来了，说是可以做做朋友。我就随随便便地把许绍棣的回信放在台子上。谁知，郁达夫在酒醉之后，便将这封信去照相馆里印了出来，后来就算作是许绍棣给我的“情书”。所以等在武昌住定后，我和他在日常生活中，事无巨细，似乎他总看不入眼。书信的往来他要怀疑，一般的应酬与游玩他会猜忌。而我的个性，既骄又娇，总不愿用什么和顺的言词去向他解说。我感到苦闷，却又不得不在苦闷中挣扎。我也知他比我更苦闷，他是急性子，表面上虽然怨我，甚至于想离开我，但在他的内心，还是极痛苦地想攫住我，亟盼我能从言语或态度上向他表达出我的心意——我的对他并没有改变的心意来。但是我没有这样做，而且变得更冷淡更消极。这样一来，他便更确定了他的幻想确已成事实，他受到了沉重的打击而不能自拔。

我和郁达夫的事以后再提，先讲许绍棣和孙多慈的事。他俩经我的介绍后，书信来往，增进了解，两年后他们结了婚，生了两个男孩，大的叫尔羊，小的叫珏方，长大后去美国留学，攻读数理学科，卓有成就。根据《传记文学》记载，孙多慈去世后，许将孙的作品一直珍藏着，有的挂在四壁墙上。许去世后，与孙的骨灰合葬于台湾阳明山。

气死人的“启事”

我和郁达夫在结婚以后的十年之中，夫妻间小小的争执不是没有，但吵过争过也就算了。这一次却有所不同，情况似乎较为严重。

在郁达夫去台儿庄劳军回来之后，我经常见他眉头一皱，头略略一摇，从经验告诉我，这是他快要发脾气的先兆。他脾气发起来，往往不告而走，让我担忧担惊；但他出走几天也就会回来的。不过在这个时候，非寻常可比，飞机日日在乱炸，一家老小要吃要用，无论如何我决不能让他不告而走。

母亲可以由我带去，还有三个幼小的儿子呢？这一个重担，教我又如何挑得起？想到这里，我只能先开口问他：“你又打算走么？要走，可以的，你须把三个儿子也带了走。否则，就让我走！”

其实，我所提出的“就让我走”这四个字，原是一无准备，是打算探一探他的口气的，却不料他居然来个“你走就你走”这几个很坚定的字。

这些年来，我从未听见他对我讲过如此严重触犯我自尊心的话。这时，我顿时怒火高烧，站起身来，马上去我母亲房内取了两件替换衣服，手中提了一个拎包，三步并两步地从堂屋走到天井，再从天井里跨出了大门。假戏已经在真做，郁达夫看了我这个样子，也跟在我身后走了出来。

走到大门口，正好看见一辆空车，我就一边跨上车去，一边向车夫说：“你给我拉到火车站！”

因为心中有气，人在火头上，所以便不经考虑，就说出了“要走”的话。其实，我到车站去做什么呢？找什么人呢？我的亲人就只有老母和孩子，不是都在我的身边么？不是都在武昌么？我真的还有什么人可找？我正在这样地反问自己的时候，车夫却已把车子拉了起来，要起步的样子。我的头脑里略略地清醒了一些，就又重新对车夫说：“不，不去车站了！你把我拉到小朝街四十一号！”

原来，小朝街是我们在杭州时候的朋友曹秉哲的住所。曹先生是杭州的名律师，在杭州和富阳，他的熟人最多。现在他住在武昌，名义是以军事委员会政治部部长陈诚的秘书。他是我们在杭州时候极好的一个朋友。

我离开家庭时，应该去到什么地方最为适当这一个问题，是着实要经过一番考虑的。就是说，我不能去到单身男子的人家，又不能去到一个只有女子的家庭，要在几分钟之内，马上决定下来，这实在是一件为难的事情。在这种情况下，我终于决定了去曹家。

曹秉哲夫妇一看见我，就知道一定是我们家庭中又在发生口角。就劝我："休息休息，慢慢来。你就在我们家住几天，然后我会去叫达夫接你回去！"曹先生说。

我一听见说通知郁来接我回去，就马上摇手示意，并对曹先生说："曹先生！我今天之来，是打算在你们这里住几天，你可万万不可以去通知我家里。若你要通知，我马上就走。"曹律师夫妇看到我这副决然的神情，倒是可怜了我起来，说："你不要再走，我不去通知你的家里！噢！我一定不去通知。"经过了这样的一番周折之后，我总算安定地住了下来。

这一夜，曹律师把他们自己的房间让给了我，让我可以舒舒服服地住下来。但是人是有灵性的动物，思前想后，这一夜中我心情之恶劣，为十多年来所未有。

八月初的天气，在武昌是相当的炎热，我心中的郁闷也与天气的炎热成了正比。好心的曹律师夫妇，总以为我们是一种极平常的夫妇的争吵，过上两三天，气平静下来，就可以平安无事了。

第三天，曹律师把我的住处暗暗的去告诉了郁达夫，这使郁达夫的心境十分安定了下来。

第一，知道我并未与他所想象的那样，去到浙江许绍棣的地方；第二，既知道了我的下落，则他就要向我出出气了。首先，去叫了第三厅里的他的许多同事，到我家来看我的所谓“情书”（就是给许绍棣介绍孙多慈的几封来往信件）；然后，他又分别给蒋介石和陈立夫写了长信去告状，要他们管管许绍棣。最后，到大公报馆去刊登了一则启事。“启事”是这样措词的：

王映霞女士鉴：

乱世男女离合，本属寻常。汝与某君之关系及携去之细软衣饰、现银、款项、契据等，都不成问题。唯汝母及小孩等想念甚殷，乞告以住址。

郁达夫　启

郁达夫的“道歉启事”云：

达夫前以精神失常，语言不合，致逼走妻映霞女士，并登报相寻。启事中曾误指女士与某君的关系及携去细软等事，事后寻思，复经朋友解说，始知全出于误会。兹特登报声明，并致歉意。

此致

映霞女士

郁达夫　启

郁达夫气也出了，自从“精神失常”的启事也登了，这下总可太平点了吧！可是郁还到处宣扬，他在一九三八年七月二十六日写给雕塑家刘开渠先生的信中仍说：“内人王女士，与许绍棣恋爱，家庭几至破裂……”曹聚仁先生曾说过一句很有名的话：“一位诗人，他住在历史上，他是个仙人；若住在你的楼上，他便是个疯子。”他在《也谈郁达夫》中说：“君左和我一样，都觉得达夫有点精神虐待狂。”我看是这样的。

这次家庭风波之后，有些好心肠的朋友，来劝我和郁达夫写了一张协议书，书的原义是：

达夫、映霞因过去各有错误，因而时时发生冲突，致家庭生活苦如地狱，旁人得乘虚生事，几至离开。现经友人之调解与指示，两人各自之反省与觉悟，拟将从前夫妇间之障碍与原因，一律扫尽，今后绝对不提。两人各守本分，各尽夫与妻之至善，以期恢复初结合时之圆满生活。夫妻间即有临时误解，亦当以互让与规劝之态度，开诚布公，勉求谅解。凡在今日以前之任何错误事情，及证据物件，能引起夫妻间感情之劣绪者，概置勿问。诚恐口说无凭，因共同立此协议书两纸，为日后之证。

民国廿七年七月九日

立协议书人 夫 郁达夫
妻 王映霞

见证友人 周企虞
胡健中

周企虞即周象贤，是杭州市市长，而胡健中是浙江省《东南日报》的社长。

我当时只淡淡地签了字，把协议书收藏好。

气候已经进入初冬，孩子们的衣服要添要补，使我想到黄仲则当年的诗句：

全家都在秋风里，
九月衣裳未剪裁。

正是我此时心境。

到湖南汉寿之后

夫妻间吵归吵，一旦战火漫延过来，还得拴在一起去逃难。武汉危在旦夕，有人劝我们到湖南常德去，如果时局再紧，可以引退四川和贵州，比较安全。于是一九三八年七月中旬，我们一家从汉口坐船直达常德，可到了那儿，发现常德是湘西重镇，物价并不很低，又想转到一个生活水准更低的地方去。在易君左的帮助下，我们一家大小从常德到了汉寿。汉寿是易君左的老家，也可以称得上是鱼米之乡，家用不会太大。易君左在汉寿的一个朋友，姓蔡，原也是日本留学生，这时他在经营醋业。听了易君左的介绍之后，马上就让出了两个房间，作为我们七个人的临时借住之所。

我在盛气之后，余怒难消。要全恢复十年前我对他的热情，是再也不可能的了。不过在两个人的心中，到达汉寿之后的一个时期里，也的确有过重归于好的愿望。他在当时所写的那一篇《国与家》里，确是很真实、很明显地表示了他的态度，而且还较具体地写出了隐讳之言。他写着：

> 六月初头，正当武汉被轰炸得最危险的时候，我的这个小小的家庭，也几至于陷入到了妻离子散的绝境。自北去台儿庄，东又重临东战场，两度劳军之后，映霞和我中间的情感，忽而剧变了。据映霞说，是我平时待她的不好，所以她不得不另去找一位精神上可以慰抚她的朋友。但是在我呢？平时也不觉得对她有什么欺负；可是自从我从福建回来，再与她在浙东相遇，偕她到武汉以来，在一道的时候，却总觉得她每日每夜，对我在愁眉苦眼，讨恨寻愁。六月四日，正在打算遵从政府疏散人口的命令，预备上船西去的中间，一场口角，她竟负气出走了。这原也是我的不是，因为在出走之前，我对她的行动，深感到了不满，连日和她吵了几场。本来是我先打算以一走了之的。她走之后，我因为不晓得她的去向——当时是疑她只身回浙东去的——所以就在《大公报》上登了两天寻人的广告。而当这广告文送出之后，就在当天的晚上，便有友人来送信了，说她是仍在武昌，这广告终于又大大地激怒了

她。后来经许多友人的劝告，也经我们二人的忏悔与深谈，总算是天大的运气，重新对订下了“让过去埋入坟墓，从今后各自改过，各自奋发，更重来一次灵魂与灵魂的新婚”的一个誓约。破镜重圆以后，我并且又在《大公报》上登了一个道歉启事。第二天就上了轮船，和她的母亲与三个小孩，一道的奔上这本来是屈左徒行吟的故地，从前是叫做龙阳的，现在是称作汉寿，僻居在洞庭湖西边的小县里来了。

住在汉寿，读着他这样半忆半忏悔的文章以后，我胸中的闷气也略为平了一些。我是个个性倔强的女子，对于自己的愿望与理想，只在意会而不想言传。要我从口头上表示出甜甜蜜蜜，我是怎么也做不出来。只打算在大风大浪的袭击以后，让心境渐趋平静，再来恢复自已对他的感情。而这必然是有一个过程的。我相信，我们若能熬过了这一段静默的短时期，又何虑不会有柳暗花明的佳境来到？可惜的是，郁达夫偏偏忽视了女性的纤细的心理。

我们夫妻之间的感情变化，旁观者倒也看得很明白，曹聚仁在《也谈郁达夫》中记有这样的话：“君左又说到达夫、映霞在汉寿时也时常到他们易家去玩，只是十分奇怪，他俩并不同时去，常常是参差前往。每当他们邀达夫出游或访友，映霞往往不和达夫一起。表面上看来，达夫夫妻间，似乎没有闹什么大别扭，但他俩的创痕像是已到无可弥补的程度了。”

一九三八年九月底，福建省主席陈仪来电报叫郁达夫回到福州去。他和我商量了一下，我觉得还是让他走，让他回福建。不过自从到汉寿以来，我看郁达夫的精神状态，觉得总有些异乎寻常，我又想到夫妇间的争吵，是会影响人的精神的。郁达夫的精神异常，大约也是这一个原因。我也就不十分在意了。

谁知郁达夫一离开家，虽然沿途写了许多封信寄回来，但同时他却打了许多电报到丽水去，向浙江省政府里我们所认识的人中，询问我是否已到丽水了，去和许绍棣同居了等等。而我呢？当时一点也不知道这些事情，心中却还在想着，等待他到达福建后的消息。后来，还是我在浙江工作的兄弟，写信告诉了我这一件事，我才晓得这些情况。

到了十月中，住在汉寿的认识与不认识的人们，都开始在搬动，因为武汉已经失守。照我一个人的想法，觉得也没有再留在汉寿的必要，和母亲商量，和孩子们商量，自然也都商量不出来。这时，正可以说叫天不应，叫地不灵，我只能托平日关心我们的朋友找来了车子，又把我们全家从汉寿运到长沙。

这时的长沙是一个战争的要地，有人对我说，长沙早晚要出事，叫我们这一家人马上搭火车离开。我到火车站一看，连火车顶上都坐满了人，我们从人丛中挤了进去，仍旧没法上车，只得先把行李上了行李房，我们重新又退了出来，等待第二天的火车。大大小小在车站上等了一夜，总算等到了第二天的午后，把老的少的扶上了火车。好容易等到火车开动了，我的一颗心才放下，总以为可以平安地到达江山，然后翻仙霞岭而去福建浦城的了。谁知火车行驶不到两小时，消息传来，说长沙在大火了，满城都在烧了。我想这如果是真话，则我家的全部行李，包括六七个人的全部衣着，全焚于火了。

火车一到江山，先得找裁缝做替换衣服，然后再给郁达夫去电报。这时候我的心呵真是又气又伤悲。想到最要紧的，还是行李中历年所积下来的照片和信件，这个损失，将永远也夺不回来。真是无巧不成书，这批我认为永远失掉的书信，经过几十年后，奇迹般地出现了，得到朋友们的帮助，其中一些信已经结集为《达夫书简——致王映霞》出版。

我们在江山住了四天，总算福建派了车子来接我们。老小上车之后，已经没有什么行李可装，看看也真寒心。车子直驶浦城县停下，已到福建境界，我首先和早到福州的郁达夫通了电话。只听见他在电话中说："你带了大的孩子，明天马上来福州，还有两个小的，可以暂时交给你母亲带往云和县，暂时由她抚养。"云和，是浙江的一个小县，当时因我的兄弟在浙江的建设厅工作，建设厅在丽水，可以遥相照顾母亲，所以我的兄弟叫我暂住云和。这是预先约好的地点，我只能照他在电话中所嘱咐的去做。第二日，我就带了大的孩子首途去福州。

去新加坡

到了福州之后，郁自己不来接，却叫了人来接我们，我心中自知有异。后来和郁达夫见了面，他说："我已经答应了新加坡《星洲日报》之聘，马上就要到《星洲日报》去报到，并且，也已经为你们母子二人领好了护照。"

我听了无言以答，在这以男子为中心的社会，我只得遵命。晚上，我睡不着，忽然想起了两件令人伤心的事：第一件，郁达夫的老母亲，这一位辛劳了一世的老人，竟在我们离开富阳后不久，在敌人侵入富阳时，孤身一个，活活饿死在自己的住所里。第二件，我的住在富阳的旧日同学金女士，她婚后甫三日，丈夫即病故，遗有一女，孤儿寡母艰难地生活着，想来想去，不觉提笔记下了四首诗：

（一）

犹记年前住富阳，
澄江如练照丰神。
别来几度沧桑改，
浙江狂涛忆故人。

（二）

容易年华似水流，
钱塘别后两经秋。
春风沉醉花开夜，
深锁琅琊燕子楼。

（三）

盛筵难再事多磨，
后果前因问梦婆。
莫记春闺三宿恨，
且留遗爱抚笼鹅。

（四）

烽火长沙夜入吴，
残年风归过闽都。
一帆又渡南溟岛，

海国春来似画图。

诗是送给同学，意在慰藉，却是怜人悯己。

第三天，也就是一九三八年十二月十八日，我就随他在福州的马尾上了船。航行三日，先到香港，我昏昏沉沉地走上岸，住进了思豪酒店，又接受了朋友们的招待。隔了三四天，我们三个人，就乘“康得罗苏号”意邮轮离开了香港。

在船上，我想念的是现在还守在浦城县的老母和两个孩子，这次和他们一分开，不知什么时候才能相见。想到将来，也就是这样的渺渺茫茫。

船抵马尼拉，我因为晕船，想调换一下空气，郁达夫陪我去菲律宾大学门口走了一圈，令人浑浑噩噩，真如在梦中。

一周后，邮船渐渐地靠近了新加坡海岸。我的梦似乎才醒，觉得我所处的是另一个环境，我是以另一种心情来迎接这个新的环境的。上岸之后，去到报馆里早已为我们租定了的中峇鲁的住所时，虽然沿途都是绿树浓阴，我还是和木头人一样，一任周围的人摆布。总算，我知道我已经到达了星洲，和中国、和母亲、和弟弟等，是已经分离得很远很远。

初到的时候，虽然两人都还各有各的心事，但为了应付新知旧友，适应环境，我亦居然同赴宴会。而平日在家里却哑口无言，只有在朋友们来到的时候，才看得见我们的笑容，听得见我们谈话的声音。友人一散，这一个家又重归沉寂，真正的心与心的微笑，我发不出来，当然他也无法来开导和启发。

我在新加坡写的文章

我从小就爱好文学，读中学时有的同学见到做作文就头痛，而我是最好天天有作文课，把自己想说的东西通通写出来，所以就常常给同学代笔。后来被家务所牵，又发生家庭纠纷，根本没心思坐下来写东西。没想到在新加坡承蒙朋友的抬举，要我主持《星洲日报》的妇女专栏。但是，郁达夫不准我去担任这项工作。他说："你若嫌太空则可以在家里'数米'。""数米"这两个字，我早就想不起来，后来在一九八六年新加坡的名作家王润华夫妇来中国和我见了面，他送了我一本他自己的作品《郁达夫卷》，我读着读着，竟在无意中读到了有关这一段，才又重新勾起了我旧日的回忆。当时在星岛没待多久，我只写了两篇。多少年来，我一直无处寻觅这两篇文章，近来在马来西亚和新加坡的朋友热忱帮助下，为我寄来了两篇文章的复印件。一篇是刊在一九三九年一月八日《星洲日报》上的《忆池田幸子》；另一篇刊在一九三九年十月八日《星洲日报》上的《我与王莹》。

目前看过我文章的人很少，知道王莹和池田幸子女士的青年可能就更少了，故在此将两篇文章照录如下，以为那个逝去了的时代、逝去了的朋友留下些许鸿爪。

忆池田幸子

踏上新加坡的土地以后第一件使我感觉到异样的，自然是气候的突变，变得像去年暮春三月，我们自浙江的乡间流亡到武汉时候的天气一样。第二呢？要算是这七八天来，眼中所见到的女子，竟会一式的玲珑、娇小！立刻就会使我想起，想起了生长在日本，而依然和平得与中国的女儿们一样的池田幸子来。

池田幸子，自抗战以来，几乎轰动了全中国的人。这位池田女士，大家总该还记得吧，她是一位主张反战，而看不惯她本国一般人群的行为，与忍受不了自己的同胞的高压，才偕同她丈夫鹿地亘先生在万苦千辛中逃亡到中国来的 ×× 左翼文坛的女作家。

第一次与她相见，仿佛是一九三八年四月中旬，在汉口普海春菜馆的一层楼上。一个有十三个团体的茶点来招待他们夫妇俩的盛会。

“这位是池田女士。”

“这位是 ××× 夫人。”

“她可以说很少的中国话。”

“你可以听很简单的 ×× 话吧？”

“你们坐下来谈谈好不好？”

沫若先生这样笑嘻嘻的说了一阵之后，自己走开了。这时，一般说不出来的敬佩和热忱，充满了我全身的细胞中。

假如没人介绍，亦许谁也认不出她是一位生长在日本的日本女子。那天她穿一件最近在沪上正流行着的蓝地白花中国土布的旗袍，手中捧了一束我们的、跳出电影圈外——女明星所赠与的白色鲜花。面形尖瘦，身材娇小，在高耸的鼻梁上还架有一副白色眼镜，说话声音不高，但脸上时露微笑，不搽粉、不烫发，周身朴素的样子。一望过去，就知道是经过了相当的艰苦而奋斗出来的一位勇敢女子。

在距离开会之前的十分钟之间，我知道了她是在“七七事变”的前后自故国逃亡到了上海，而上海是怎样的难以找得安全的住处。最后，还是与鲁迅夫人许广平同住在一起，知道沪上不能久居，于最近才到了武汉。对许多朋友对她热情的招待颇为感激，可惜不能说很多的中国话，最近还希望找到一位能教以国语的人等等。顺便，她还告诉了我许广平在上海生活并不快乐，孩子也相当的会吵闹一类的话。自然，言语上有了相当的隔膜与时间的限制，把所有的意见都只能在相互的微笑中消失了。

我们在武昌住，与她的寓所隔得并不远，可是不知怎的，总觉得没有时间再去会一会这位异国的勇士。七月中旬，在敌机轰炸中已匆忙的离开了武汉，临行前，似乎总觉得还有一件什么事忘记了做，但也想不起再去和她告别，至今回想起来，总以为是一件憾事。等我们在那穷僻的汉寿城中住定之后，在报纸上，忽然知道她又流浪到了香港，此次急速南来，在香港逗留约廿四小时中间，也不曾去看她一次，但我的脑中，总还在憧憬着那个消瘦、简朴、勇敢的女子的倩影。

我与王莹

"久客不归无异死"，我如今虽然还没有这样深刻的感觉，但终日如在梦里却是的的确确的事情，又何况南岛上的气候，昏沉郁闷，过去与未来的一切，是决不致有那么细腻的头脑去回忆与猜度。日夜二十四小时中间，勉强能够想到的、抓住的，只有现实，只有那瞬息间即须消逝的现实而已！但人类终久是感情的动物，无论你头脑被磨练得怎样单纯，但有时仰望青天，俯视碧海，在微风里，在暴雨中，亦许一时有那样的闲情，会把最近的往事回味出来。于是由某一件事而联带的记着了某一个人，对别后才数年余的王莹的怀念，就是在这样的境遇里我时常想起的一个。

我与她初次见面的时日，已经是记不清了，仿佛还是在八九年前，我们正寂居在上海，似乎正是我在学做主妇的当儿，在当初家小人少的环境中，每次来上一个客人，做主妇的人得出去招呼一下，应酬几句，但那时童心未泯，总时时感觉得勉强的要我去同一个陌生人谈谈是一件苦事，所以有时虽然被人介绍后，说上一阵说话，而且日子一隔得多，因为不必留意的结果，竟会连来客的姓名都弄不清楚的事情时常有，现在回想起来，岂非幼稚得可笑。可是我与王莹，也是在这样的一种情景之中见过面。

是在一个枫红桔绿的深秋的傍晚吧，忽而一个朋友同来了一位年轻、娇小，而天真活泼时刻表现在她脸上的小姑娘。自然我也是同样的被人介绍和她相见，但记得说话并没有说上多少，而这两位客人也就匆匆的走了，我只记得那一次曾经送他们到街口，送上了车，一直等到车子去远，连车上的模糊人影都望不见之后才走回家来，但人事匆匆，日子一久，真连这两个人的影子也想不起来，记不着了。

在上海住得不久，我们的那个简单的家，重新又搬回到我儿时的生长地的杭州去居住。杭州幽闲清静，住在那儿什么事都不会令人烦心，在上海时候的那些杂乱烦嚣的生活，早就抛向了九霄云外；但在报上、杂志上，与友辈的闲谈中间，才又看见了，知道了王莹这个名字，知道她侧身电影界不久，又只身东渡；然而因为我那素不喜欢观看国产影片的习惯，使得和她相见无因，始终只能知道这一个名姓而已，至于自己是曾经和她有一面之缘的那一回事，便怎么也想不起来。

在东岛住得不久，她又重新回到春申江畔来，可是自这次远行归来后，她已脱离了电影界，对于文艺与戏剧，却已经有了过人的了解与研究，她的提倡剧运，与文艺界诸公的接近，及在《赛金花》等名剧中担任主角的那些变动，正都在那个时期，于是王莹之名，却盛传到了当时的文艺界、戏剧界与电影界。

正在扶摇直上的王莹，她并不以这样的声誉为满足，自己还时时刻刻的想再求深造，觉得没有深入民众，绝不能了解民众的生活与疾苦。“八一三”的烽烟起来后，这正是给了她一个天赐的尽国民一份子责任的大好机会，于是她鼓着勇气，联合金山等数十人，自动的组织了一个剧团走向前线，想以自己的血汗来换取中华民族的自由。从上海出发之后，经过了几个战场与乡市，才辗转流亡，于去年春天抵达了武汉。

可是，关于王莹的消息虽频频传到，而想与王莹见面的时机，却迟迟的没有到来。

等到四月中旬，在欢迎反战作家鹿地亘夫妇到武汉的茶会席上，经安娥的介绍，才突然的使我看见了那久闻名而似乎未曾相识的王莹女士。与一位久仰的人的初见，内心的那一种说不出的欢欣，怕非笔墨所能写出，但觉得她那个不高不矮的身材，再衬上一张饱含着热情与智慧的圆脸，使人怎么也遗忘不了她那给人的第一面良好的印象。谈东谈西，谈家谈国，经她的提醒，我才记起了与她是在上海见过一面。人生如梦，当时坐在会场里与她的谈话，真又像是梦中之梦了。

从这次以后，两个人是熟了，见面的机会也多了起来，每当她在排练戏剧之余，我时常会渡江到汉口的大和街——她当时寄寓的地方，去找她谈话，找她散步，找她喝茶，在中山公园的池边树下，在最完美的几个咖啡馆中，时时总可以见得到我和她两个人的足迹。当时的警报炸弹，与自己正在流亡途中的那一回事，有时也竟致忘掉。

一直到武汉的当局下了疏散人口的命令，给予一声珍重，大家才又各自分开，我走湘西，她领导着剧团去桂林，濒行的时候，总以为在这国难当头、个人的生死存亡未能预卜的关口，两个人中间，又有谁能够大胆的再说一句再见的时日？

我南来之百日，祖国的消息还是没有完全隔绝，“中救”在桂林，我知道；“中救”抵香港，我也知道。等最后得悉之“中救”有南京来的确息后，我只有日日在盼望，说不出，也写不尽我私心的欢乐的情怀。

从马六甲回到新加坡，那五小时的汽车真是坐累了我。可是一听得了王莹已经到达本坡的讯息后，顿使我忘却了疲倦，即刻又跨上洋车，一直赶上了南天二楼的十六号，走进房门，却坐着一大堆人，但第一个呈现在我眼前的就是王莹，就是那年余不见而依然是那么真挚、和平、较年前更显得健康了的王莹。在离乱中故人重见，两个人握着手，只能紧紧地握着手，大家都呆望着，谁也找不出第一句话是应该从那里说起！

我曾见过不少有名的夫人、小姐、明星、女文人、女战士，都从来没有感觉到有谁是完备得像王莹那样的才智与丰神。王莹！我祝她永远都是那么一个热情、勇敢、真挚的自由神，正如她自己所说的一样，她是社会中的一个人，把所有的能力，贡献给社会，成功一个社会的完人！

至少，至少，我个人是那么虔诚地在期待着。

“大风”刮走了最后情结

一九三九年三月五日在香港出版的《大风》(十日刊)周年特大号寄到了我的手里，使我马上读到郁达夫写的所谓《毁家诗纪》。读了一遍，再读一遍，觉得有些不相信自己的目力。如果撇开了事实而专看这十几首诗的话，实在是写得清新流利，哀婉动人，是近代以来，中国诗坛上难有的杰作。

我关上房门，一个人坐在里面很久很久，大约从白天坐到黑夜，等电灯亮了，我才提笔写，写我心中要说的话，要诉的苦，这就是《一封长信的开始》和《请看事实》这两篇文章，两封未完成的信。

写好之后，我亦寄给了《大风》的编者，请他发表。这时候天快亮了，我于书信写完后，才深深地透出了一口气。

（一）

丹林[1]先生：

《大风》特大号拜读了，感慨无限。

一切事件的真实性如何？我现在不想多说，只愿自己正在靠记忆力的帮助，动手写的一篇记事文中，说得详尽一点，好让世人不受此无赖所蒙蔽，而知在此光天化日之下，竟也曾有这样一个包了人皮的走兽存在着，更好让世上未婚的少女，当头一棒。

今有商于先生者，即贵刊有没有胆量登载的问题。篇幅过长，亦能分期刊出否？还有更重要的，是《大风》怕不怕因为登载了我的文字之故，揭发了“无赖文人”十二年来的歹行之故，而被“无赖文人”将此刊物从此视为眼中钉，不再为贵刊写尖利刻薄的大文了？或更将瞎指先生亦与我有什么关系？

当然我不一定须请《大风》刊载，但因前文（注：《毁家诗纪》）在贵刊刊出，我似乎亦不得不来一个反应。先生以为如何？盼能拨冗赐复！

---

①《大风》旬刊编辑陆丹林曾将历年收集的郁达夫的诗词编辑成集，名《郁达夫诗词钞》在香港出版。

头昏心乱，恕我草草不恭。即请

撰安

王映霞

一九三九年三月十七日

（二）

丹林先生：

我且在这里约略的说一说这事件的动机和实在情形。

先生一定曾读过《日记九种》吧？一个未成年的少女，是怎样的被一个已婚的浪漫男人用诱和逼的双重手段，来达到了他的目的？但是兽心易变，在婚后的第三年，当我身怀着第三个孩子，已有九足月的时候，这位自私、自大的男人，竟会在深夜中窃取了我那仅有的银行中的五百元存折，偷跑到他已经分居了多年的他的女人身边，去同住了多日。像这样无耻的事情，先生能否相信是出于一位被人崇拜的文人的行为么？等他住够了，玩够了，钱也花完了，于是写成了一篇《钓台的春昼》，一首"曾因酒醉鞭名马，生怕情多累美人"的七律之后，亦许是受了良心的责罚吧！才得意洋洋地又逃回当时我曾经牺牲一切的安乐，而在苦苦地生活着的上海的贫民窟里来。

这事件，终于为了我的幼稚，我的不愿扬人之恶而增己之羞，我自己娘家地位名誉的关系，忍受下来了。可是心灵上的创伤，却从没有因为一时的甜言蜜语与在苦丸外面包着糖衣的生活，淡忘了下去，想复仇的心的热烈，也与我的年龄一样地增加了上去，没有一时离开过我的脑海。

我失望了，我从此失望了，明白世上是有“虚伪”二字存在着的。

与许君的友情，我并不否认，但对天立誓，亦仅止于友情而已！文人笔端刻薄，自古皆然，他竟能以理想加事实，来写成求人怜恤、博人同情的诗词来。我虽不长于此，但我是讲理的，到了必要的时候，我也能以种种过去了的事实，来证明他的无耻与下贱，如今是且用“得宽人处且宽人”的态度，以苟延残喘。

发现了我与某君的信件后，最痛快的，自然即刻离婚，不必多说一句话，再多费唇舌。他偏不这样。于是，先登了一则寻人的启事，看看风色不对，再悬崖勒马，答应接受一切条件，只求我返回家中，还不够，再来两封信给陈部长（立夫）、朱家骅的道歉信。等他在七月十日的《大公报》上用大号文字登载出了向我道歉的启事后，为了顾全许多派别的纷争，顾全这三个无辜的孩子起见，我才忍气吞声的回到了那原想不再重返的家庭。又在轰炸声中，同逃到了湘西的汉寿。照理，事情是应该告一段落了，可是不久，他又单身去闽，置妻儿于湘西危城中而不顾。待到粤汉相继失陷后，等我挈老携幼在长沙的烽火中逃了出来，正打算去福州的途中，却忽得浙江舍弟来电，谓这无赖，又已连拍了七八道电报给浙江省府诸人，找寻我的下落。电文且误指我已在浙江与某君同居等不堪设想之言辞。彼还装作不加闻问，始又再以长途电话打至浙赣路各站相催，要我即行回闽（他明明是知道我还在途中，在此即可想见），并允以车来接。

谁知他已布好了阵网，等我到闽之日，即决定星岛之行。而且，又自知理屈，答应了我的条件，立刻再发了一个七八十字的长电去浙江省府，大意是“达夫误信谣言，致疑妻映霞已在浙，今已偕同赴星”等语。这时我还有两个孩子尚在浦城，而且不准我再去接来，临行之被逼与匆忙，在在均可想见，岂是我“为请偕行”么？

先生是一个清醒的人，请把前后的事实来想一想，这些反覆无常的举动，是人，还是兽？我至今还在怀疑，怀疑我身边的，是一只蒙了人皮的走兽。

自知在中国不宜于无理取闹，别人会把他当作一只疯狗看待的，不得已，南来后，才敢再胡闹下去；还要请先生以这《诗纪》分赠××诸公，这真是天大的笑话。他不为自己可惜，我倒替他可惜哩！因为旁观者是清醒的。

先生的简介实在高明，那真姓名与官衔为何又替他删去了呢？是怕律师会添出生意来么？还是有些想袒护这位泛泛之交的无赖文人？因为这在他是觉得无上损失的。

很冒昧的告诉了这些先生所不知道的事件的一角，因为于前函发后，我颇明白暂时先生是不会发表我的文章的，不过总有一天，我是需要出口气，请先生静静的看下去，看这出悲剧的结果是谁胜。

我是一个素重口德的人，而且一切也都看在孩子份上，忍耐了多年，他偏喜欢寻事惹非，要逼我把这十二年来的伤心事，十二年来他的败德事件，暴露在人前，这是没办法的事。我如今正在着手整理这十二年来的伤痕，预备公布在世人前，我决心已下。唉！最可怜的还是这三个孩子……我只想锻炼得心肠硬一点。草此，即祝

康乐

王映霞

三月十八日

（三）一封长信的开始

——谨读《大风》三十期以后的呼声

我还在敬佩着的浪漫文人：

想写这篇文章的动机，不瞒你说，我是起了好久了。记得去年在武汉的时候，也曾和《中央日报》的程沧波氏，及其他的几个朋友商量过、讨论过。

有许多喜欢看热闹的人，自然盼望我立刻写成，但有些把人生仅看作了像露珠一样迅速的朋友，倒也热心的劝过我，劝我不必再去揭发别人的私德。

但是，我的个性是坚决的，并不像你一样在人前无话不说，随处都要颠倒黑白、夸扬你自己的荣誉，用了你那三寸不烂之舌，到处宣扬着说你是怎样上了别人的当，被人玩弄了。这样还嫌不足，更凭着你那巧妙的笔尖，选择了字典中最下流、最卑贱的字句，把它联成了诗词，再联成了千古不朽的洋洋大文，好使得一切的同情与怜悯，都倾向于你，怀疑、怨恨与羞辱的眼光，都射向我身上来。这样，你的目的达到了，你快活了，你成功了，你似乎已得着了与革命的成功一样的荣耀，一样的与世人有益。

我倒并不如此想，没有你那么的被人愚弄，受人挑唆，一方面已在口头上、文字上，辱骂与攻击我；而另方面又在拼命的，宣说你对我的情意是如何好，如何的坚持到底，总要说到与你的大文中相符合。你的这种手段，这种阴谋与刻薄的手段，世人是永远都不会明白的，然而事实却很单纯，你不过想把世界上所有的每一篇小说中的坏女人，都来比成了我，而那些又值得同情，值得怜恤的男人，却都是你自己。这在武汉时你的千求百顺的骗我到湘西，用七八次急电催我到福州，到福州后的诱我南来，与南来后你的变态，你的更甚的精神上的虐待，都在为你证明了，证明了你的用心，证明了你的在国内不敢胡言乱道的原因。当然我也晓得你的苦衷，你各处的悔过书写得太多的苦衷。不过，你这样刻薄的行为，试问对于你的大名大著，是有了什么帮助没有？

我呢？我又为什么那样的愿意受你欺凌而不自观？难道真的犯了天大的罪恶了么？实实在在，我还是在为着这三个无辜的孩子，与想实践十二年前我答应你结婚时候的决心啊！为着不愿把你声名狼藉，才勉强再来维持这一个家的残局，总不惜处处都委屈自己，牺牲自己，克服自己，把你的一切丑行，都淹没了下去，想使它沉入于遗忘之海底，这些都是我屡次想写而终于没有把它写成的主因。

可见好人难做，而你又是一个欺善怕恶、得寸进尺的人。天下又哪里会有不散的筵席、不醒的恶梦的呢？到了最后，到了真正忍受不下去的时候，自然我也顾不了许多，要把你的恶德，把你那一颗蒙了人皮的兽心，详详细细地展开在大众面前了。至于世人的罪我惜我，我还能够顾得到么？

你对我宁可尽情痛骂，尽情攻击，而永远都不敢说出分开两字来的原因，我也明白。第一，你是怕世人把你的纸老虎的行为戳破而痛骂，负担了始乱终弃的大罪；第二，是为了怕我与你分开后，立刻会得去和那个被你所猜妒而全非事实的人结婚。这未免也是你的过虑了！关于前者，一切自有公论，又何苦要我自动的去告发你重婚遗弃的罪名呢？请你千万可以放下心来；后者呢？你把女子的结婚，一个有灵魂、有思想的女子的结合，看得太容易了。实在说，又有谁逃出了棺材，而再即刻爬进另一口棺材里去的？对于婚姻，对于女子的嫁人，那中间辛酸的滋味，我尝够了，我看得比大炮炸弹还来得害怕。我可以用全生命、全人格来担保，我的一生，是决不致再发生那第二次的痛苦的了。这一点决心，怕一定会强过你，胜于你这个以欲为生命的无聊者。

最后你的理想，而又是最使你便宜的，莫如在你辱骂与攻击之后，希望我自己的与你分开，这才适合你那句“时时求去”的刻毒谣言。可是，这，怕又会成了你的空想，使你失望了！我在八年前[①]、六年前[②]，那样的艰难困苦的遭遇中，尚且忍着痛苦奋斗过来了，又何至于会得在世故人情深悉了的现在，再来离开我的孩子？你的用意，我都明白，你不过想以同样的方法，设下陷阱，再要我来蹈你的旧女人的覆辙[③]。你的凶恶的手段，只能欺瞒世人，而永远都不能欺骗我。

我的灵魂，我的心肠，我的热情，十二年来，渐渐地，已被你磨折得干干净净，如今所余留着的，也只有这一个不久即将消灭的肉身。但我对于你，依然是不念旧恶，不计长短。对家庭、对孩子们的一点责任心，

---

① 八年前，正当我怀着第三个孩子，已经有了九个月身孕的时候，他竟窃取了我银行的五百元的存款，逃到原籍去与那已离居了三年的他的女人同居在一处。十日后钱用完了，始又回到上海，当时我与他同在苦度着生活的家庭中。《钓台的春昼》，就在那他快乐我痛苦的时间中写成的。

②“一·二八”战事停后，我因未得他的同意去会见了一个三年不见的女友——A女士——他一气之下，在外面逛玩了半个月还不算，还得大写文章痛骂我与A女士，这风潮也就轰动了当时的上海新闻界。记得王独清还曾为这件事件打抱过不平，写成了一篇文章在《大晚报》上刊载过。

③ 他断绝他旧女人唯一的方法，也是骂她某日与某人在何处开旅馆。乡下人火气大，这样一来，竟成功了不离而自离，他今又想以同样的含血喷人的方法来对付我，我终不致上了他的圈套，活一日就应该拼一日命。

始终还是有的，而同时也盼望你读了我这封长信后，明白你自己一切的错误，痛改前非，重新来做一个好人，切不可再以日本式的压迫来压迫我，成功一个阴险刻薄的无赖文人！这样平心静气地劝导你，我想总要比请律师、上法庭有意义、有效力得多。在敌寇侵略中国的怒潮之中，又何苦拿了枪杆向自己放？我们应该看得远，看得大，把私人间的仇恨，全丢弃在抗敌的紧张情绪之后，万不可变成只重空谈，而不讲实际的一个人。

永远不会吃亏的映霞

（附记）被骗到了星洲以后，我时常在刊物上看见许多冷嘲热骂的大文，一想到那恨入切骨的时候，原想把我十二年来，身受的一切甜苦滋味，统统告诉给大家知道。好使天下人明白，在这妇女解放的高潮中，也居然还有这样的一个魔鬼——压迫女子的魔鬼存在着。但是刚写成了一半，却接着我的十五年来的朋友A女士的来信，自遥远的成都赶寄来的三封航快，劝我“多一事不如少一事”，对一切事件的态度，切须存着“宁人负我，毋我负人”的观念来处置。我自然只能答应了她，仅把全文的首段抄了来，其余的，也只能再等时机了。人心易变，机会也自然会有的。

（四）请看事实

丹林先生：

星港间，航信是需六七日，而平信有时也会差不多。先生八日所发航信，十四日才到。先生的许多高见，在我当然能够接受，而且多年来，每每由于夫妇间的纷争之后，我也曾将这些意思，去奉劝那位神经错乱者。可是在那只求肉欲，不介情意的文人耳中，还有什么功效？

人世间的得意事，虽难以形诸笔墨，但那些最伤心、最失望的种种经过，又何尝不是一样？既不允许“各走各”，那么当然只能借这一支秃笔，出出怨气也是少不了的。因为在禁止提笔、禁止出游、禁止擅自接见朋友的高压下，所以连写一封信也不得不“偷偷的”了，而简陋草率之弊，又那里能够免得掉！

我的婚姻既不同意于父母，又难谅解于亲朋，但自己认为既已误踏入了这一条路，总望委曲求全，抱着百折不回的大力，在荆棘丛中，勇往直前的走去，所以处处都在容忍，都在包涵。以为他一切的成功，也就是我的成功，好使那些藐视他的戚友们眼中，抬高他的人格。又岂知不为狼，就为羊。他十二年来，对于我为他的牺牲，对他的诚意与仰望，全部抛弃在天外，仅仅把我这一层弱点，这一点欲在人前争取胜利的弱点，倒牢牢地抓住了！因为无隙可乘，于是便兴风作浪，竟以那友谊间的信札，来算作了我唯一的罪状，滥施攻击与谩骂。这样，就可以遮掩他的丑史，中伤我的声誉了么？我也就能因此而服服帖帖的受他虐待了么？但是，他可没有想到，我是没有嫖过妓院、睡过燕子窝的人。我的为人，尽有过去的历史可凭，无论他怎样的设法陷害，怕难以妨害到我往后的为人！最可恶的，就是他想用一箭双雕的毒计，说我曾受过某人的卅七万元港币的这一件谣言，他以为这样才成功了某人的贪污，证明了我的爱钱的大罪。随后想想究竟还有些难以使人相信，于是再用了那些哄骗孩子的方法来哄骗社会上的人，才又诬说我所受的这笔款项，是又被人以换美金夺了回去。你且想想，世界上有没有像他所设想的那样呆子和离奇的事件的？也许天下正多喜欢金钱的女子，但绝没有谁会变得出那一套猴子戏来！我但愿他的谣言会有人置信，则我在新仇旧恨中，倒也可以用了“我居然是爱钱财的”的话，来聊以作一种畸形的慰藉！然而，我恨我的记忆力过强，每遇一个人静了下来，在从头细数着他的罪恶的时候，却总会把这卅七万港币的这件笑话最先想到，这一件事对他的毒恨，我怕到了永远的将来，都不易忘记！

我始终都觉得过去的为人太坦白、光明了，假如一定要我承认有过失的话，那恐怕只有在十二年前，因为自己的没有经验，眼力不足，致糊糊涂涂的同这位大我十余岁而走惯江湖的浪子结下了婚姻的这件事。这一件一生中的遗憾，在过去，在未来，无论在人们认为怎样欢欣的一种场合中，我都不会遗忘。就比如前几天，在席间偶然遇见了十年不见的王济远氏，经他无意中说了一句："在普陀海滨见过以后，我们别来又十年了。"像这样普通的一句应酬话，却无端又惹起了我十年前的旧恨！——那刚在婚后一年，他无缘无故的一个人偷逃到了普陀，而因酗酒的缘故，却把身边的钱都被人偷去了，急电上海寓居求援。我负着气，不得不单身送钱去宁波，才勉强地在普陀同住了七日而回上海。别人看来，还以为是夫妇生活中快乐的旅行呢？——这些，不过是多少次中间的一次，我也就因为抱着"家丑不外扬"的宗旨，即使在母亲面前都没有吐露过丝毫，到今天，才把这事实写在纸上。

一个人到了"除死无大难，讨饭不再穷"的境地，只想有话便说，有苦即诉，只希望把自己的痛心事要别人来分担一些，还顾得什么"于己有损，于人无益"？反正西洋镜已经拆穿，岂再怕别人笑话么？做人，应该说真话，惯施造谣言的伎俩才真下流、卑贱呢。我所举出的他的罪状，都是有人可证，有事可凭，不信日后可当面问他，看他还想得出方法抵赖否？

你问我怎么会一同来星洲的么？我告诉你一个大略：

去夏家庭事变后，原即同迁居于湖南汉寿，他那时的头脑似乎还没有如今那般刻毒，骂人攻击人的胆量也没有现在的那么大——这因为究竟还是处身国内啊——所以心中虽在设法陷害人，但只敢写些与事实相仿的文章，微寓些中伤而已。这在去年八月廿二日《星岛日报·星座》上的那篇《国与家》一文中，就可以看得出来，那时是还在打算“鸳冢终须傍岳坟”的。但自九月底离湘西去闽后，心境已渐感不同，在还没有抵达闽境的时候，已在江山“叫娼喝酒，醉不成欢”等事，这在他的《诗纪》中都可以看得出来。可惜，我当时还蒙在鼓里，随后也在他的来信中，接到了几首“为侬和顺抚诸儿”的诗词之类。——至于后来怎样把“和顺”二字改成“清白”的，那大约是他存心诬害的开始了！

粤汉相继失陷，我得信即携老小匆匆去福州。到长沙时刚遇大火，行李烧尽了，正在懊伤万状的归途中——尚未抵浙江江山，留在尚塘站的时候——却接到了我在浙江的弟弟的来电，说福州的他，因久等我不到，已有七八个急电去浙江省府诸公及保安处、各专员公署等，大意是说：妻映霞已被 ×× 诱至某处同居，要请他们代为寻找。可怜我弟弟还为了我的失踪，曾到处托人寻找。后来实因无影可捕，浙江当局的某公，才淡淡的覆了他一个“电悉，未见前来”六个字的覆电。

也许是他的良心发现了吧，知我确未到浙，尚滞留在浙赣途中，等我真正的到了江山以后，才又一连来了七八次电话催我到闽。为着孩子，为着责任，当然也顾不到胸中的愤恨，就于抵江山的第二日，到达了浦城。

为着想去与那个丧失了良心的人辩明我的一切，才于到浦城的第二日清晨，一切的东西不带，只同了我最大的一个孩子——就是同来星洲的这一个——去福州见他。

谁知我到福州的第一晚，他野性大发，宿在外面没有回家。我一气之下，原想于次日即挈儿返浦，借此结束了这一个家的残局亦未始不是一件好事。可是被朋友们拉住了。于是在我勉强答应他同来星洲的条件下，他自己认错，写了一张悔过书，又打了一个长电去向浙江诸公说明，说明他是“误听人言，致疑心 ×× 已抵浙江的消息”。

一个人到了万不得已的时候，也居然会允许平日所不能允许的事件的，我的能来星洲就是一例。上述诸事，尽有浙闽电局中人可以查询，因为来去的电报都没有用密码，谁又能说假话？他还当人们不知底细为可欺，余毒未尽，再在《诗纪》上写些“我已决定只身去国”“她又从浙江赶到了福州”“说将痛改前非”“随我南渡”，谁曾放过这样的屁？天下是有那么良善的丈夫的么？

一个并非在前方作战的军人，乱离时竟不照顾到妻儿的安危，待我在长沙受尽惊慌、丢尽了东西，把老小六人，自千辛万苦中辗转逃出以后，不来抚慰一句，反这样来一个迎头痛击。我想天下总也有不少为人丈夫的男子，不知是不是也用这种手段来欺侮女人，压迫诬害女人的？至今痛定思痛，我的仇，我的恨，又岂是在瞥眼余生中，能报复得尽的啊！

总之，敌人是有一天会得败退，中国也当然有一天会得强起来，只有我那过去了的怨恨啊，任他怎样自知悔改，怎样奉我为神，我怕总难以因一时的欢乐而消逝！

星洲的天气，正象征了我们这位浪人的性格，时而狂热，时而暴雨，但在我想望中的淡淡秋阳，丝丝微雨，将从何处去寻求？天时、人事，都与我的心境距离得遥远了，所以我虽不敢有葬身钱塘江畔的奢念，但也绝不致与善变的诗人一样，有时是“鸳冢终须傍岳坟”，有时也可变为“新营生圹在星洲”的空想。在最近的将来，或将买舟归去也。在昏沉中写出了这一点点，我胸中的闷气，也略略的出了几分之几，最后，我也来学一学狂人的“姑忍辱，毋多事”，以作长信的结尾。即此顺请

撰安

王映霞上

我写这些文章的动机之一，是想让大家了解了解真相；动机之二，是希望郁达夫再来一个反应。不料，这场戏没有了下文。这倒是出乎我的意料之外的。不过，我替他设想，若不是这样默认下来，又还有什么别的办法呢？于是我就找机会、找友人，向他提出了离婚，只教无条件的离婚。

说句良心话，夫妻闹到了这种地步，谣言造得如此活灵活现，应该是恨之入骨的了，但我并没有。我有时还在可怜他，还在为了他在这一生中的没有一个知心好友而惋惜，并联想到他今后的生活将是如何度过。因此我之提出离婚，实在还是对他的一种试探。因为当时我并没有如他所说的有了可以写“情书”的“情人”，更没有什么人在“等待”我。

自从接到《大风》杂志以来，心境的确有些和平常不一样，终日坐在家中，好像已经失去了知觉的人，只在等待死

神的降临。我打算还是去廖内，可以和我唯一的这一个同学谈谈心。

廖内，是距离新加坡八十海里的一个清静安宁的小岛，岛上没有车辆的喧闹声，又没有挤来挤去的人群。在岛上有一所学校，一所夫妇两个人开办的学校。男的是校长，女的是教导主任。而这位女的，正是我在杭州读书时，女子师范里的同学李君。不晓得她怎么知道我已来星洲，写信来叫我到她们的学校去教书。

说去就去了。一霎眼，已经一个月过去了。郁达夫写来了信，要我马上回星岛。他信中还对我说，同时亦有信给我同学的丈夫，叫他不要妨碍我们的家庭，要劝我回星洲。我没法，只能重回到星洲去。

终于离婚

我眼前的各条道路已经都被郁达夫塞住。只有无可奈何的一条，就是请求与他离婚。无条件地协议离婚。我清醒了，我要冲出家庭，各人走各人的路。

我对他说："我没有任何条件，也不要你的什么东西，只望你能将护照还给我，让我一个人回国就行。"

一九四〇年三月，跨过了重重难关，郁达夫同意了我的要求，彼此都在一张现成印好的协议书上签了名。

合法的离婚手续已经完备，我已是一个可以自由的人了。但我还要作最后一次的试探，我就提出了三个儿子的教养问题，我说："由我来管，请你负担教养费用。"他不愿接受我的建议，他切断了我和他中间这仅有的一条可以联系的线。

但郁达夫没有把进新加坡的护照交我，使我无法申请回国护照。因为，按照新加坡法律的规定，若没有新加坡的护照是不能领取回国的护照的，而当时我的进新加坡的护照，是被锁在他的办公室的保险箱里，钥匙是在郁达夫身边随身带着。我没法，只能等机会。一直等到这年五月，我才得到机会提取了我的进新加坡的护照。也就是在这个时候，我才得到办出口护照的时机。总算孑然一身，毅然回国。因为我不懂马来话，所以办回国护照等的一切手续，都是我不认识的一位在星洲中华书局里工作的姓黄的先生为我代办的。

他，这位心地善良的黄先生，一直把我送进船舱里，交代得清清楚楚，他才离开。然后我一个人站在船舱的房门口。这时有一个同舱的妇女，来问我："你怎么没有人来送你？只一个人吗？"我听了之后，只"哦"了一声，眼泪就已经塞满在我的眼眶里。就是一个不善哭泣的人，这时候也有一些难以抑制。我想，我是人，是一个有血有肉有灵魂的人，何以竟会落到这种境地？

在邮轮快要离开红灯码头的时候，有两个《星洲日报》的同仁匆匆赶来，送来了总经理胡昌耀先生叫送来的二百元叻币，说是给我作川资的。因为胡先生知道我除了买船票以外，是已经没有什么余钱的了。由于送钱来的人再三推让，我只能收下了这二百元。

提起钱的问题，这实在还是我不好，是我平时把钱看轻了，太相信人了的缘故。还记得我决定回国的那几天，家中的一个广东保姆，和我讲的那些话，后来想到，实在是不无道理。她曾说："师母！你怎么就这样地回唐山了（当地把回中国说成回唐山）？如果是我的话，那我一定要向他算回这十二年的损失和工资。"又向我说："你太不中用了，为什么要便宜他？"当时我只对她苦笑。

当我正在想起这些片断的时候，我所搭乘的邮船，已经离开了新加坡海岸，我独自个站在甲板上，眼睛却望着新加坡，这我所寄迹十八个月的新加坡。等我看到最后只剩了一条细线的新加坡时，我才回进舱内。一方面感觉到自己身子的轻松，另一方面也马上从心底深处浮起了一种已经埋入了心底的仇和恨！新加坡呀新加坡，我不知何日再来见你？不知今后能不能和你再相见？人，如果没有神经失常的话，我相信总还是有感情的。

到香港后，我曾请戴望舒先生为我在《星岛日报》，请程沧波先生为我在重庆的《中央日报》，请刘湘女先生在浙江的《东南日报》上，登载了我单独一个人登的离婚启事。启事原文如下：

王映霞离婚启事

郁达夫年来思想行动，浪漫腐化，不堪同居。业已在星洲无条件协议离婚，脱离夫妻关系。儿子三人，统归郁君教养。此后生活行动，各不干涉，除各执有协议离婚书外，特此奉告海内外诸亲友。恕不一一。

王映霞　启

在《毁家诗纪》中《南天饯别》这两首诗，本来是没有的，郁达夫于我离开新加坡后加进去的，我想也好，既然能后来加入，总算还有一分情感存在其中，但我并不要接受这种情感。

关于我和郁达夫的离婚，郭沫若在《论郁达夫》一文中确切地写出了他的正确的看法和批评，他说：

后来他们到过常德，又回到福州，再远赴南洋，何以终至于乖离，详细的情形我依然不知道。只是达夫把他们的纠纷做了一些诗词，发表在香港的某杂志上，那一些诗词有好些可以称为绝唱，但我们设身处地替王映霞作想，那实在是令人难堪的事。自我暴露，在达夫仿佛是成了一种病态了……说不定还要发挥他的文学的想像力，构造出一些莫须有的家丑。公平地说，他实在是超越了限度。暴露自己是可以的，为什么要暴露自己的爱人？而这爱人假使是旧式的无知的女性，或许可无问题，然而不是，故所以他的问题就弄得不可收拾了……

在我离开星洲上船时，郁达夫还在报馆里办公，我就留下了这样一封最后的信给他：

我马上要上船了，一切手续也都办妥，你们报馆里知道我缺少路费，听说预备送贰佰元来，这是我首先该向他们表示谢意的。以前的家用中所积余的二十余元，我留下了给你。

你我结婚十二年多，至少到今天为止，我还未曾做过一件于心有愧的事情，今后如何，那就要看我的家庭出身，要看我的本质的如何了。当你我共同生活的初时，你不但没有固定的收入，而且还给予我许多未曾偿清的债务。就是后来的十二年里，在家庭的经济上，我亦曾作过许多东凑西补的安排。而今天我所留下给你的，债务是没有的，你已经有足够开支的固定收入。你是饱受过经济的苦楚的，当你在尽情挥霍之时，望你总要顾到三个孩子的生活教育费用。虽然他们都是从艰苦朴素里成长起来，毕竟他们都还在学龄，没有自立的能力，父亲若不以身作则的来管教，又让谁来管教？

你的日常用品和衣服之类，全都放在原处未动。另外还有几套新的衣裤，是我在前些日子里为你赶做成的，你应该自己处理。我只带了几件自己的替换衣服走，留着的，随你安排。对这一些身外之物，我是素来不加以重视的。

> 我是中国人，忘不了中国，一定得回中国去，大概你是愿意永远留住在南洋的了。三个儿子，既坚决说须由你教养，我亦不想硬来夺走，但希望你要把他们教养得像个“人”的样子……

和郁达夫做了十二年夫妻，最后虽至于分手，这正如别人在文章中所提到的，说郁达夫还是在爱着我的，我也并没有把他忘记。四十多年来，他的形象、他喜怒哀乐变幻的神情，我依然是存入心底深处。

在重庆

船在海上航行，我的心在苦水中颤抖，脑海中有时在快速地放着环形电影，有时却是空白一片，就在这种情绪中，船到了香港。

在香港的码头上，有周象贤市长和我的表姊在接，把我接到了他们的家中。

他们把我接到家中住下，问我和郁达夫的事，安慰我，陪我出去散散心。我离开新加坡时，随身只带一只小箱子和《星洲日报》总经理胡昌耀先生派人送给我的新加坡币二百元。表姊和表姊夫劝我在香港做几身衣服。我就用了一部分新加坡币换成了港币，做了旗袍、大衣，还买了到重庆的飞机票，一个月之后的深夜，他们把我送上飞机。飞临重庆上空时，已是第二天的黎明。

在重庆珊瑚坝机场，有两个人来接我：一个，是我的老同学刘怀瑜；另一个，是周象贤在杭州任市长时他手下的总务处长，但这个人并不认识我。

当时的重庆，每天都在警报声里过日子。刘怀瑜和我乘小轮离开重庆去白沙。新运纺织厂的厂长是宋美龄在美国时的同学袁宝珠。

白沙离重庆很远，敌机不来轰炸，纺织厂附近有小桥流水，在清晨、薄暮，怀瑜和我漫步在小桥流水间，她给了我极大的安慰。白沙有一所红豆树中学，要聘我去教书，我婉辞了，我想休养一段时间，心灵上的伤痕尚在隐隐作痛。

怀瑜没有结婚，我在她这里住了三个月。

静极思动。我写了信给我在重庆保育院工作的同学章文，告诉她我打算工作，但不想到文化界。章文也是杭州人，曾就读于浙江省立女子师范学校，和我不同班。她向歌乐山保育院的院长胡敦五女士推荐了我。胡女士来信，欢迎我去保育院工作。

歌乐山保育院同重庆其他一些保育院一样，都归重庆妇女指导委员会领导。组长唐国桢女士。妇女指导委员会和保育组的办公地址在曾家岩求精中学内。

我接受了胡敦五女士的聘请，到歌乐山保育院担任了保育员。保育院收容了几百名在战乱中失去父母的孤儿。我和章文同另外几十位保育员一起，负责管理孩子们的衣食住行和读书。保育院的房子是木头建造的平房，比较简陋。章文和我同住一间宿舍。星期日和开会的时候，我们就到曾家岩去。平时，我既不同人来往，也不和谁通信。这样就比较平静地过了四个月。

当时，国民政府也设在曾家岩，而求精中学，位于国民政府的对面。此处马路并不宽阔，行人不少。有一天，我在这里遇到了正上汽车的杨素平先生，匆忙间，他询问了我的详细地址。

杨先生是郁达夫在杭州认识的友人之一，当时我只知道他在南京任职，具体做什么工作，不得而知。他经常因公到杭州来，每次来杭州，到我家来，总要买些酒、衣料送给我们，有一次他叫人送烟来，还送来了白底黑花的纱衣料，这又引起了郁达夫的不快，后来我在武汉出走时，郁达夫就在这块纱做的旗袍上写上了“下堂妾王映霞之遗留物”。

在曾家岩遇到杨先生的一周后，有人送了一封信来，我一看是杨先生叫人送来的，他在信中写着某日请我去他家吃饭，要我一定去。我就按期到了杨家。有卫兵进去通知，然后让我进去。吃饭时，杨先生问了我一些新加坡的情形，打听了我和郁达夫分手前后的情况，然后对我说，如果你愿意去军事委员会工作的话，我倒可以为你介绍等等。并且，他又向我介绍了同桌客人严家淦等。

不久，我就收到了军委会办公厅送来的一份通知，要我六月一日（一九四一年）去军委会特检处报到，职务是处长室秘书。我和怀瑜商量了一阵，特检处是做什么的？隶属于什么单位？处长是谁？一切都心中无数，我思想上倒产生了一种负担。

蝉声噪耳，烈日当空，到了约定的日期，我便找到了在国泰大戏院旁边来龙巷内的军委会特检处。这是一条很短的巷子，洋式房屋，三开间，三层楼，半新不旧。门房间一个年轻人问我找谁，我说找你们处长。他领我到会客室坐下。会客室是一间后厢房，中间一张长桌，白色台布，八张椅子分两边摆，沿墙有两套沙发。一会儿，走进来一个中年人，他衣服笔挺，向我问道："是王秘书？"我答："敝姓王。"我问："你是处长吗？"他答："是。""贵姓？""敝姓刘。"他说："处长室秘书甘绍卓因病回家，大概不会来了。你来担任这个工作，我们欢迎。"我问："这里有宿舍吗？"他说："可以要总务处给你准备一间。"

这天晚上，我又去曾家岩拜访了杨素平先生，他说："特检处工作你可以胜任，所做的事情无非是代处长起草应酬信件等等。"

第二天，唐国桢女士通知我，可以离开保育院。第三天，我就把行李搬到了特检处，他们已为我准备好的房间内。

我的办公桌在处长室的办公桌旁边。房间相当大，另一角有收发人员在办公。但是，慢慢我有了疑问，这个机构门口为什么不挂牌子，只有信箱号码？进出的人为什么彼此都不大讲话，女子很少？第一科科长是原来杭州公安局代理局长钟继兴。管收发的姓陈的青年说："进特检处六个月之后，组织上也许会吸收你。吸收之后，就不能轻举妄动了，不能随便说话，要注意保密，结婚要得到批准，对象要经过调查等等。"日子越过越慢，消息越听越多，突然，刘璠处长失踪了，有人说他被抓起来了。过了一段时间，李肖白调来任处长。我心里想，决定要设法脱离这个单位。

我又去找杨素平先生。他问我工作有没有兴趣，我说想去外交部，吴稚晖的侄女（姓名记不起了）对我说，外交部总务司的文书科还缺一个科员。他不动声色，考虑了几分钟，然后说，让我问一问那边的情况再通知你，然后我就离开了杨先生家。

不久，外交部派人来找我，李肖白处长让他直接找我谈谈，但我并不认识这一个人。来人通知我，已安排我到外交部文书科当科员，科长是叶耀章。于是我马上写了辞呈，收拾好行李，第二天到外交部报了到。此时是一九四一年的十月。

一个忠厚善良的伴侣

外交部在重庆市中央公园内，女职员宿舍也在公园里。新任外交部长郭泰祺，这时还在美国，蒋介石暂时兼代部长。我看见蒋介石到外交部来过几次。不久，郭泰祺回国到重庆任职。在他的生日那一天，大家去他家中吃茶点。他见了我，就对我说，回国途中，经过新加坡，他遇见了郁达夫，郁对他说，我也在外交部工作。我想，郁达夫的消息倒很灵通。

到外交部后，由于工作关系，新结识了许多人，前外交部长王正廷、前驻俄公使朱绍阳、前上海市商会会长王晓籁、三北轮船公司董事长虞洽卿等等。他们都把我当作他们的小辈看待，都对我很热情。王晓籁说我很像他的二女儿，而他的二女儿已经嫁给了张公权的儿子张劳度，他要我过继给他，我后来就称他为“继爹”。

王正廷请客吃饭总把我也请在内，意思是让我可以多认识一些人。他要王夫人暗中来问我，打算找怎样的配偶。我回答，我已经吃了这么多苦，没有想到要再结婚。我还说，我是一个身心受到创伤的女子。十多年前，由于年轻幼稚，由于社会经验不足，致酿成这场大错。未来的半生，我该珍惜……王夫人说，社会上总还有好人在，你何不说说自己的想法？我们给你介绍的人，一定不会使你再吃苦。

有一次，王正廷夫妇请客吃早茶，地点是林森路上的冠生园。我迟到了几分钟，看见在座的客人不少。我说："我来迟了，很抱歉！"王正廷说："王小姐，到得迟没有关系。只要能够到，能够赏光，我们大家都非常荣幸！"王夫人接着说："尤其是我们的朋友，王大使的学生钟贤道非常荣幸！"我用目光扫了一下在座的人，发现一位中年男子在朝我望着。我想，这一位大概就是钟先生。王正廷对我说："这位钟贤道，是我在北京中国大学时的学生，人是厚道的，也能干的，他现在是重庆华中航业局的经理，在外交部有不少朋友。今天你们认识了，以后再到外交部时，他一定会去拜望你的！"在座的朋友们，大家都笑了起来。王大使又加了一句："我这个介绍人就做到这里，反正一个是杭州，一个是常州，话是应该听得懂！"

就这样，我认识了钟贤道。

过了几天，钟贤道寄来了一张请帖，约我到嘉陵宾馆吃午饭。嘉陵宾馆在重庆近郊，是一个美丽安静的所在。到了时候，我乘车前往，他已先我一步到达，只有我和他两个人。彼此谈及了家世和对人生的看法。我一丝不漏地向他谈了我的一切遭遇，并留意他的神情和表态。他说："我懂得怎样能把你的已经逝去的年华找回来。我们会有一个圆满的未来的，请你相信我！务必要相信我！"

三月底，把结婚的消息传播了出去，并将结婚启事，寄给了三种报纸，请他们刊出，报纸是重庆的《中央日报》、香港的《星岛日报》和浙江的《东南日报》。

一九四二年的四月四日，我和钟贤道在重庆百龄餐厅举行婚礼。

我们结婚的仪式是相当隆重而热闹的，几乎震惊了整个山城重庆。花篮竟从礼堂一直排到大门口，来道贺的相识的与不相识的来宾，连我自己也数不清是多少。一查签名簿，才晓得有一半是不相识的。当时重庆的中国电影制片厂，还来拍摄了几十张相片。

正在这个时候，在新加坡上演话剧《原野》的女主角王莹女士，也赶来参加了我们的婚礼。她还送来了一个装满电灯的大喜字，我们把它挂在礼堂的正中墙壁上。

婚礼是在庄重而严肃的乐声中进行着，主婚人是前上海商会会长王晓籁，证婚人是王正廷，介绍人是朱绍阳与吴启鼎。

婚礼后，连续三天，宴请朋友。连当时的四行联合办事总处副秘书长（抗战胜利后升任“四联总处”秘书长）徐柏园夫妇，也来向我们道贺。徐的夫人陆寒波，是我杭州女师时代的同学。

婚后不久，我辞去了外交部的工作，生活上是满足的，精神上得到了极大的安慰。

我们在两路口住了十个月，然后搬到朝天门。这个时候，钟贤道开始到招商局工作，我每日闲居家中。除了老同学金南萱常常来陪我谈谈之外，我几乎没有与其他任何人来往。

一九四三年三月，明明出世，她是我和钟贤道的第一个孩子。我们请了保姆和奶妈。和我一起吃了不少苦的母亲，这时，我也已经让她从浙江的云和，让她乘飞机到了重庆，同我们住在一起。

一九四四年三月，我生了嘉陵，不久，明明患脑膜炎而夭折。这一段生活中，常来我家的只有王正廷、虞洽卿、王晓籁等少数几个人。七月，贤道奉命调往四川万县，任招商局万县分局经理，于是我们全家搬往万县，住了下来。

嘉陵的妹妹嘉利，是在抗战胜利的鞭炮声中出生的。她出生后两个月，我就带着母亲、两个孩子和奶妈，从万县乘轮船回到上海。贤道没有和我们同行，而且他不久就调任招商局宜昌分局经理。

到上海后的头两个月，我和孩子们住在外滩招商局的宿舍里，我托过去认识的宣铁吾夫人王明，找到了梅白路祥康里的一幢四层楼的洋式里弄房子。我们就搬过去住了下来。

隔了半年，贤道回到了上海。又过了三个月，贤道又被任命为招商局芜湖分局经理，于是我们全家又到了芜湖，一住又是两三年。等回到上海，已是一九四八年了。

不久，看见许多朋友都去了台湾。局势变化很大。贤道说，我们不走，请把我们的两张机票退掉，于是我们全家都留了下来。

这几年，我成了道道地地的家庭妇女，忙家务、管孩子，和外界很少来往。虽然因为贤道工作的调动，从重庆的万县、上海、芜湖，又回到上海，生活始终不安定，但我的情绪已经平静下来。离开新加坡时愤怒、不平、忧虑、悲凉的情绪，已经一去不复返了。

贤道是个厚道的正派人，他曾对我说："多年来我所等待和寻求的，就是像你这样的一个人。现在，我总算找到了。我们都已将进入中年，我一定会使你得到补偿。"我在同他最初的共同生活中，开始了第二个四十年。

囹圄生活二十天

一九四九年，我四十一岁，中共到了上海。

贤道以很高的热情参加了新的工作，他担任了航联保险公司的副处长。有一次参加游行，一连走了五个钟头，回到家里，已觉极度疲劳，但他仍非常兴奋。原来他的工资每月有几百元，几次裁减工资，他都没有怨言。他对当时抱有非常的好感。

这时，我们的家庭生活比较安定。我仍在家操持家务，两个孩子已经六七岁了。我家住处离孩子的学校、菜场、大光明电影院、卡尔顿戏院、又一村菜馆、福利公司，都只有五分钟到十分钟的路程，十分方便。祥康里三号的房子，一楼和二楼让给别人住，我们住在三楼和四楼，大大小小的房间共六间，住得很宽敞。在上海定居之后，我是非常满意的。

我与世无争，对政治不感兴趣。因为对政治不感兴趣，所以当初不想在特检处再工作下去，我在保育院、特检处、外交部总共做了十四个月的事情，在口头上加入过国民党，但从未拿到过党证，也没有交过党费。贤道也加入过国民党。我们的这种经历，在政治气氛很浓的五十年代初期，使我们慢慢地感到无形中有一种压力来了。

大张旗鼓的“镇反”运动刚过去，“三反”运动即将开始了。贤道开始受审查，他被怀疑为有严重贪污问题。先是每晚很迟才能回家，后来被要求留在办公室写交代。怀疑者认为，他做过招商局万县分局、宜昌分局、芜湖分局的经理，怎么可能没有问题？单位里开小组会，虹口公园开大会，对他进行批斗。他对“三反”工作队说：“我没有贪污，请你们去调查。如果我贪污过一分钱，可以杀我的头。”

在严峻的“三反”运动中，接受批斗，交代检查，普通人在精神上是绝对受不了的，贤道却支持了下来。

经过几个月的调查证明，贤道没有贪污分文。他又回到家中。组织上对他甄别之后，宣布他无罪，为他恢复名誉。名誉是恢复了，人却留下了病根：高血压、心脏病，从这时起，缠了他二十多年。一波刚平，一波又起，我也意外地受到了严重的冲击，竟进了一次班房。

一九五二年十二月，天气开始冷起来了。一天早上，我同平时一样，拿着菜篮子去附近的菜场买菜。突然迎面来了一个人，问我：“你叫王映霞吗？”我说：“是的。”他马上拿出了逮捕证给我看，我发愣了一阵子，我就跟他上汽车。开车前，我拿出了身边的钥匙对来人讲：“我先生有高血压病，而且他没有钥匙。请你们把情况告诉他，把钥匙交给他。”他们说：“可以。”就把我带走了。

汽车一直向南行驶，经过新成区公安分局，到了车站路看守所，走进了一个房间，一看，连我在内一共有八个人都是女的。后来我才知道，全是“政治犯”。我想，到这里来要吃些苦，是必然的，但心中倒很笃定，我相信自己是无辜的。

隔不多时，有人来带我出去。问了姓名、年龄、籍贯之后说：“你过去做什么事？”

“我做了十二年家庭主妇，后来离了婚。为了要生活，经人介绍，进了妇女指导委员会、保育院、军事委员会特检处、外交部文书科一共做了一年多的事，结婚以后就辞了职，做家庭妇女。”

“那么你为什么不来向政府登记？”

“因为我的朋友姚蓬子告诉我，他听副市长潘汉年说过：‘王映霞的社会关系很复杂，但政治问题倒是没有的。’我想副市长讲我没有什么问题，我认为没有必要来登记。”

姚蓬子是我和郁达夫的老朋友，我同郁达夫结婚之后就认识了他。他来我家一坐就是半天，离婚后，他继续来看我。抗战胜利后，他夫人带着儿子姚文元要从四川到上海，轮船票就是请贤道想办法弄到的。五十年代初，我常常同他见面。

潘汉年之所以知道我，是因为他在二十年代做过创造社的职员，同郁达夫比较熟。但我同他一直没有见过面。我向看守所提出，请派人去我家中，把我的大衣和棉被拿来。他们答应了。

晚上，睡在地板上。第二天早饭后，我就写交代材料，从八岁写起，到晚上已经写了一万多字。有人来把我写的材料收了去，过了十几天，我估计他们要分析我写的内容，还要调查，需要一段时间。

我所在的这一个房间编成一个小组，早晚要组织学习，晚上九时熄灯，早上五时起身，一日三餐。八个人中，那七个都比我年轻，有几个是从国外才回来的。大家都有文化，学习时还谈到了鲁迅。

有一天，叫我的号码。我走到一个小房间，一个穿军大衣的人说："冷不冷？家里给你送来了衣服。你先生患高血压，病休在家，我们会很快给你结案，不会妨碍你们的家庭生活。"

又过了两天，通知我把铺盖卷好带出去，我走到大厅，猛一抬头，看见贤道在门口接我，我被释放了，无罪释放。在里面，我没有流泪，这时见了贤道，我悲喜交集，滂滂地掉了眼泪。

前后大约二十天。这二十天倒把贤道急坏了，他先是到处打听我是关在什么地方，后来又想方设法给我送东西，还要照顾家中两个孩子和我的母亲。

我回家那天，是阴历十二月初八。贤道是很会体贴人的，他在国际饭店开了一个房间，让我安安心心的休息休息。之后，为了陪我散散心，他和我沿沪宁铁路游了半个月，到过苏州、无锡、常州、镇江、南京、扬州。在青山绿水之间，我感到这真像一次蜜月旅行。

自这以后，相对平静了十几年。

我又当了教师

一九五六年一个寂静的夜晚，我从收音机里听到了周恩来作“关于知识分子问题”的报告的消息，顿时心潮起伏，半夜不能入睡。于是，我给周恩来写了一封长信，要求参加工作，我信中的话写得极诚恳的，但我想他在百忙中不一定会关心到我这样一个极平凡的人。一九三八年春天，在武昌，我和郁达夫请周恩来和邓颖超吃饭。彼此虽系初见，但谈得很高兴。这件事已过去了十八年，我对周恩来的人品、风度、音容笑貌，仍然印象深刻。

过了半个月，新成区机关来了一位工作人员，问了我的近况。之后不久，我收到了北京招聘工作委员会举办的“中等学校师资训练班”的学习通知。我就按时到徐汇区第四女中报到。人很多，年龄多数在四五十岁。开学典礼的报告中说，这次分为学期一年，每月工资四十八元。从此，我早出晚归，按时到校学习。

贤道此时因心脏病在家休养，每天我回家时，他总为我准备了可口的食物，还问长问短，了解我学习的情况。我虽然身体有病，但精神上是乐观的。

一九五六年，我同许广平见了一面。她来上海参加虹口公园鲁迅新墓的落成典礼，约我在苏州河畔的上海大厦会面，久别重逢，她送了我一枚铜质的鲁迅纪念章给我留念，并邀我在她那里吃了中饭和晚饭。

师训班的学习已到结束阶段，上级来调查我们对分配的意见时，我说："我随便分配到中学或小学都可以，但只有一条，单位要离家近，因为我家中有病人要照顾。"于是，我被分配到六合路的一所小学当老师，工资仍为四十八元。这已是一九五七年秋天，我五十二岁。

一九五七年，"反右"的风暴中，没有把我和贤道卷入。因为，我刚参加工作，而贤道病休在家。但是，我的朋友怀瑜被划为"右派"，阳春也被划为"右派"，他们被下放改造。人们假如有机会看到我同阳春在一九八七年一起拍的照片，会感到我和他像姊弟俩！阳春的苍老，是那二十年非人的生活所造成的！想一想，"反右"前，他是一个报社的编辑，被冤后，到火热的砖窑去背砖！"文革"之后，才被平反。

一九五八年"大跃进"，大办食堂，我们也跟着"吃食堂”（在公共食堂吃饭），一九六〇年开始进入“困难时期”，我们也跟着挨饿，孩子的胃病就是那个时候饿出来的，上面说要下乡劳动，孩子们就放下书不念去干农活。我前面讲过，这段时间还算“相对平静”的，是指我们家庭“没有大变故”而已。

“文革”中的遭遇

孩子长大了，一儿一女先后考进了北京大学和复旦大学。正当我们松一口气的时候，一九六六年夏，史无前例的“文化大革命”像惊涛骇浪一样向人扑面而来，我家自然也逃不了这个厄运。

一九六六年炎热的夏天，“红卫兵”连续三次来抄家。“红卫兵”震耳欲聋的敲门声，粗野的叫骂声，我至今思之，心中仍有余悸。那是一个践踏法律和人权的年代。

家中的藏书、字画、相簿等等统统被抄家的“红卫兵”算作“四旧”没收。地板、墙壁被挖了洞。四楼仅有的两个房间，被封了一个。我和贤道被罚站，勒令背诵“语录”。在里弄批判会上，我被命令一日两次到弄堂里去拿着扫帚扫地。

有的熟人被迫自杀了。我和贤道还顶得住。女儿从复旦大学赶回来，说绝不离开我们，永远陪伴爸爸妈妈。儿子从北京赶回来，仅有的三天时间中一而再、再而三地叮嘱：“一定要坚持下去，千万不能自杀！”他大学的党总支书记自杀了，是服毒自杀的；他从前的班主任自杀了，是投井自杀的；他同班的同学也自杀了，也是服毒自杀的。我们互相勉励，相信狂风暴雨总会过去，我们要坚持活下来，但每天要忍受着屈辱，这是何等艰难呀！

我所在的那一个学校改为中学，我被分配打扫卫生，后来又当油漆工，漆乒乓台子，洗棉被，干粗活之外，就是写交代，接受批判。被批判时，要站到台上去，低头认罪。“打倒王映霞”的口号此起彼伏。

贤道也受批判、写交代。之后，我和他都被“隔离审查”，不得回家。两个孩子在学校参加运动。一家人分在四处，无法见面。

当我和贤道“隔离审查”完毕，允许回家之时，儿子和女儿都毕业了，却被分配到农场“接受再教育”。在零下十五度的冰天雪地中，零上四十度的烈日下，都要在野外干活。在洪水来临时，要扛草包，保大坝，这叫“晒黑皮肤炼红心”“汗水洗去旧思想”。之后，儿子被分配到农村当农民，女儿被分配到浙西山区，这是一九七〇年的事。

总算熬到了一九七六年。

谢天谢地，我们都被宣布无事了。我和贤道在“文革”

后期退休了。但是，贤道的病越来越重。

贤道是善良的，善良的人总抱着希望。在最黑暗的时候，他总说：“不会一直这样下去的，情况会变化的！”

他虽去犹在

一九七八年之后，情况一年比一年好。贤道从报上看到了要审判江青、张春桥、姚文元、王洪文的消息，非常高兴。那时已到了一九八〇年的深秋。

贤道的身体越来越衰弱，心脏病发作的次数越来越多。正在此时，他的工作单位和我的学校分别给我们“平反”，取消了过去的结论，我们又一次被宣布无罪。

贤道对我道：“我的衣服，不必多做，袜子有两双可以替换，衣服有两身可以应付。我的身体在一天一天垮下去，不能再陪你们多少日子了。”十月，他又一次独自去医院。一天中午，他从医院看了病回家，对我说：“医生要我下午就去住院。”我陪他进了医院。

当时，女儿在浙江山区，儿子在上海郊区。我一个人回到家中，无限伤感。不久，他邻床的病人告诉我：“他不吃东西。”我听了，知道不好。儿子、女儿先后都赶了回来，在病床边陪他。

一九八〇年十一月十九日傍晚，我在他床前，他面带笑容，向我拱拱手说：“谢谢你，家中的一切全托付于你了！”这一句就是他最后的话。

他慢慢地闭上了眼睛，享年七十三岁。

他去世的第二天，北京开始审判“四人帮”。

我在杭州西湖玉皇山下的南山公墓，订购了一个双穴，他生前嘱咐，要葬在杭州。墓碑上刻着他和我两个人的名字：他的是黑色的，我的是红色的。

贤道自幼丧父，弟兄五人依母为生，他是老二，母亲在抗战前一年病逝。在他认识我之前，在四川，曾有人为他介绍了一位名人的妹妹，他见了一面，对介绍人说，我不要娇小姐，要见多识广，能独当一面的女人。

他为人极愿帮助别人，有求必应。一位老朋友过去的工友常来请他代写书信，他从不推辞。个人生活十分简朴，不抽烟、不喝酒。一九七六年前后，他戴的棉帽子是一顶花了五角钱买来的旧棉帽。他衣服通常是全家最旧的。他身边的零用钱，常常省下来买糖果给孙子、外孙吃。他对第三代，关心得无微不至。他实在是一位好丈夫、好父亲、好祖父、好外公。我和他共同生活了三十八年，是他给了我许多温暖、安慰、帮助的三十八年。他奔波辛苦了一辈子，晚年又遭磨难，现在应该安息了！我女儿、女婿在杭州工作，每当假日，总不忘去他坟前陪他。我和儿子、媳妇、孙子，每一次去杭州，总要去看望他。他在精神上永远和我们在一起！

他在九泉之下保佑我，使我在他死后，这八年过得很安定。我常去杭州女儿处短住。女儿在杭州的浙江省建筑工业学校担任讲师，女婿是杭州大学物理系的副教授。我多数时间住在上海，有我的亲侄女钟玉美夫妇与我共同生活，度我的晚年。

我是文史馆里的“小妹妹”

一九八七年一月十三日上海的《新民晚报》刊载了一条消息，题为《王映霞被聘为文史馆员》，我是一九八六年十一月进上海文史馆的，还有上海市市长江泽民的聘书，聘书上烫有金字，很高雅。

文史馆馆员中，有名人，有作家，有诗人，有画家，人才济济，荟萃一堂。年龄最高的为书法家苏局仙，今年一百零五岁，其余多半也已八九十岁。在那里，我自觉年轻了不少，还是他们的“小妹妹”呢。在文史馆里，我参加了他们的小组学习，准备向各名家学习，重新拿起我的秃笔来。这些年来，我写了不少文史资料，并在朋友的帮助下，在十年浩劫中，这个朋友被抄家，一个学生拿走了一部分，其余部分则捐给了上海图书馆。经过东找西寻，总算找到九十四封书信，编纂成册，出版了一本有史料价值的《达夫书简——致王映霞》。

如今，我一个人住在上海，女儿和女婿常从杭州前来探望。我与文史馆的一些女馆员如原来两江女子体育学校校长陆礼华，从前追随过宋美龄的谢兰郁，女诗人陈乃文等时有来往，倒也并不感到寂寞。我的寓所与文史馆近在咫尺，如果慢吞吞地走，也只需要几分钟的时间。

我除了眼睛患轻度白内障和心脏不好以外，全身一无其他毛病。早晨五点半起床，晚上八时后入睡，起居很有规律。现在是我一生中最安定的时期，生活舒适，心情开朗，看来再活十年，没什么问题。

我的儿孙们

一九八九年底，儿子钟嘉陵把我接到深圳，一起生活了八九个月。儿子在深圳大学担任副教授，媳妇则从事幼儿教育工作，孙子钟中，已在读高中，深圳令我耳目一新。在深圳的生活使我情绪更加安定。此地马路之宽阔、笔直，环境之幽静、典雅，生活之富足，起居之方便，使我十分满意。三个多月来，我给国内外友人，发了一百九十封信件。许多信件中我都叙述了我在深圳的生活情况。

在此地，白天能望见青山和楼房，晚上在高楼上可以看到万家灯火。联想起五六十年代，我家的住房越来越小，我不禁感慨万千。

我儿子到深圳工作还不到四年，生活情况就发生了这么大的变化，他在事业上的进展，令许多亲戚朋友、老同学高兴。他和同事们一起，把《红楼梦》《全唐诗》输入电脑，只需几秒钟就可以查到所需要的内容。国内外上百家报纸和刊物报导了他们的成绩。他们所建立的，是中国第一个大型的多功能的名著《红楼梦》自动检索系统和中国第一个唐诗自动检索系统。一九八六年，他和一位同事一起到新加坡出席了“一九八六年国际中文电脑会议”，宣读了论文《古典名著〈红楼梦〉的分专题自动检索》。开会之余，他去找寻了我过去的住处，拍回了中峇鲁街、南天酒楼和《星洲日报》报馆旧址的彩照。他没有沉浸在优裕的物质生活里，他工作勤奋，三年半来，三个寒假、三个暑假全都没有休息，一直在工作。出版社出版了他独立完成的以及和别人合作完成的几本书，他不止一次的得到了学校的奖励和市区劳模的称号。

他妹妹嘉利在杭州也工作得很好，每周要担任十几节课的教学任务，和她的学生们相处得很融洽，学生们经常去她家中探望她。她的工作也受到了表扬和奖励。

孙子钟中，外孙吴欣，一个在深圳，一个在杭州，都是三好学生。钟中善良、厚道，和他爷爷一样。他每天上学时，帮我寄出给友人的信，每天放学回家，则从信箱中取回友人们给我的来信，并在征得我同意之后，从我的信封上剪下世界各地的邮票，他是个集邮迷。

在四十六年前，贤道对我说过，“我一定会使你得到补偿”，“我们会有一个圆满的未来的，请你相信我”。现在，他的话应验了。在我第二个四十年中的最后几年，我的生活平静、安逸，没有动乱，没有忧虑。凡是见到我的人，都说我最多像是七十岁。的确，我精神很好。

最后，我要说一说阳春、殿春、建春。建春在云南的昆明大学工作，有两个儿子。殿春和我几十年没有来往。人各有志，不能强求。阳春被平反，过去把他划为右派、判刑、关押、改造，是“错案”“冤案”。一错二十年，人生有几个二十年？平反后，他到一家出版社工作。当初，妻离子散，现在，又重组建了家庭。

胡健中先生

胡健中先生是浙江人，现年大约八十六岁，一九四八年去台湾后，任“立法委员”，至今与陈立夫先生还时相往还。

我们一九三三年春迁家杭州后，第一个派人来访问郁达夫的就是这位胡先生。他的夫人王味秋，又名思玖，是我在杭州女师读书时的同学，可惜几年前去世了。

由于上述原因，我们两家来往较多。

一九三三年，郁、胡两人在杭州喜相逢，胡先生立即做了一首小词送给郁达夫：

十年离乱音尘断，喜再相逢，往事如虹，犹在长宵梦寐中。
湖边茅舍神仙眷，枕帐春浓，豆蔻词工，忘了南屏向晚钟！

胡氏犹记得这阕词寄《采桑子》的赠词，自是故人情深。经查《郁达夫诗词集》，当年以蘅子一名赠郁达夫的《采桑子》是这样的：

与郁达夫君一别十年，消息梗断，近忽于无意中枉顾，惊喜畅叙之余，赋此为赠：

十年离乱音尘断，忽漫相逢，往事重重，犹在鲜明记忆中。

人生踪迹知何在？似梗如蓬，酒洌烟浓，且染今宵醉颊红。

郁达夫的《和蘅子先生》为：

当年同是天涯客，故里来逢，奇事成重，乍见真疑在梦中。

谱翻白石清新句，爱说飘蓬，意淡情浓，可惜今时没小红。

读者自可看到，胡氏新近凭记忆写出这一阕实不啻为同一题材之另一首。新作下阕首句“湖边茅舍神仙眷”可能受易君左赠郁达夫诗中“富春江上神仙侣”的启发。其实郁达夫对此已有诗为复：“敢将眷属比神仙，大难来时倍可怜。”

“茅舍”无疑指“风雨茅庐”，胡、郁唱和之时“风雨茅庐”连踪影还没有呢。此庐是一九三六年才完工迁入的。

今事隔五十年，重读胡先生文，不胜有今昔之感。

胡先生长于诗词。五年前因闻陈公亮先生久病（陈先生系前福建省政府主席陈仪之五胞弟），我曾辗转寄去贺卡问候并祝以早日康复，新近故世的阮毅成先生便写了《感逝》云：

陈公亮君久病，一九八四年一月十日，约余之病榻旁，示余王映霞女士自远道寄来之贺年卡，上有祝其早日康复之语。君于喘息中与余谈杭州旧事。并以是片，郑重嘱余交胡健中及刘绍唐二兄。十三日夜君病剧变，竟告不起。先期书有遗嘱，自未及此事。沧波谓不可无诗，且为和作。爰赋两绝句并索沧波和章。

病中喜得美人笺，旧梦杭州总可怜。
朋辈几多哀乐事，强颜谈笑在床边。

喘息叮咛三日前，忽惊寒夜判人天。
红颜好语成虚愿，应是遗书外一篇。

程沧波和诗：

白骨如山泪洒笺，故人身世太堪怜。
劝君莫说兴亡事，坐对孤云落照边。

风月满山马不前，仓皇世事奈何天。
美人名士俱粪土，此是菩提第一篇。

胡健中《梦绕》：

公亮临终前，以映霞辗转所寄贺卡及慰问片嘱毅成交余，毅成有诗记其事，沧波亦步韵为和，毅成欲余继作，感叹之余，依原韵率赋二绝。杭州钱王祠畔，柳浪闻莺，为余故居所在，回首前尘，实不胜沧桑人情之痛。

绝代风华孰比肩，陈郎蕴藉亦翩翩。
西湖俊赏人何在，梦绕钱祠柳浪边。

弥留犹转故人笺，倚枕吞声大阮前。
死别生离肠欲断，如何明月不长圆。

现在我和胡先生时有书信来往，忆往事，看未来，互祝康乐。最近他寄来了一封信，信中内容请见下便知。

映霞女士惠鉴：

一别四十年，数千里外迭接手书，获悉一切，不胜欣慨。承告健中拙作《郁达夫与王映霞的悲剧》一文，已荷阅及，又悉拙作业经浙江报纸转载，反映甚佳，聆听之余，尤深欣慰。健中之作此文，不仅为方正清廉之亡友许绍棣兄与相交已久、知之有素之王映霞辟谣，亦所以对历史负责，不容史实为悠悠之口所混淆。君等之招物议，由于达夫之过分歇斯底里，亦由于绍棣之冷漠，往往拒人于千里之外，而君当年之绝代风华，亦蛾眉谣诼之所由起。君等相处既久，彼此心仪，此贤者所不免，不容为讳。至一般社会所传，健中深信多属虚构，考汉朝有一名直不疑之大臣，被控盗嫂，又为人诬为掴其妇翁之颊，嗣经朝廷澈查，直不疑并无兄长，亦独身未娶，世之多嫌，古今无二，健中平生不轻信人言，正如是幸！

君与健中均已垂老，应善加珍摄，毁誉事小，不必多所介怀。德瑜近况，闻之悬念，便中尚希代致拳拳。余不一一。病中草草，惟珍重万万。

胡健中顿首

一九八九年一月十五日

关于郁达夫几册日记的一点说明

当年我离开富阳环山时，由于交通工具缺乏，我和老母幼儿专只雇到了一条小木船，人多，行李也不少，于是我就把一只皮箱留了下来，总以为只要人不死，这只箱子自然也会物归原主的。谁知此去一直辗转了近半个世纪，从地域上讲，是从新加坡而香港而重庆而上海，人事参商，也想不到再去取回这只箱子，而尤其是已经不大记得箱中尚有何物何书。

后来在七十年代末，我在浙江出版的某杂志上见到了刊出的郁达夫在二十年代末的部分日记，起初为郁达夫日记仍在，我感到庆幸，但看过之后，大为不解。中间有不连贯之处，因为郁达夫那一时候的日记，是没有一本没有一篇不经过我的手和眼睛的，这才称得上是第一手材料。虽然我已和他分手了多年，而他也已故世，但为了历史，为了国家文献资料，我应该有责任追查一下这件事。

于是，我马上写信给在杭州的黄源老先生，请他帮助我，打听那份杭州杂志上刊出的郁达夫片断日记的来源。不久，黄老先生的回信来了，他告诉了我实况，再不久，我在某些人的文章上见到，说这些日记本是盖在盐菜缸上无人顾问而捡到的……

我的衣箱留存在环山，可以去取东西的人是可数的几个。记得三十年代的郁达夫日记中记有“百炼钢也会化成绕指柔……”，大意是说，在他患痔瘘时，我既要照顾到一个家，更要照顾到因避恐怖而住在附近亭子间的他。这时的他的心境是纯洁的，所以他能写出这几句感人肺腑之言。

但郁达夫的日记，有时也有矛盾的地方，一九三〇年我单身去安徽大学为郁达夫领取半年的工资的事，这是我主动提出应该去索取，而他也同意我去，但现在发表的一九三〇年二月二十八日日记却写为“……命映霞去安庆搬取书籍，送她上船”。这一个“命”字果然是用得很奇怪。

像《日记九种》这样的日记都可以在二十年代发表，则郁达夫被人取走的日记正可以在某些人尚健在之时发表出来，这又有什么顾虑？又有什么可怕？我相信读者和研者有辨别能力，会历史地看这批日记的。

人已死，情已绝，我今已八十多高龄，对任何事物决不会有据为己有的想法。

有些有识之士曾谈及某些报刊披载过的若干则郁达夫日记片断，提出了“因其并非作者手订发表，又无从根据原稿校订”的疑问，不失为明智之见。我愿公正的读者在阅读这些经过人为的“有意删略节选”的日记时，能注意及此。

我希望有天能看到将郁达夫日记按历史的本来面目如实刊出，公之于众，好让后人评说。也许，在很久以后，我可能看不到如实刊登的郁达夫那些日记，但我仍要留下我的忠告。

他去了，他也去了

他去了，他也去了。前一个他，才气横溢，在国内外文坛上享有盛名；后一个他，无名小辈，普普通通的一个人。如果没有前一个他，也许没有人知道我的名字，没有人会对我的生活感兴趣，也不会有许许多多的人写到我，不管是褒是贬，是正直的同情，是人世的慨叹，或是因不了解而引起的误解，自然也就不会有这本《王映霞自传》；如果没有后一个他，相互体贴，共同生活四十年，我的后半生也许仍过着飘泊不定的生涯。他俩是我生活中的一部分，在他们身上，我尝到了甜蜜的初恋，疯狂的追求，新婚的缱绻，揪心的痛苦，残酷的折腾，深沉的情感，这一切的一切，已随着历史长河的流逝，淌平了我心头的爱和恨，留下的只是深深的怀念。

我毫不怀疑第一个他至死还爱着我，甚至在内心深处觉得对不起我，这可以从他一九四五年元旦写的遗嘱中探寻到，他在文中提到了何丽有女士及其子女，提到了我与他的三个儿子：郁飞、郁云、郁荀，但一句也没提到另外的人。这是为什么？为什么？死者已不能开口，生者自然可以从本体的角度去分析、研究。而这，只有非常熟悉他品性的人，才能深知其一二。

在我八十岁诞辰时，老诗人景玉公从远地养病的琅琊山野捎给我一幅字。字是写在四十年代印有张大千大师画的古色古香的笺纸上的。景玉公书录的是王安石的《江上》一诗：

江北秋阴一半开，
晚云含雨却低徊。
春山缭绕疑无路，
忽见千帆隐映来！

这首《江上》的七绝出自宋朝大政治家、大文学家王安石（一〇二一——一〇八六）的大手笔，比南宋大诗人陆游（一一二五——一二一〇）写的“山重水复疑无路，柳暗花明又一村”名句要早出一百年。记得早早就有人说过，“诗人是预言家”。作为宋朝大政治家的王安石，也是一位大诗人，近一千年之前王安石写了《江上》这首诗，好像就是专门为我而作；而景玉公本人也是一位诗人，所以他书写了《江上》祝我八十寿诞。诗意似乎就预言着我的过去，现在与未来，真是意味深长。一个人从少女时代进入晚年，也正似在晨光中乘上秋阴的生命之船，当江上的浓雾消散时，江面更显辽阔，眼前豁然开朗，听着江水滔滔声，极目远眺，青山隐隐，千帆竞发，金色的阳光照在波光粼粼的江面上，迎来那美好的晚年。

本书是我八十年生涯的纪实，是我要说的心里话。请允许我引王安石的《江上》诗暂时告别。在此，我谨向海内外相识和不相识的朋友和读者，敞开我的胸怀，我也愿意听听你们的心里话。倘蒙投书，不胜荣幸，来信可寄上海市文史研究馆转我。最后，感谢你们关心我的书，关心我的生活。愿我的朋友和读者有一个幸福的今天和更幸福的明天。

王映霞

公元一九八九年二月农历己巳年正月于上海寓所

附录

我与陆小曼

王映霞

一九二八年，我和郁达夫寓居于上海赫德路嘉禾里前弄。徐志摩和陆小曼原来居于环龙路花园别墅十一号，后来搬至福煦路四明村九二三号，这个村因为属于四明银行的物业，故名。他家与我们相距仅一里之遥，绕过哈同花园就到了。

有情人终成眷属

这年春天的一个夜晚，天刚刚黑，圆圆的月亮已经冉冉升起，银色的光辉倾泻在屋顶上、马路上，也倾泻在像手臂一样伸展着的树枝上，微弱的路灯反而显得黯然失色。赫德路上是静悄悄的，没有今天这样热闹，行人稀稀落落，车辆更少，难得听见一两阵汽车的叫声。我和达夫像散步一样，踏着月光，向徐志摩的家里走去。徐志摩经常外出，有时在南京，有时去北平，所以确切地说，那是陆小曼的家，她与母亲陆老太太住在一起。

郁达夫与徐志摩同庚，一九一〇年至一九一五年间，两人是杭州府中学（后改名为杭州第一中学）同班同学，亲如手足，因而达夫与小曼也较为熟稔。我过去没有见过他们，但对于陆小曼的传闻早已听得很多了。她名眉，江苏常州人，毕业于北平法国圣心学堂。大家称她为“东方美人”，面目长得清秀端庄，朱唇皓齿，婀娜娉婷。她是跳舞能手，又能唱一口漂亮的京戏。当时，北京的外交部经常举行交际舞会，她总被邀参加。她能用法语或英语与外宾交谈，口齿伶俐，仪态大方，所以外宾们特别喜欢她。如果舞池里没有她的倩影，举座往往为之不欢。据达夫说，一九二〇年，小曼奉父母之命，与王赓结婚，时年仅十七岁。从议婚到举行婚礼，为期不到一个月，人们称之为“闪电结婚”，也有人称之为“开特别快车”。王赓，江苏无锡人，毕业于清华大学，后留学美国，在西点军官学校时，与后来被选为美国总统的艾森豪威尔同班同学。回国后，供职于军界，有儒将之风。但他有一个缺点，照达夫的说法，他不懂得爱情，不懂得女人的心理，不会谈情说爱，不会体贴妻子。因此，他们虽为夫妇，过着共同生活，然而同床异梦，在感情上隔着一堵墙，彼此都得不到幸福。

一九二四年，陆小曼在交际场所，一个偶然的机会，遇见了徐志摩。他也是跳舞能手，爵士音乐一响，他们就欣然起舞，跳个不停。他们熟练的步伐，优美的姿态，使舞池里的其他男士显得“六宫粉黛无颜色”。他们两人，一个是窈窕淑女，情意绵绵，一个是江南才子，风度翩翩；一个是朵含露玫瑰，一个是首抒情的新诗，干柴碰上烈火，怎样会不迸发出爱情的火花？

关于他们的三角恋爱，上海一些报刊竞相刊载，闹得满城风风雨雨，成了大家的热门话题。有人说徐志摩破坏了友人的家庭，有人说陆小曼不守妇道；特别是老夫子梁任公，他是徐志摩的老师，更是深恶痛绝，狠狠地批评了徐志摩一顿，说一个人的幸福不应该建筑在别人的痛苦之上，弄得徐面红耳赤，无地自容。可是同情徐陆两人的，也大有人在，刘海粟是其中最积极的一个，达夫也站在刘海粟的一边，口口声声在我的耳边吹风，说什么“没有爱情的婚姻应该让它死亡”，又说什么“青年男女间有了爱情的萌芽，就应该让它无拘无束地茁壮成长”。我不大赞成他的说法，认为既然做了夫妻，应该受道德的约束，可是达夫的个性极强，我不便说什么，只能悄悄地走开，充耳不闻。

翌年，徐志摩写信给达夫，高兴地告诉他一个好消息，说：由于刘海粟的劝说，小曼与王赓已经“拜拜”，徐陆两人终于结为秦晋之好。达夫接到来信，兴奋异常，连跳带蹦地走到厨房里，把信交给我看："有情人终成眷属，这是好事，这是大好之事！"我开玩笑地对他说："看你高兴得这个样子，好像你自己得到了一个绝代佳人。"他也哑然失笑："志摩是我的朋友，他结婚了，我应该分享他的喜悦，你说是不是？"

娇小玲珑一美人

四明村在今天的上海展览中心的对面，该中心是在哈同花园的废墟上建筑起来的。四明村的一幢幢屋子，屹立如林，每幢都是双开间，前面是二层楼，后面是三层楼，宏伟壮丽，就当时来说，已经算是上乘的房屋了。陆小曼租了一幢，每月租金银洋一百元左右。我们是寒伧人家，这个数目可以维持我们大半个月的开支了。

陆小曼派头不小，出入有私人汽车。那时，我们出门经常坐黄包车，有时步行。她家里佣人众多，有司机，有厨师，有男仆，还有几个贴身丫头。她们年轻俊俏，衣着入时，不知道的人还以为是主人家的小姐呢。陆小曼挥霍无度，想买什么就买什么，不顾家中需要不需要，不问价格贵不贵，有一次竟买了五双上等的女式皮鞋。家庭经济由她母亲掌握，她向我们叹苦经，说："每月至少得花银洋五百元，有时要高达六百元，这个家难当，我实在当不了。”我听了，为之咋舌。那时五百多元，可以买六两多黄金，以现在的人民币来说，要化二万元左右。达夫对小曼的挥霍，也表示不满，暗中对我说：“小曼这样大手笔，真是害苦了志摩！”志摩的父亲徐申如是浙江海宁县硖石镇的富商，在当地颇有声望，担任硖石商会会长，设有徐裕丰酱园、裕通钱庄、人和绸庄、硖石电灯厂等企业。在他看来，几百元只是区区之数，九牛身上拔一根毛，但他不满徐陆的婚姻，在经济上一刀两断，不肯接济。因此，志摩只得在光华大学、东吴大学、上海法学院、南京中央大学，以至北平北京大学，到处兼课，拼命挣钱，以博小曼的一笑。即使这样，还要经常欠债，志摩急得像热锅上的蚂蚁，团团转，而小曼则若无其事，坦然处之。

我们到了四明村，没有通报，直登二楼。二楼是他们的寝室，相当宽敞，是一个统厢房，小曼和翁瑞午正在榻上吸烟，志摩没有在家。翁是徐志摩的好友，会唱京戏，曾任上海江南造船厂会计主任，做房地产生意，严格地说，是个掮客，家中相当富有。他是江苏常熟人，自己不能为文，但喜欢与文化界人士接近，被胡适称为“自负风雅的俗子”。

陆小曼见到我们两位不速之客，赶忙起床招呼，这是我第一次与她见面。她说她是一九〇三年阴历九月十九日生的，比我长四岁。那年我廿四岁，她年廿八岁，都处于风华正茂之年。她梳着前刘海，这在当年是一种流行的时髦发型，穿着一袭银色的丝绸旗袍，闪闪发光。她说：“我不喜欢浓妆艳抹，也不喜欢花花绿绿的衣服，那太俗气了。我喜欢穿淡色的服装。有一次我穿蓝布旗袍，得到了志摩的称赞，他说朴素的美有胜于香艳美。”说说，她自己笑了，我们也笑了起来。

我环视卧室的四周，家具全部是红木的，陈设也极精致，有古玩，有花卉，有罗汉松，还有文房四宝之类。壁上悬挂着梁启超的立轴、刘海粟的油画，也悬挂着小曼自己画的山水，浓淡渗透，相互掩映。我的眼光扫到烟榻上的灯罩时，停留了几秒钟。小曼确是绝顶聪明的人，似有所觉，立即自我解嘲地说：“吃鸦片烟不是一件好事，我也偶一为之而已。我是多愁善病的人，患有心脏病和严重的神经衰弱，一天总有小半天或大半天不舒服，不是这里痛，就是那里痒，有时竟会昏迷过去，不省人事。在北平时，曾经住过一年多医院，简直把医院作为我的家了。喝人参汤，没有用；吃补品，没有用。瑞午劝我吸几口鸦片烟，说来真神奇，吸上几口就精神抖擞，百病全消。”我与她是初交，未便说什么，只是唯唯诺诺，就算是答复了。

婚后生活苦恼多

在回家的途中，达夫问我对小曼的印象如何？我答：“她确是一代佳人。我对她的印象，可以用‘娇小玲珑’四个字来概括，只是有些苍白，大概在吸鸦片以前不会这样吧。”达夫说：“你说得很对，她虽是瓜子脸，但过去还要胖一些。真可惜啊！一个好好的女人吸了鸦片。不是你不喜欢喝酒，就说喝酒不好，喝酒不是坏习惯，凡是吟诗的人都会饮酒。李白不是被称为‘酒仙’么？这与吸鸦片根本不同。”接着，他背了李白的一首诗：“两人对酌山花开，一杯一杯复一杯。我醉欲眠卿且去，明朝有意抱琴来。”我故意气气他，说：“喝酒也是一种不良嗜好！”

从此以后，我闲来无事，便常到小曼家去玩。我多半在下午去，因为她是把白天当作黑夜、黑夜当作白天的人。每天近午起床，在洗澡间里摸弄一个小时，才披着浴衣吃饭，所以她的一天是从下午开始的。在下午，她作画、写信、会客、记日记；晚上大半是跳舞、打牌、听戏，过了子夜，才拖着疲倦的身体，在汽车里一躺，回家了。上海是个不夜城，她过的是不夜的生活。

我与小曼渐渐熟悉以后，她断断续续地说出了婚后生活的苦恼。她说：照理讲，婚后生活应该过得比过去甜蜜而幸福，实则不然，结婚成了爱情的坟墓。志摩是浪漫主义诗人，他所憧憬的爱，是虚无缥缈的爱，最好永远处于可望而不可即的境地，一旦与心爱的女友结了婚，幻想泯灭了，热情没有了，生活便变成白开水，淡而无味。志摩对我不但没有过去那么好，而且干预我的生活，叫我不要打牌，不要抽鸦片，管头管脚，我过不了这样拘束的生活。我是笼中的小鸟，我要飞，飞向郁郁苍苍的树林，自由自在。

志摩的父亲徐申如对小曼十分冷淡，甚至不大理睬，这也是使小曼情绪苦闷的因素。徐志摩的元配夫人张幼仪，上海市宝山人，出身于望族；一个哥哥叫张嘉森（君劢），是民主社会党的主席；另一个哥哥叫张嘉璈（公权），是银行界的巨子；她本人又是一位贤淑的女子，沉默寡言，才貌双全。十八岁时与志摩结婚，生有两子，一名阿欢，学名积锴；一名彼得，夭折于柏林。一九二二年五月，徐志摩和张幼仪都在德国求学。徐见异思迁，为了追求林徽因，突然向张幼仪提出离婚，说："我们之间没有爱情了，还是劳燕分飞吧！"张是个通情达理的女性，深知"强扭的瓜不甜"，也就同意了。但是林徽因呢？落花有意，流水无情，拒绝了志摩的求爱，嫁给了梁启超的儿子梁思成。志摩与张离婚后，仍有鱼雁往返，友谊还是不错，公婆对她疼爱如初，视作女儿，如同己出。幼仪空帏寂处，心如止水，立志要把儿子抚养成人。经过了三十年的凄凉岁月，徐积锴终于在美国学成立业，幼仪浅笑一声，说："我的任务总算完成了。"于是她想到了自己的终身大事，那时已经五十三岁了，经过旧友余英杰夫妇的介绍，与邻居医生苏纪之再婚，随后迁居香港，转赴纽约。前几天，偶见报载，张幼仪于一九八八年一月二十一日病逝美国。在志摩、小曼、王赓、林徽因一批人中，要算她的寿命最长，享年八十八岁。

陆小曼当年对我说过："徐家公婆把志摩与幼仪的离婚，归咎于我，这是天大的冤枉。他们离婚是在一九二二年，我与志摩相识于一九二四年，其间相隔二年，他们的事完全与我无关，但他们对我不谅解。公公视我如仇人，结婚几年，还不允许我见婆婆的面。映霞，我是在矛盾中生活，也是在痛苦中生活。'问君能有几多愁，恰似一江春水向东流'，我以最大的勇气追求幸福，但幸福在哪儿呢？是一串泡影，转瞬之间，化为乌有。"说着，她落泪起来。我借话来安慰她，但这有什么用呢？

大鹏一击上青天

悄悄的我走了，正如我悄悄的来，我挥一挥衣袖，不带走一片云彩。

这是徐志摩的名诗《再别康桥》的末段，谁能料到他竟带着年纪轻轻的生命，也静静地走了呢。一九三一年十一月二十一日，我从菜市场买小菜回来，想告诉达夫今日所买的，都是他喜欢吃的东西。不料达夫在客厅里忧愁满面地看报，他一见我，就叫了起来：“哎，志摩死了！”这是不可能的，一个好好的壮年人，怎么突然去见上帝了呢？达夫把《新闻报》掷给了我，上载：

> 中国航空公司京平线之济南号飞机，于十九日上午八时，由京（指南京）装载邮件四十余磅，由飞机师王贯一、副机师梁璧堂驾驶出发，乘客仅北大教授徐志摩一人拟去北平。该机于上午十时十分飞抵徐州，十时二十分继续北行，是时天气甚佳。想不到该机飞抵济南五十里党家庄附近，忽遇漫天大雾，进退俱属不能，致触山顶倾覆，机身着火，机油四溢，遂熊熊不能遏止，飞行师王贯一、梁璧堂及乘客徐志摩，遂同时遇难。死者三人年皆三十六，亦奇事也。

读了报，我们两人都发呆了，一动不动，眼睛死盯着报纸，偶尔把脸孔朝天花板望望，谁也说不出话来。隔了好一会儿，达夫告诉我志摩离上海那天与小曼吵架的情景。十一月十二日，徐从北京回到上海，苦口婆心地劝小曼戒鸦片：“眉，我爱你，深深地爱着你，所以劝你把鸦片烟戒掉，这对你身体有害。现在，你瘦得成什么样子，我看了，真伤心得很，我的眉啊！”良药苦口，忠言逆耳。小曼听了，大发雷霆，随手把烟枪往徐志摩的脸上掷去。志摩赶忙躲开，幸未击中，金丝眼镜却掉在地上，玻璃碎了。他一怒之下，离开上海到了南京，又搭机北上。

我听了达夫的叙述，不觉脱口而出：“这件事情，应该怪小曼。志摩在北京大学教书，家却在上海，他平均每月总要在北平与上海之间奔波一次，是够苦的了。”达夫惨兮兮地说：“他们的事复杂得很，弄不清楚，专怪小曼也失之过偏。我倒赞赏小曼母亲的话，说得比较公允，叫作‘志摩害了小曼，小曼也害了志摩’。”

下午，我换上素色的旗袍，与达夫一起去看望小曼。小曼穿了一身黑色的丧服，头上包了一方黑纱，十分疲劳，万分悲伤地半躺在长沙发上，见到我们，挥挥右手，就算是打招呼了，我们也没有什么话好说。在这场合，说什么安慰的话，都是徒劳的。沉默，一阵长时间的沉默。小曼蓬头散发，大概连脸都没有洗，似乎一下子老了好多个年头。

小曼的妈妈从三楼下来，同我们轻声地搭腔。她说，昨天接到恶讯的电报，小曼一夜没有睡，嚎啕大哭了很久，直到眼泪流尽了，才停止了哭泣。小曼听见我们细语，又抽咽了起来，泪流满面。我们说了几句多余的话，便走了出来。

徐志摩的遗体从出事地点运到上海后，在万国殡仪馆举行大殓，并在静安寺设奠。文艺界人士举行盛大的追悼会。

达夫前往参加，回来对我说：“死，总是一件可悲的事情，而志摩之死极尽哀荣，大厅里人山人海，挽联挂满了墙壁，花圈从灵堂一直放到天井里。我将来死时能有这样场面，死也瞑目了。”达夫又说：小曼的挽联写得很得体，不知出于何人手笔。它是这样写的：

多少前尘成噩梦，五载哀欢，匆匆永诀，天道复奚论，欲死未能因母老；

万千别恨向谁言，一身愁病，渺渺离魂，人间应不久，遗文编就答君心。

达夫送了两副挽联，其中一副是我外祖父王二南的弟子陈紫荷代拟的：

新诗传宇宙，竟尔乘风归去，同学同庚，老友如君先宿草；

华表托精灵，何尝化鹤重来，一生一死，深闺有妇赋招魂。

另一副是由达夫自己写的，后来被选入了《郁达夫诗词选》，曰：

两卷新诗，廿年旧友，相逢同是天涯，只为佳人难再得；

一声何满，九点齐烟，化鹤重归华表，应愁高处不胜寒。

自古红颜多薄命

志摩走完了他的人生旅程以后，我与小曼仍然时有来往，她依旧住在四明村，不过达夫去的机会少了。小曼是爱志摩的，始终爱志摩的。他飞升以后，小曼素服终身，我从未见到她穿过一袭有红色的旗袍，而且闭门不出，谢绝一切比较阔气的宾客，也没有到舞厅去跳过一次舞，这对素向在交际场中讨生活的小曼，是难能可贵的。在她的卧室里悬挂着徐志摩的大幅遗像，每隔几天，她总要买一束鲜花献给他。她对我说："艳美的鲜花是志摩的象征，他是永远不会凋谢的，所以我不让鲜花有枯萎的一天。"

这时，她振作起来了，天天作画，而且画得越来越好。从前在北平的时候，她曾经拜刘海粟为师，学过一阵子画，可时作时辍。她是一个任性的人，兴趣来时，连忙拿起画笔，画到中途，兴趣没有了，便把画笔一丢，所以她的画室里藏有许多没有画完的画。

后来，小曼又请贺天健和陈半丁教画，汪星伯教她作诗。她才华横溢，绝顶聪明，能背出唐代诗人李白、杜甫、白居易等的许多古诗。她特别喜欢白居易的《长恨歌》，把其中的两句“天长地久有时尽，此恨绵绵无绝期”，用正楷写了下来，放在玻璃板下。我知道她的用意，在于思念志摩。她画的中国山水，笔触细腻，寓意深远，居然自成一格，得到画家们的赞许。

可是陆小曼离开不了翁瑞午，甚至与翁公开同居。小曼本来就不讲究打扮，平日只是淡扫蛾眉而已。此时，把自己糟蹋得厉害，牙齿全部脱落，没有镶过一颗，已经成为一个骨瘦如柴的小老太婆了。翁瑞午却还是非常爱她，变卖古董字画来缴纳他们两人的芙蓉税。

对于小曼与翁瑞午的关系，徐志摩生前就有了发觉。陈定山在《春申旧闻》中说：“志摩有一套哲学，是说：男女间的情与爱是有区别的，丈夫绝对不能禁止妻子交朋友，何况鸦片烟榻，看似接近，只能谈情，不能做爱。所以男女之间，最规矩、最清白的是烟榻，最暧昧、最嘈杂的是打牌。”

一九三三年春，我和达夫离开上海，移居杭州，无法再与小曼来往，也没有通过信。抗战期间，我飘泊不定，时而武汉，时而福州，时而新加坡，与郁达夫分手后，我一直定居于重庆。日本扯起白旗，我就来到了上海。新中国成立后的某一天，我在善钟路上闲逛。已经是夕阳西下的时候了，阳光把街旁的法国梧桐在地上勾绘了长长的黑影，马路上是乱哄哄的。在喧哗的市声里，我忽然听见一个尖锐的叫声："映霞！"我呆了一会，仔细一看，原来是陆小曼。久别重逢，倍觉亲切。善钟路与四明村相距不远，我便跟着她到那里去坐一会儿。

小曼比以前胖了一些，"徐娘半老，风韵犹存"，还是一个美人的轮廓。她告诉我二十年来的经过。她说："过去的一切好像做了一场噩梦，甜酸苦辣，样样味道都尝遍了。如今，我已经戒除了鸦片，不过母亲谢世了，翁瑞午另有新欢了，我又没有生儿育女，孤苦伶仃，形单影只，出门一个人，进门一个人，真是海一般深的凄凉和孤独。像你这样有儿有女有丈夫，多么幸福！如果志摩活到今天，该是多么美啊！"隔了一会儿，又说："幸而生活还安定，陈毅市长聘我为上海市文史馆馆员，后调为市人民政府参事，上海画院又聘我为画师。我只好把绘画作为我的终身伴侣了。"后来，听说她于一九六五年四月三日病逝于华东医院，一代佳人，从此香消玉殒，得年六十二岁。我没有接到讣闻，未去送殡，至今仍感遗憾！

我与鲁迅许广平夫妇

王映霞

鲁迅是中国文学大师，又是伟大的革命家、思想家，我早就知道他的大名了。十几岁在杭州女子师范学校读书时，就阅读了他的小说《彷徨》和《呐喊》。我一读再读，其中《阿Q正传》竟读了好多遍。他的作品朴实无华，刻划得入骨三分，读他的小说有似吃橄榄，越嚼越有味道。郁达夫非常崇拜他的作品，经常讲《阿Q正传》是千古不朽之作，劝导青年作家要好好地学习他。

郁达夫与鲁迅早于一九二三年在北京就相识了，彼此时常晤面，交谊颇笃。鲁迅正在北京女子高等师范大学执教，达夫在北京大学任教师。我之认识鲁迅和许广平，那是以后的事了。在《鲁迅日记》中，第一次出现我的名字是在一九二七年十月五日，这天的日记是这样写的：“夜小峰邀饭于全家福，同坐郁达夫、王映霞、潘梓年、钦文、伏园、春台、小峰夫人、三弟及广平。”鲁迅夫妇定居上海，与我们经常往来。在《鲁迅日记》中，有三十多次提到我的名字。其实，在日常生活中来往次数，远远不止这些，不过不一一记下罢了。

秋兰时节初相识

鲁迅原来在广州任中山大学中国文学系兼教授，许广平做他的助教。她是广东省番禺人，一八九八年二月十二日（清光绪二十四年正月二十二日）生，笔名景宋，北京女子高等师范大学学生。鲁迅初到广州时，语言不通，道路不熟，许广平就充当他的翻译和向导，同时照料他的生活。一九二七年九月底，他们两人离开广州，搭轮船北上，到达上海时已是十月三日了。

鲁迅夫妇一到上海，北新书局老板李小峰，设宴为他们两人洗尘，我和郁达夫应邀作陪。那时我和达夫已经相熟，但尚未正式结婚。李小峰性格内向，不善辞令，每到一处总要拉夫人蔡漱六同行。他俩以前是北京大学的学生，后来结为夫妇。

吃饭的地点在四马路全家福，这是一家本地菜馆。当时我们住在沪西区的赫德路嘉禾里，门口就是一路有轨电车，出入极为方便。时令已经是秋天了，天高气爽，兰花盛开，灿烂的夕阳把每个行人在马路上勾绘了修长的身影。不久，我们就到了全家福菜馆。

到了那里，客人都已经到齐了。他们不是鲁迅的朋友就是鲁迅的学生，他们都是我认识的，初次见面的只有鲁迅和许广平。我像学生拜见老师一样，向他们彬彬有礼地鞠了一个躬。鲁迅身材不高，和蔼可亲，穿着一件旧的灰色长袍。头发留得较长，已经好久没有剃了。两条粗浓的眉毛平躺在突出的眉棱骨上，胡子很密，也很短。他说话很快，使人听得一清二楚，操的是一口带有绍兴乡音的普通话。许广平个子不高，比我矮，穿阴丹士林布的短旗袍，足蹬平跟皮鞋，显得淳朴老实，精明能干。

鲁迅对人是有礼貌的，特别对于女性。他称我为密斯王，称许广平为密斯许，从来没有对我和许直呼其名，出门总是让女性先走，他在后边跟从，这恐怕是受了西方文化影响的缘故吧。郁达夫很尊重鲁迅，呼他为“大先生”。我也便称他为大先生。许广平称鲁迅喊“先生”，不加姓，不加名，这含有对他尊敬和亲密之意。

鲁迅到上海的第二天，即十月四日，就与许广平、周建人、孙伏园、孙春苔、林语堂一起拍了照片，人们常称这张照片是鲁迅与许广平的结婚照。他们听了这句话，不加否认，大概是已经默认了。人民美术出版社于一九八一年七月出版的《鲁迅画传》中曾经采用了这张照片，不过把林语堂和孙春苔两人给挖去了。孙春苔即孙福熙，留法学生，是孙伏园的弟弟，两人都是三十年代的著名作家。他俩相差四岁，但看起来，是孙伏园要苍老得多，因为他留着胡子的关系。当时林语堂和孙福熙之挖除，是受过“左”思潮的影响，如今是恢复他们“庐山真面目”的时候了。

翌日上午，阳光普照着大地，马路上行人熙来攘往，热闹非凡。我和郁达夫从家里出发，赴爱多亚路长耕里共和旅馆去看望鲁迅夫妇。这是一个中等旅馆，砖木结构，二层楼房。他们住在二楼的一个房间，面积约二十平方米。房内有二张单人床，一靠西壁，一靠东壁，还有方桌、写字台、沙发、凳子，家具陈设，较为简单。前有阳台，可以凭栏俯视杂乱无章、车水马龙的街景。

我们走进去的时候，鲁迅和许广平正在谈话，看见我们去了，赶忙起来打招呼，与我亲密地握手。我们坐下来，又闲聊了一阵。接着，陶元庆和许钦文也来了。谈到中午时，郁达夫邀大家去附近六合路上的六合馆吃饭。饭后，伙计给每人递上一杯咖啡，鲁迅看了许广平一眼，柔情地说：“密斯许，你的胃不好，咖啡带有刺激性，还是不要吃了吧，改吃水果！”鲁迅这样真挚地关怀自己的夫人，既热情，又含有告诫性质，使我不得不引为新奇，久而久之，也习以为常了。

往来无间情谊深

鲁迅夫妇这次来沪，决心定居于上海，不过白色恐怖（共产党地下人员对国民党情治单位而言）严重地笼罩着黄浦江畔，曾经先后搬过三个寓所。一九二七年十月八日居住横浜路景云里，先住二十三号，次搬十八号，后为十七号。在这里，鲁迅夫妇度过二年七个月的不平凡的岁月。鲁迅参加了中国民权保障同盟、中国左翼作家联盟，成为波澜壮阔的左翼文艺运动的伟大旗手。

一九三〇年春，鲁迅受到国民党浙江省党部的通缉，于是五月间，由景云里迁至北四川路一九四号拉摩斯公寓二楼四室。在这里，鲁迅夫妇又居住过三年。瞿秋白夫妇因为逃避国民党的追捕和迫害，在鲁迅的寓所借住过一段时期。

一九三三年四月十一日，日本友人内山完造以内山书店名义，为鲁迅租下了山阴路大陆新村九号，他在此一直住到离开人间为止。这是一幢三层楼的西式里弄房屋，跨进大门，就是会客室，南窗口放有许广平用的缝纫机，她是文武双全的能手，既能写文章，又长于料理家务，海婴小时候的衣服大多都是她亲自缝制的。她还会刺绣，室内的帐沿上的花卉，就是她绣的，红花绿叶，五彩缤纷。可惜今天的鲁迅故居里没有陈设这条帐沿，大概已经是报废了。二楼是鲁迅的卧房兼工作室，内有黑铁床、书橱、藤椅、写字台、衣橱、茶几等等。在短短的三年的时间里，鲁迅在这个卧室内写下二百八十篇富于犀利的杂文和翻译了好几本外国著名小说。二楼是客房和儿子海婴的卧室。

我与郁达夫结婚后，仍旧住在沪西区的嘉禾里，达夫与鲁迅情谊深厚，曾经一度合编《奔流》文艺月刊。这个杂志一经面世，洛阳纸贵，风靡全国，在青年读者中产生了巨大的影响。我和郁达夫的住所与鲁迅夫妇相距较远，约近十里，来回一次，总要耗费一个多小时，不是坐电车，就是坐黄包车。那时三轮车尚未流行，出租汽车已经有了，但在市内出租一次，需要支付租费银洋一元，另加红包小洋二角，这不是我们以写作为生者所能负担得了的。胡適、徐志摩、邵洵美等人，出入必坐小轿车，比我们阔绰得多了。

有一次，我代郁达夫写信给鲁迅，约他来玩。那天他来后，就与达夫海阔天空地闲聊，但他们的闲聊也有一定的范围，多半是属于文艺界的事情。他们都是瘾君子，半天下来，烟头积满了一只烟灰缸。我有时也插上几句，主要却是在厨房里做菜。我少女时是不进厨房的，更谈不上会做什么菜。但郁达夫是个美食家，讲究饮食，于是被逼上梁山，略微懂得一些烹饪之道。那天菜肴中有一道金华火腿汤，鲁迅爱吃火腿，许也爱吃火腿，而且她烧得特别好。一九五六年许广平到上海来参加鲁迅迁葬活动时，我特意到采芝斋食品店买了两只金华火腿送给她。

一九二九年十一月底，我们的第二个婴孩静子出世，是一个女孩。一个多月以后，鲁迅夫妇知道了，却不明白是男还是女，我们也没有告诉他们。次年一月八日，他来信祝贺，说：

> 我们消息实在太不灵通，待到知道了令郎的诞生，已经在四十多天之后了。然而祝意是还想表表的，奉上粗品两件，算是补祝弥月的菲敬。

所谓粗品两件，是一件绒线衫和一条围巾。我们十分感谢他们，在百忙中还没有忘记我们，不幸后来静子却夭折了。

一九三二年十月二十五日，我们邀请鲁迅夫妇吃便饭。因为考虑到鲁迅是江南人，许广平的饮食习惯，受鲁迅影响，可以说是半个江南人了，所以找了四马路上的聚丰园，那是一家无锡菜馆。作陪的除了郁达夫的兄嫂和青年作家林微音（不是北方的林徽因）外，还邀请了柳亚子夫妇。那时柳与鲁迅并不很熟，是由郁达夫从中介绍的。饭后，郁达夫写了一首七绝，诗曰：

> 醉眼朦胧上酒楼，
> 彷徨呐喊两悠悠。

群氓竭尽蚍蜉力，

不废江河万古流。

给鲁迅的作品以极其崇高的评价。

这天，鲁迅与往常一样，谈笑风生，他的话富于哲理，又夹有幽默感，大家都喜欢听。郁达夫嗜酒如命，已经喝得有些醉了，见到许广平在旁，便打趣地说：“大先生，你的华盖运可以脱了吧？”华盖是天上星星的名字，旧时迷信，认为华盖星犯命，运道不好。然而有了喜事，如结婚、生子之类，这个坏运就可以被冲走。因此，郁一说这句话，大家的眼光都集中到许广平身上，害得她羞赧地低下了头，红着脸，默不作声。鲁迅则哈哈大笑，手指有些颤抖，连夹着的香烟几乎要掉了下来。

工作家庭与嗜好

鲁迅的一生是战斗的一生，他给后人留下一千多万字的著译，其中包括杂文集十九本、小说集三本、散文诗集一本、回忆散文一本、整理出版中国古典文学作品集一本、中国古典文学史论著二本。“吃的是青草，挤出来的是牛乳。”以这句话来形容鲁迅是最恰当不过的。

鲁迅亲自接待了约五百名文艺青年，并对他们提出的问题一一作答；他亲自阅读了从全国各地以及海外约有一千二百多个青年寄给他的信件，有的是认识的，大部分是不认识的。他亲笔写给他们的回信有三千五百多封。可惜这些书信，多半已经散佚了。在他的哺育和教导下，许多男女青年作家如丁玲、萧军、萧红、叶永蓁等脱颖而出。丁玲坦率地承认：“我是喝鲁迅的乳长大的。”

他对工作对写作极端认真而严肃，做一件事情总是全力以赴，决不有丝毫的马虎。写一篇文章，即使是短文，也要在动手执笔以前，经过一番深思熟虑，而且在写作中一般都一气呵成，所以他经常熬夜，有时还来个通宵，直到东方朦胧发白，他才拖着疲劳的身体往床上一躺，睡着了。

我和郁达夫到他家时，如果比较早一些，许广平就悄悄地对我们说：“他昨晚干了一个通宵，现在还睡着呢。”于是我们穿过他的卧室时，不声不响，蹑手蹑脚地不使自己的脚步发出声音。然而鲁迅心很灵，立即睁开眼睛，坐起来同我们打招呼，不睡了。从这里，可以看出鲁迅待人是极有礼貌的。“生命不息，冲锋不止。”即使他在重病缠身的时候，还坚定地说：“与其不工作而多活几年，倒不如赶快工作而少活几年。”这两句话铿锵有力，深深地扣动了我们的心弦。

鲁迅与许广平的婚姻是站立在志同道合的基础之上的，也就是说，是站立在革命的基础之上的。他们不仅是夫妻，而且是同在一个战壕里并肩打仗的战友。所以他们夫妇恩爱，家庭和睦。就我所知，他们从来没有争吵过，甚至从来没有红过脸。两人相敬如宾，相爱如友，男关心女，女关心男，我非常羡慕他们。

有一次，我们与鲁迅夫妇在全家福菜馆一起吃饭，上来了一道北方菜，叫作爆双脆，内中含有肚子和猪肝，许广平吃了一块。鲁迅本来是学医的，精于此道，马上低声向她说："密斯许，爆双脆不容易消化，少吃些。"口气中除了对妻子的爱，似乎还有一种父爱。许怀孕时，鲁迅告诉她一些医药常识，并嘱咐她不要一个人单独出门。

许广平对鲁迅生活的照料，更是无微不至。他家里雇有保姆，但主要的菜肴则由许亲自掌勺。鲁迅的被褥是由她整理的，烟灰缸也由她亲自洗涤。在写作时，阳光从窗外射至鲁迅身上时，许广平赶快放下了窗帘。鲁迅要吸烟时，她立即递上火柴和烟灰缸。诸如此类，不胜枚举。

鲁迅平易近人，对于雇用的保姆，也视为家庭中的一个成员。在上海期间，第一个保姆名叫王阿花，年二十五岁，浙江绍兴人。丈夫是个粗野的乡下人，经常打她，于是她从家中偷逃了出来。嗣后丈夫找到了她，叫她回去，她不肯还乡。鲁迅便拿出银洋一百五十元给她的丈夫，赔偿结婚时的费用。这一百五十元，在当时讲，是一个不小的数字。第二个保姆是许妈，江苏南通人，一直做到鲁迅的生命结束。

鲁迅先生有哪些爱好？除了买书以外，主要是吸烟。香烟一支接着一支，很少间断，右手的两个指头被烧得蜡黄。他晚年生着严重的肺病，这可能与吸烟有关。酒也能喝一些，多半是绍兴黄酒，小饮便止。就我所见闻的，他从来没有醉过。这与郁达夫迥然不同，他是每饭必饮，饮必酩酊大醉。南方人是不吃辣的，但鲁迅却喜欢吃辣椒，因为从前在南京江南水师学堂读书时，他只穿夹裤过冬，天气很冷，没有法子，就吃辣椒取暖，从而养成了这个嗜好。

花卉是美的象征，人们可以从姿态上欣赏它的美，从香味上享受它的美，从品格上领略它的美。它会给人们带来乐趣、活力和希望。鲁迅喜欢种花养草，在北京居住八道湾十一号时，在院内种上了月季、玫瑰、海棠花、迎春花之类，争芳斗艳，生机盎然。

一九二七年以后，居住在上海期间，会客室里经常放有瓶花和盆花，不是含苞待放的凌波仙子，便是妩媚嫣阔的紫色牡丹。他家门外种了一棵桃树，年年开花结果。许广平生海婴的第二天早晨，鲁迅到花木市场去买一盆五针松，放在夫人的床头。她见了，莞尔一笑，笑得那么美，那么甜。

在文化娱乐方面，鲁迅本来不喜欢看电影，后来因许广平喜欢看，也就奉命作陪。他最爱好看绍兴社戏，它起源于南宋期间，是一种自娱自乐的大型戏曲活动。鲁迅在《社戏》一文中写得惟妙惟肖，活龙活现。他到了大都市以后，看社戏的机会就少了。但他一谈到社戏，还是眉飞色舞，津津有味。

鲁迅与内山完造

读书人都喜欢买书，认为逛书店是人生一大乐趣。郁达夫是这样，鲁迅也是这样。一九一二年五月，政府自南京迁至北京，鲁迅系教育部主事，因而随之北上。他一到北京，就赴琉璃厂书店买了一部《纂喜庐丛书》。在京一月余，到书店去逛过六次，买书七十册。他对于买书，在用钱上毫不吝惜，还感慨地说："今人处世不必读书，而我辈无购书之力，尚复月掷二十余金，收拾破书数册，以自怡悦，亦可笑叹人也。"

到了上海以后，亦复如此。鲁迅曾经留学日本，对于日语，造诣颇深，常到住所附近的内山书店去买日文书，因而与店主内山完造建立了深厚的友谊。内山书店创立于一九一七年，原设在北四川路魏盛里，一九一九年迁至施高脱路十一弄。鲁迅与店主熟悉以后，内山书店成了鲁迅对外联系的活动场所。鲁迅与共产党人的会晤往往就在这里碰头。在白色恐怖严重时，鲁迅就避居在该店的楼上。他的信也常由内山书店收转，并用了他青年时代原来的姓名周豫才，因为知道鲁迅这个笔名的人多，而知道周豫才这个名字的人少。这样做，是为了逃避特务的眼睛。

日本学者来上海，通常就在内山书店举行聚餐会和茶话会。如一九三〇年六月十五日，内山完造举行晚宴，邀请鲁迅、郁达夫、郑伯奇参加，日本研究汉学的专家有太田宇之助、藤井元一、高久肇、山县初等人。鲁迅与内山书店的关系十分密切。在沪的九年中，他赴书店五百次以上，购书一千多册。内山书店的书籍非常丰富，分门别类，应有尽有，尤其以东京出版的书刊为最多。上海其他书店买不到的书，他这里可以买到；上海其他书店不敢出售的书，他这里敢于出售。内山书店还有一个好处，就是可以赊账，鲁迅和郁达夫有时手头拮据，可以随便欠账，以后有钱再还。

由于鲁迅和郁达夫的关系，我也认识了内山完造和他的夫人美喜子。美喜子能说中国语，与我谈得很投机。她具有日本女性所特有的柔情。每次见面，她总是深深地向我一鞠躬，弄得我手足无措，不好意思，赶忙鞠躬回礼。

内山完造是个忠诚厚道的人，有道德，有正义感，而且很有礼貌，给我留下了深刻的印象。他虽是日本人，可是极其热爱中国。他表示将来死了，也要葬在上海。早在四十年代中期，他的夫人美喜子去世时，就把自己的坟墓也做好了，地点在万国公墓。根据他自己的设计，坟墓造成桥的形状，这表示他在上海贩卖日文书籍，在两国之间起了桥梁的作用。墓上还做了一本打开的书，上面是夏丏尊写的碑文：“设书肆为津梁，期文化之交互，生为中华友，殁葬中华土，吁嗟乎，如此夫妇！”

一九四五年抗战胜利后，内山书店结束，内山完造返回日本，但仍多次来上海，每次必去瞻仰鲁迅墓。一到墓地，他不胜感慨系之，既悲痛，又高兴，说：“回忆二十年前的往事，宛如一片云烟，一切都过去了，这次来访问我生活过半辈子的故乡上海，又凭吊了尊敬的鲁迅先生的墓地，心中之激动，非笔墨所能形容。我身在日本，心却永远在上海。”

一九五九年九月十九日，内山完造已经七十四岁高龄了，以日中友好协会副会长的身份，应中国文化协会之邀，飞抵北京参加庆祝大会。不料因为年老体弱，飞行的劳顿，抵达北京的第二天，突然大脑出血，不治而溘然长逝。十二月二十六日，内山完造的遗骨安葬于他的“第二故乡”上海，与他的早已长眠于此的前妻美喜子安眠在一起。

一九八一年九月，上海市文物保管委员会为了纪念中日两国的友谊，并让它世世代代友好下去，在内山书店旧址举行勒石纪念，碑石用白色大理石制成，镶嵌于书店右侧的墙壁中间。碑上镌有金色汉字：

内山书店旧址（一九二九—一九四五）。

此店为日本友好人士内山完造所设。鲁迅先生常来店买书，并一度在此避难，特勒石纪念。

这个具有历史意义的书店将永垂不朽！

我们到杭州以后

我与郁达夫结婚后，一直居住于上海赫德路嘉禾里，几年下来，我对大都市的生活有些厌倦。我生于风光明媚的杭州，游子思乡，飞鸿倦旅，而且杭州的生活程度低于上海的二分之一。郁达夫也有类似的想法，他在《移家琐记》中明确写着，此次迁徙，是为了生活，迫于经济。但在另一方面，也是为了逃避白色恐怖，他在《迁杭有感》中有“伤乱久嫌文字狱，偷安新学武陵渔”的诗句。

一九三三年四月二十五日，我们冒着霏微的细雨，举家搭火车赴杭州，很快四小时就到了。由于友人徐葆炎的帮助，租下了杭州大学路场官弄六十四号的一所旧式房子。继而由我筹款设计，建筑一座住宅，名为“风雨茅庐”。

郁达夫的全集和日记，从一九二九年开始，全部归并北新书局出版。如果真能按当时的销路来维持我们的生活，是可以过得去的。但北新书局的作风不好，经常久欠不付，写信去催，也被置之不理。没法，我只好从杭州赶来上海，坐等面索，有时郁达夫与我同来，每月总得来两三次。来时，我们总要到鲁迅夫妇那里去打个转。

同年十二月二十九日下午，我和郁达夫一起去看望鲁迅。我对他说："大先生，我们到杭州已经半年多了，你应该送一样东西给我，留作纪念，最好是你自己的作品。"说完，我就拿出四张事先买好的虎皮笺交给鲁迅。鲁迅丢掉了手指间夹着的烟头，笑嘻嘻地说："好，好，我一定写，你明天来拿。"后来是由郁达夫拿回的，并在四马路上的裱画店去裱好，再带到杭州，挂在新居楼下的客堂里。这是一首七律，诗曰：

钱王登遐仍如在，伍相随波不可寻。
平楚日和憎健翮，小山香满蔽高岑。
坟坛冷落将军岳，梅鹤凄凉处士林。
何似举家游旷远，风沙浩荡足行吟。

抗战期间，这个墨宝连同郁达夫的二万多册藏书，一并被日军掳去，至今下落不明。

在这里，有一点需要说明。鲁迅先生给我墨宝时，诗没有标题。后来在发表时，却加上了一个题目"阻郁达夫移家杭州"。鲁迅写这首诗不在我们搬家之前，而在搬家半年多以后，既已搬了，则何来劝阻之理？另友人告知，一九三四年七月二十日出版的《人间世》第八期里，高疆写了《今人诗话》一文，谈到鲁迅和郁达夫的诗，其中鲁迅有“阻郁达夫移家杭州”之句。看来，始作俑者，大概是这位高疆先生。从此以后，以讹传讹，大家都沿用了下来，弄得真假不分。

一九三六年十月十九日，鲁迅走完了他的人生旅程，享年仅五十六岁。当时，我在杭州，郁达夫在福州任福建省政府公报社主任。那晚达夫正在参加一个宴会，忽然接到鲁迅的噩耗，立即中途退席，星夜搭轮抵达上海，参加了鲁迅的大殓和葬礼，墓地设于万国公墓。

后来，我也从杭州赶来上海，到山阴路大陆新村九号慰问许广平女士。她待在二楼的卧室内，坐在鲁迅生前坐惯的旧而大的藤椅里，满脸愁云，泪痕斑斑。我向她说了许多安慰话，但这些话有什么用呢，还不是多余的么？

我早就知道鲁迅患有肺病，许多朋友包括我们在内，都劝他住医院治疗。宋庆龄还写信给他说：“你的生命，并不是个人的，却是属于中国和中国革命的！你有保养、珍重你身体的必要。”然而他不听从众人的劝告，还是夜以继日地拼命写作。如果他能及早治疗，他的人生旅程不会这样过早地打上句号。

抗日战争爆发后，许广平留在“孤岛”上海，与郑振铎等共同编辑出版了字数多达六百万字的《鲁迅全集》，这是全世界第一部《鲁迅全集》。一九四一年太平洋战争发生，日军侵占上海租界，十二月十五日逮捕了许广平。她大义凛然，坚贞不屈，日军无可奈何，不得不予以释放。这时，她已搬至上海法租界霞飞路霞飞坊四十号，我则远处大后方重庆，彼此天涯海角，音耗杳然。

一九五六年，上海市政府将鲁迅灵柩从万国公墓移至虹口公园。为此，许广平携独子周海婴从北京来到上海，寓居于上海大厦。葬事完毕后的第二天，她叫李小峰通知我到四马路的一家菜馆去吃饭。

饭后，我陪许广平回上海大厦。她送给我一枚纪念章，上有鲁迅遗像，是金属制的，小巧玲珑，惹人喜爱。我把与郁达夫分手的情况向她作了简报。人生无常，她听了，也慨叹不已。

当夜，华灯初上，一盏灯，一盏灯，像天女散花一样，撒满了人间，宛如天上的星星。许广平和周海婴动身赴北京，我送他们至上海北火车站，握手话别，不胜依依。她说：“我不久还要来上海。”不料这次分别，竟成了我们的永诀。一九六八年三月三日，她以心脏病突发，逝世于北京，敬爱的大姐啊，你走得太早了！

记丁玲

王映霞

中国著名女作家丁玲离开人间，已经六年有余了。三十年代初，我们在上海期间，她常来看郁达夫和我，我也曾经去看过她。自从我们举家迁往杭州以后，就没有再见过她的面。因此，我每当想起她的时候，在我脑海中飘浮起来的，还是她年轻时的印象：圆圆而略带肥胖的脸孔、奕奕有神的眼睛、修长的眉毛、中等的身材，头发剪得很短，上身穿着蓝色或灰色的布衫，下身是绸质的短裙。虽然早已踏入社会多年，但仍然是一身女学生的打扮，显得朴实无华。她不大穿当年流行的旗袍，嫌它太紧身，也太长。她天真、活泼、大胆、乐观，嘴角边常常挂着一连串微笑，笑得那么愉快，那么甜蜜。

毕竟是初夏了，和风吹在脸上，颇有暖意。门外是一片月色，又明亮，又新鲜。天空像刷洗过的，没有一丝云雾，上面镶嵌着疏疏落落的星星。小房间里只有我一个人，鸦雀无声，万籁俱寂。这样的月夜是最令人惦记起熟悉的亲友来的。于是我推开窗，望着又高又远的月亮，想起了丁玲的坎坷的一生。

千里迢迢来上海

丁玲原名蒋冰之、丁冰之，湖南人，一九〇四年出生于安福县（今名临澧县）。父亲早逝，母亲一直孀居，她是由母亲抚养大的，所以对母亲有着浓厚的感情，曾经写过一部长篇小说《母亲》。

她母亲姓余，初名曼贞，后改为蒋胜眉，字慕唐，一八七八年出生于常德县。她童年时就读于私塾，能作画、写诗、下棋、吹箫，在“女子无才便是德”的时代，能够做到这样，算是难能可贵的了。她生有一男一女，女的就是丁玲，男的是她的弟弟，可惜不幸夭折，丁玲便成为家中的独生女儿。

父亲病故以后，母亲带着小孩，回到常德娘家，进入女子速成师范学校读书，不久该校停办。母亲又赴长沙，考入湖南省立第一女子师范学校。她在学校中的生活极为清苦。

母亲在日记中这样写道：

> 我身上只穿得旧的棉袄、两条军裤。听讲时，两脚由土地上生一股寒气，从背直达脑顶，不由的战栗。直等下了课，将两手呵气，两脚跳踼，才觉得有点生气。

她母亲因为没有钱，师范尚未毕业，就到桃源做小学教员去了。桃源离常德只有九十里。从此，母亲在教育界服务了十余年。她还创办小学，自任校长，在常德、桃源一带的教育界颇有一点小小的声望。

丁玲就在她母亲的小学里攻读。一九一八年，丁玲满十四岁，小学毕业，暑假考入桃源第二女子师范学校预科。翌年，五四运动在北京爆发，它像一阵热潮，又像一阵狂风，很快就吹到了全国的每一个角落，也吹到了当时比较偏僻的湘西。那时的姑娘都留着长长的发辫，丁玲受这股新潮的影响，首先剪掉了头上的“尾巴”。五四运动在丁玲的心坎里点起了一把火，她要飞，跳出这个闭塞的小县，飞向遥远的地方，因为那里有她的希望，有她的憧憬。

于是丁玲独个儿跑到湖南省会的长沙，进了周南女子中学，插入二年级，后又转入岳云中学。该校原是男子中学，历来不收女生。但为了开放女权，从这学期起，开始招收女生。丁玲没有毕业，又千里迢迢地跑到了上海。

她之所以能到上海，是由于一位女友的启迪。这位女友是丁玲在桃源第二女子师范读书时的同学王剑虹，四川省酉阳人，比丁玲长两岁，高两个班级，此时正在上海陈独秀、李达创办的平民女子学校读书。后来，她成了瞿秋白的第一个妻子，瞿的第二个妻子是杨之华。

对于女儿的上海之行，母亲蒋胜眉十分赞成，鼓励她说："一个有志气的年轻人，应该行万里路，读万卷书。你远走高飞去吧，要闯出一些名堂来！你的弟弟已经夭折，我把一切希望都寄托在你的身上。"

一九二二年初秋，天高气爽，万里无云。阳光比夏天温柔多了，晒在脸上并不觉得怎样热，野外是一片红瘦绿肥的情景。秋天不是春光，但也有胜于春光之处，多么明媚而蔚蓝的秋天啊！丁玲带着母亲的祝愿，怀着兴奋的心情，与女友王剑虹一起，转辗搭乘火车，到了梦寐以求的上海滩。

上海原来是黄浦江畔的几个零落的渔村，一百余年来，赶走岁月的风雪，历尽人世的沧桑，终于以伟岸的英姿，恢宏的气度，巍然屹立于古老的东方，跻身于世界大城市之林。伟大的上海，对于丁玲来说，具有强烈的吸引力。她没有看见过这样巍峨的高楼大厦，没有见到过这样熙来攘往的人群，霓虹炫目，色彩绚烂。丁玲对于这里的一切，觉得样样都陌生，又样样都新鲜，马上就爱上了它。

在上海，丁玲进了平民女子学校。该校坐落于福煦路福煦坊，是一幢两楼两底的房屋，有二三十个学生，分低班和高班，丁玲进的是高班。她在校半工半读，晚上缝衣服从事编织，也做过家庭教师。教员有陈独秀、高语罕、邵力子、沈雁冰、陈望道等人。

一九二四年，丁玲与王剑虹改进上海大学读书，地点在闸北青云路青云里（今为二九八弄），附近就是宋公园，今改名为闸北公园。校长为于右任，设有社会科学系和中文系。她与作家施蛰存、诗人戴望舒是同一班级在一个教室里上课。女学生坐前排，男学生坐后排，施蛰存恰巧坐在丁玲的背后，所以施蛰存有诗曰："六月青云同侍读，当时背影未曾忘。"这批学生中，现尚健在的只有施蛰存一人，他仍定居于上海，已经八十七岁了。

不久，上海大学搬至西摩路，教师除了原来在平民女子学校执教鞭的以外，又增加了瞿秋白、施存统、俞平伯、田汉等人。由于学校的迁移，丁玲也随之搬到学校附近的慕尔鸣路。这是一幢两楼两底的里弄房子。施存统住在楼下统厢房，楼上正房住着瞿秋白的弟弟瞿云白。瞿秋白与王剑虹已经同居，每人按月缴银洋十元，由瞿云白当家。

丁玲在上海大学的生活是比较安定的，但一耽得久了，就觉得有些厌倦。她以此请教于瞿秋白，对方不加思索地说："你嘛，按你喜欢的去学去干。飞吧，飞得越高越好，越远越好，你是一只需要展翅飞翔的小鸟。”更远的地方是什么呢？她想到了古都北京。北京是五四运动的发祥地，是全国文化的中心，那里有著名的最高学府，有中国最大的图书馆，还有……一九二五年，这个大胆的姑娘，抱着满腔的热情，一个人独自跑到北京。

流浪于古都北京

北京是个古老的城市，又是个美丽的城市。历代以来，素向是人文荟萃之地。古人有诗曰：

厂桥游趁上春初，囊有余钱尽买书。
归压轻舟应胜石，伴郎披读快何如。

丁玲到了北京，由于女友曹孟君的关系，居住于西城辟才胡同一个补习学校的宿舍内，继而改住通丰公寓。她在北京的几年流浪生活，后来在《北京》一文中作了概括性的叙述：

二十年代，我曾经踯躅在北京街头。东安市场的当铺留得我的足迹。我也曾徘徊在沙滩红楼，你那最高学府，能否为我这个游子打开一条门缝？我在北京流浪，我在北京思考，我写下了第一篇文稿。

所称最高学府是指北京大学，丁玲曾在该校做旁听生。

在北京，丁玲认识了胡也频和沈从文，这两人对丁玲的生活产生了巨大的影响。丁玲本来想学美术的，在小房间的墙壁上绘下了许多熟人的脸谱，但因为胡也频和沈从文都热衷于文学创作，丁玲也就“近朱者赤，近墨者黑”，放弃了学美术的念头。

丁玲之认识胡也频是由女友曹孟君的爱人左恭介绍的，因为左恭与胡同住一个公寓里。胡也频原名胡崇轩，福建省福州人。幼年在家乡的私塾里附读，稍微长大一些后，在一家金银首饰铺里当学徒。十四五岁时，瞒着父母，悄悄地搭上了一条轮船，轮船把他带到了上海。上了岸，到什么地方去找一个栖身之所呢？他惶惶然随着船上的同乡，在小客栈里，胡也频认识了一个朋友，他是小有天酒馆的小老板，在浦东中学读书。胡也频也依样葫芦地进了浦东中学。经过一年以后，父亲特意从福州赶来上海，找到了他，把他送进天津大沽的海军预备学校读书。一九二〇年学校解散，便飘泊到了北京，有一顿没一顿地度过了好几个春秋。一九二四年他与两个熟人在《京报》上编辑一个副刊，名叫《民众文艺》周刊。

这时，沈从文也在北京过流浪生活，以休芸芸的笔名，四处投稿，其中一篇被《民众文艺》周刊所采用。古人常常以文会友，今人亦复如此，胡也频以编者的身份去看望沈从文，谈得很投机。“同是天涯沦落人，相逢何必曾相识。”胡沈两人都是爱好文学的贫困青年，兴趣相同，命运相似，所以他们就成了知己的朋友。

一九二五年的一天，细雨霏霏，飘在身上不会润湿衣服。胡也频再一次去看望沈从文，身后跟着一个年轻女子。沈从文是湖南凤凰县人，与丁玲是同乡，而且都靠近一条白浪滔滔的沅水。既是同乡，而又都飘零客地，自然有许多共同的话题。从此，他们三人时相过从，友好地相处了十年之久，直至后来的生离死别。

胡也频已经爱上了丁玲，正在热情地追求着她。一天，胡也频制成一只纸盒子，里边放着一束黄色的玫瑰，花上还系了一张小纸条，写着“你一个新的弟弟所献”。丁玲对于弟弟的夭折，非常伤心，虽然事隔多年，可是她还时常躲在被窝里哭泣。因此，胡也频自称是丁玲的新的弟弟，以示亲热。

不料差人把玫瑰送去以后，有似泥牛入海，杳无消息。胡也频跑去一看，只见双扉紧闭，已经人去楼空，原来丁玲回湖南家乡去了。胡也频抑制不住胸中高涨的爱的潮汐，不管三七二十一，也赶往湖南去找丁玲。

休：你愿意在今天见见两个朋友时，就到碧云寺下面大街 ×× 号来找我们，我们是你熟悉的人。

这两个朋友是谁？沈从文百思不得其解。不管是谁，只要是熟悉的友人，总是很高兴的事。“西山台殿数百十，侈丽无过碧云寺。”几百年来，碧云寺就是西山风景区中最雄伟壮丽的一座古老寺院。它坐落于香山的东麓，周围松涛阵阵，林海茫茫。沈从文按图索骥，到了那里，向屋内看去，一只圆圆的黑脸映入了他的眼帘。哎，原来是丁玲，字条上写有两个人，另一个必然是胡也频。

房内家具，除了一张双人床和一只破藤椅外，就什么也没有。他们三人过惯贫困的生活，对此并未有什么寒酸之感。沈从文的眼睛盯在双人床，似有所悟地说：“你们新婚燕尔，我还没有向你们祝贺呢。”丁玲听了，脸上显出几分羞赧腼腆。

从此，丁玲与胡也频展开了新的生活，日子过得像蜜一样甜。之后，他们与沈从文一起搬进了汉园公寓，来往的有凌叔华、黄庐隐、黎锦明、于赓虞、徐霞村，都是文学圈子里的人。他们谈小说，谈诗歌，白天谈，晚上谈，各人都憧憬着绚丽的未来。

丁玲有文学的天才，她之爱好文学，较胡也频和沈从文为迟，但她的成名却比他们为早。她的第一篇小说《梦珂》，居然一炮打响，被颇负盛名的上海《小说月报》所采用，并以头条地位发表。这给丁玲带来了无限的兴奋和喜悦，胡也频和沈从文也分享了她的兴奋和喜悦。他们乱跳乱蹦，丁玲高兴得几夜睡不好觉。

踯躅在黄浦江畔

一九二八年一月，沈从文让母亲和九妹留在北京，独自一个人抱着朦胧的希望，来到了上海，住在善钟路善钟坊的亭子间里，后来搬进了楼上正房。八月的一天，天空是那么的蔚蓝，日光是那么的明媚，气候已经没有夏天那么炎热了。田野是静悄悄的，一片葱葱茏茏的翠色，有几只蝴蝶在那里追逐嬉戏。丁玲和胡也频也联袂到达了黄浦江畔。沈从文穷得可怜，房间里只有一床一椅。这两位朋友摊开行李，就睡在硬蹦蹦的地板上。

这时候，我和郁达夫刚刚结婚，住在上海赫德路嘉禾里（今常德路八十一弄）。这是一条狭小的里弄，内有两排并列着的房屋，我们先住前弄堂，后搬居后弄堂，是一幢石库门房子，每月房租为银洋十二元。郁达夫平日不会理财，虽然写了多年文章，两袖清风，一无所有。于是向店家租赁了木床、写字台、方桌和凳子等几件少得不能再少的家具。没有电扇，连电灯也没有，只得用煤油和洋烛来照明。在这里，郁达夫写下了《灯蛾埋葬之夜》，对这个小屋的环境作过这样的描述：

> 新搬的这一间小屋，真有一点田园的野趣。……小屋的前后左右，除了一条斜穿东西的大道之外，全是些斑驳的空地。一垄一垄的褐色土垄上，种着些秋茄豇豆之类。现在是一棵一棵的棉花也在半吐白蕊的时节了。

这一带当年确是一片荒芜的田野，如今却已成为熙熙攘攘的闹市了。

郁达夫非常好客。“主贤客来勤”，我和郁达夫并不贤，而客人来的倒很多，其中有姚蓬子、沈从文、丁玲、胡也频、安娥、萧红、白薇、蒋光慈等文学青年，鲁迅和许广平也来过好几次。胡適、徐志摩、邵洵美都与郁达夫很熟，但他们是名人了，而且很有钱，对于我们这个蜗居是不屑光顾的。他们要与我们见面，总是请我们上馆子，让我们尝尝山珍海味。

姚蓬子是“烂屁股”，一坐就是半天，几乎天天在我们家里吃饭。郁达夫并不富有，每月大约有二百元稿费收入，以此来对付我们夫妇两人的生活，那是绰绰有余，所以留几个朋友吃饭，也属满不在乎。有时大家搓搓麻将，“小来来”，只有几块钱输赢，仅仅是消遣而已。

丁玲到我家，一个人没有单独来过，不是沈从文作伴，就是胡也频保镖，第一次是由姚蓬子陪来的。丁玲给我的第一个印象，是个豪爽、活泼、大方的少妇。当时女性盛行涂脂抹粉，有的竟浓妆艳抹，活像一个泥娃娃。而丁玲则不施脂粉，也没有扭扭捏捏的女人腔。她的头发剪得很短，往后梳，有点儿像一个天真的小伙子。她长得比我胖，比我矮，看起来身体相当结实。头几次来，讲话不多，只是静静地听别人讲话。有时她也参加搓麻将，她的牌打得不算太错。

后来，彼此熟了，她的口才渐渐被我所认识，讲起话来，口若悬河，滔滔不绝，我插不进一句话，只得洗耳恭听了。丁玲对郁达夫很尊敬，把他视为前辈，而自己则以幼辈自居，在讲话中称郁达夫为“郁先生”，从未或极少用上过一个“你”字。

在丁玲、沈从文、胡也频三人中，郁达夫认识得最早的，是被称为“乡下人”的沈从文。一九二四年冬，沈从文在北京走投无路之际，身上不名一文，便怀着无可奈何的心情，写信给几位知名的作家，倾诉自己目前的困境，盼望他们能伸出援助之手。

郁达夫已经是知名度很高的作家了，正在北京大学任统计学讲师。十一月间接到沈从文的来信，情绪十分激动。这天，空中飘着雪花，它好像比空气还轻，不是从天上落下来的，而是被空气从地面上卷起来的。郁达夫冒着细小的雪花，赶去找沈从文。沈没有穿棉衣，只着两件夹衣，冷得有点发抖，身体瘦削，面孔清癯。郁达夫见了，不知不觉地产生了一阵同情之心，忙把自己的围巾拿下来，掸去一些雪花，披在沈从文的身上，邀他一起到外面去吃饭。沈从文美美地大嚼一顿，花去一元七角。郁达夫拿一张五元钞票付账，把找下来的三元多钱塞进了沈从文的口袋。沈的袋里空空如也，只得脸上堆着笑，“却之不恭”了。

丁玲发表第一篇小说后，对文学的兴趣更浓了，接连在上海写了《莎菲女士的日记》《暑假中》和《阿毛姑娘》，都被《小说月报》以头条地位刊出。之后，又陆续在《小说月报》上发表了《一个女人和一个男人》《他走后》《韦护》《一九三〇年春上海》《田家冲》《一天》等小说。一连在《小说月报》上发表几个头条，这在中国文坛上极为罕见的。

古语曰：“世有伯乐，然后有千里马。”这个“伯乐”是谁？是上海《小说月报》主编人叶圣陶。丁玲对于他是非常感激的，认为他是自己走上文学道路的指路明灯。她曾经对一位记者说过：

> 叶老是老前辈啊！我是他从来稿中发现的。还有一个彭子冈，三十年代很活泼的一个女记者，也是叶老从很多来稿中发现的。

不仅如此，叶圣陶还东奔西走，帮助丁玲出版了第一部小说集《在黑暗中》，那是由上海开明书店出版的。所以文学界的朋友们同她开玩笑说：“我们是跑龙套出身，你却一出台，就挂上头牌，比我们的运气好多了。”

丁玲最崇拜的是鲁迅。鲁迅是郁达夫的好友，对我也很熟。我尊称他为“大先生”，他称我为“密斯王”，称许广平为“密斯许”。他给郁达夫写信的时候，往往在信笺上附注一笔：“请向密斯王问好。”我之认识鲁迅，始于一九二七年十月五日，从此我常去看他。鲁迅在日记中谈到我名字的地方，达三十余次。事实上不止这些次数，不过没有记上罢了。

丁玲与鲁迅的第一次见面是在一九三一年七月三十日，地点在北四川路鲁迅的家里。他与许广平住楼上，楼下是一家西餐馆。认识以后，丁玲常去看他，向他请教。丁玲曾写过《我便是吃着鲁迅的奶长大的》《鲁迅先生于我》和《“开会”之于鲁迅》等文章，对鲁迅推崇备至，说：“鲁迅，真是一个非凡的人呢！我这样想。”又说：“我们中国出一个鲁迅不是偶然的，多少年才出一个鲁迅。鲁迅有个了不起的地方，就是没有败笔。”

多情却被无情恼

丁玲、胡也频和沈从文在文坛上先后成名以后，文章有了出路，生活开始好转，不像过去那样常叫肚皮唱“空城计”了。于是丁玲、胡也频作了杭州之行。

杭州的西湖自古以来是个著名的旅游胜地，它像一颗闪闪发光的明珠，镶嵌在富饶美丽的东海之滨。西湖一年四季，不论晴雨，不论昼夜，莫不以婀娜多娇的姿态，吸引着成千上万个游客。宋代俞桂有诗曰：

一番雨过一番春，芒竹闲行踏软尘。
城里不知春色早，湖边杨柳已撩人。

他们在杭州的寓所，是冯雪峰为他们代为寻觅的，地点在葛岭。冯雪峰也是一位作家兼翻译家。一九二七年冬，丁玲在北京时，有过一个幻想，准备到日本去留学。到日本去，必须学会日语。于是由友人王三辛介绍冯雪峰替丁玲教日语。结果呢，“却没有学习日语，而是畅谈国事、文学和那时我们都容易感受到的一些寂寞之情”。

由于第三者的插入，丁玲与胡也频吵得不亦乐乎，小吵天天有，大吵三六九，这个纠纷闹到何时才能了呢？幸好，它虽以悲剧开始，却终于以喜剧结束。冯雪峰的理智战胜了感情，心平气和地打了退堂鼓，悄悄地从杭州回到了上海。丁玲也有些回心转意，她与胡也频结婚多年，彼此间有着一种坚固的感情的联系，胡是爱她的，两人还是和好如初吧。

丁玲和胡也频的关系恢复以后，像一对欢度蜜月的伴侣一样，畅游了西湖十景。在桃红柳绿的苏堤上，夕阳西照的保俶塔下，处处都留有他们的足迹，谁也看不出他们间曾经有过几乎不可泯灭的裂痕。

在杭州玩了三个月，丁玲和胡也频又出现在沈从文的面前。他们准备在上海找一个住所，作为长治久安之计。沈从文原来住在马当路新民村，后来三个人一起同住于萨坡赛路二〇四号。丁玲、胡也频和丁玲的母亲住在二楼，沈从文和母亲、九妹居住于三楼。

这时，胡也频有个朋友，名叫彭浩徐（即彭学沛），出任上海《中央日报》总编辑，邀请胡也频担任副刊编辑，月薪八十元，副刊定名为《红与黑》。接着，由胡也频的父亲出资一千元，让儿子、儿媳和沈从文创办两个刊物，一曰《红黑》，一曰《人间》，分别于一九二八年一月开始出版。

为什么叫《红黑》？创刊号中有过一段解释：

> 我们取“红黑”为本刊的名称，只是根据湖南湘西的一句土语，例如“红黑要吃饭的！”这句话中的“红黑”便是“横直”的意思，“左右”的意思，无论

怎样总得的意思。因为对于为人“红黑都得吃饭”这句土话，感到切身之感，我们便把这“红黑”作为本刊的名称。

没有几个月，红黑出版社不仅没有赚到钱，而且负了许多债，只得关门大吉。为了偿还这些债务，他们不得不分头去找寻工作。沈从文这个小学尚未毕业的青年，经胡適的邀请，走上了上海中国公学的讲台。胡也频经中国公学教授冯沅君、陆侃如的介绍，远走山东济南，在省立高级中学任教员。一个月以后，丁玲也从上海去了济南。

到了山东，丁玲发现胡也频已经变了，大大地变了。她在《一个真实人的一生》中说：

等我到济南时，也频完全变了一个人。我简直不了解他为什么被那么多的同学拥戴着。天一亮，他的房子里就有学生等他起床，到深夜还有人不让他睡觉。他是高中最激烈的人物，他成天宣传马克思主义，宣传唯物史观。我记得那是五月四日，全校都轰动起来了，一群群学生到我们家里来，大家兴奋得无可形容。

学校闹起风潮来了，问题越来越严重。山东省政府准备逮捕胡也频，教育厅厅长何思源透露了这个消息。校长张默生得知后，送给胡也频两百元路费，劝他赶快走吧。一九三〇年“五四”纪念日的第二天，胡也频连夜逃往青岛，然后与丁玲一同到了上海，居住于万宜坊，附近有风光明媚的法国公园。

这时，左翼作家联盟在多伦路中华艺术大学内成立不久，目前“左联”纪念馆设于多伦路一四五号。胡也频和丁玲都参加了“左联”，胡被选为执行委员，担任工农兵委员会主席；后来他参加中国共产党，被推选为全国苏维埃区域代表大会的代表，丁玲则主编“左联”的机关刊物《北斗》文艺杂志。

黄鹤一去无音讯

一九三一年一月十七日，时值数九寒天，空中飘着雪花，还夹着一些细雨，朔风在马路上、公园里狂吼着，把落叶吹得东零西散。胡也频正在苏维埃代表大会预备会机关接头的时候，突然被英租界老闸捕房所逮捕，先拘留于上海市公安局，后关押于上海警备司令部的龙华监狱。二月七日深夜，风雨交加，天冻地裂，胡也频被害于荆棘满地的龙华；同时牺牲的还有柔石、李伟森、殷夫和冯铿四个文学青年。

一九三三年五月十四日，丁玲也突然失踪，同时被捕的，还有潘梓年。不久，丁玲和冯达一起，被转移至南京囚禁。沈从文陆续在报刊上发表了《丁玲女士被捕》《丁玲女士失踪》和《记丁玲女士》等文章，并到南京苜蓿园去探望过丁玲。

一九三六年，快要到中秋节了。“梨花院落溶溶月，柳絮池塘淡淡风。”丁玲踏着洁白的月光，从南京逃了出来。先搭火车到西北重镇的西安，然后或坐汽车，或骑毛驴，最后抵达了陕北保安，保安是当时中共中央的所在地。

从此以后，我从未见到过丁玲，也不知道关于她的消息。我和郁达夫在上海一住就是好几年，觉得有点厌烦了。“树高千丈，叶落归根。”我很想回到我的家乡杭州去，那里有同学，有亲友，还有“浓妆淡抹总相宜”的西子湖。郁达夫也有类似的想法，他在《住所的话》里有过这样的叙述：

> 自以为青山到处可埋骨的飘泊惯的流浪人，一到了中年，也颇以没有一个归宿为可虑。近来常常有求田问舍之心，在看书倦了之后，或夜半醒来，第二次再睡不着了。

一九三三年四月二十八日，窗外下着蒙蒙的时雨，我们全家在不断的雨丝中向西进发。野景正妍，除白桃花、菜花、棋盘花外，只是一片无涯的嫩绿。我们到了杭州以后，与许多作家的联系渐渐疏远了。在上海时的“座上客常满，杯中酒不空”的场面已经成为陈迹。唯独对于这位带有男子气的丁玲，我却常常惦记着她。

漫长的半个世纪，像白驹过隙那样，一眨眼就过去了。一九八六年我定居于上海。一天，从报上得知丁玲已于这年三月四日逝世于北京，享年八十二岁。这一夜，我没有睡好觉。灯已经熄了，从窗外射进一抹雪白的月光，照在桌上、椅上和我的床边。我辗转反侧，联想翩翩。三十年代的友人都先后一个个地走了，所剩下的寥若晨星。这次丁玲又离开人间，令我这个耄耋老人，不能不感慨系之。

我与女作家白薇

王映霞

一九四五年，抗日战争刚刚胜利，中共毛泽东主席应国民政府蒋介石主席之邀自延安飞抵重庆。在那里，毛泽东会见了多年不见的各界人士和朋友，其中就有白薇。毛泽东亲切地握着她的手说："我经常记起你，丁玲和你是我们湖南的女作家。"邓颖超说过："白薇总算是一个不肯倒下去，而在长期挣扎中奋斗的女性，多年来也是在我们影响底下的一个朋友。"三十年代著名的文艺评论家阿英认为"在意识形态方面，在当今的女作家中，在反抗精神方面，白薇是最显著的一个"。这些评价是公正的，并不是溢美之词。

我是因为郁达夫关系而认识她的。一九二八年我与郁达夫结婚后，组织小家庭于上海赫德路（今名常德路）嘉禾里一四四二号。一天，我们家里来了一位年过三十岁的中年妇女，矮小身材，戴着眼镜，长得倒很眉清目秀，说话带有鼻音，经介绍后，我才知道她是白薇。

我起初认为她姓白，所以喊她“密斯白”，后来才晓得她不姓白，而姓黄，叫作黄彰，字素如，又名黄鹓。在二三十年代，文坛上有个风气，不少男作家自称为某某女士。但白薇则反其道而行之，她用过十七个笔名，如楚洪、苏斐、黄鹏、力斯烈之类，都带有男性的刚强之气，有一个笔名极为奇怪，叫作Zero，中文即为“零”字。她生于一八九四年二月五日，比郁达夫长二岁，比我长十三岁。

白薇与郁达夫

从郁达夫的日记上看，他之认识白薇，大约在一九二六年十一月间。这年三月，郭沫若出任广州中山大学文学院长，郁达夫应邀同去中山大学做教授。不久，郭沫若离开学校，离开广州，到前线的后方参加北伐战争去了，任国民革命军总司令部政治部副主任。校内派系林立，又发生风潮，弄得乌烟瘴气。郁达夫来广州以前，对这个革命根据地存在着许多绚烂的幻想，至此全部落了空。他来时孑然一身，除一箱书刊以外，一无所有，因此思想苦闷，颇有失落之感。

创造社四大金刚之一的郑伯奇，看见郁达夫情绪不佳的样子，便劝他说：“广州是美丽的花城，名胜古迹很多，去玩玩一定可以抹掉身上的尘埃，扫除心中的烦恼。”

郁达夫是爱好游山玩水的，写过不少游记，出版过《屐痕处处》一书，但此刻他却说：“一个人去玩有什么意思呢？”郑伯奇又说：“有作伴的了。白薇女士已经从日本到广州来了，她跟你一样也是个单身的人，你们‘鳏夫寡妇’，多接近接近，也许可以产生一点新的情趣。”郁达夫长长地叹了一口气，然后说：“我哪里有这种闲情逸致呢？我老了，太老了。我虽然还算是中年人，但我的心里，比年逾花甲的老人还要老得多，心里落寞得很。”话固然如此说，郁达夫还是经郑伯奇介绍认识了白薇，并同她一起玩了好几次。白薇送给他一张单身照片，虽无沉鱼落雁之容，却五官端正，楚楚动人。郁达夫把这帧照片珍藏着，后来随身带到了上海。

郁达夫与白薇玩的时候，多半还有其他友人作伴，因为他们两人到底是初交，作陪的不外乎是郑伯奇、成仿吾、王独清和白薇的女友。有一天，郁达夫请白薇上馆子，作陪的还有二三位男女文艺青年。郁达夫嗜酒如命，每顿要吃黄酒二斤，这次超限过多，喝得酩酊大醉。饭后，他们又上电影院观看《三剑客》，到十二点钟散场，酒犹未醒，便陪白薇步行回家。在途中，酒意使他在头脑里掀起一阵幻想的波澜，在这多么危险的时刻，白薇忽然停了脚步，低声说：

“到家了，谢谢你！”她的这句话扫除了他的幻想，总算还好，没有开“无轨列车”，郁达夫独自回到了校舍。

是年十二月十二日，郁达夫在日记中这样写道：“与白薇谈了半宵，很想和她清谈一夜，因为身体支持不住，终于在半夜后二点钟的时候别去。”

白薇在《回忆郁达夫先生》一文中说：“当时不知是谁偷偷告诉我，说是郁达夫有意追求我，使我吓了一跳。我深深尊敬他是文学先驱，是前辈。”有一次，郁达夫对白薇说：“有人认为我很浪漫，我认为这是友爱，不是邪爱。你不信？即使是哪个女孩子在我家过夜，我决不会触犯她。”郁达夫与白薇的恋情确实很好，但好到如何程度，那就不得而知了。况且他们的事情，大多数发生在我与郁达夫结婚以前，我去多管这些闲事干什么呢？

在苦水中成长

白薇常常到我们家中来，我也到过她的家，家具很简陋，仿佛比我们还要穷，家中只有她一个人，长期过着寂寞而穷苦的日子。为什么不好好地嫁个人，过几天安稳的生活呢？但她生过许多疾病，始终没有彻底痊愈，所以此路也是一个死胡同。

她为人坦率，跟我相熟以后，告诉我关于她少女时的各种不幸遭遇，上帝对她真是太残酷了。她说到伤心处，不仅她掉泪不止，连我也听得眼睛都潮润了。我为她惋惜，也给她同情。

白薇是湖南资兴县人，家在农村。父亲曾经留学日本，在县里教书，但他的礼教思想极为严重，常说：“我们是礼教名家，不得做出不体面的事情。”她六岁时，拿母亲的画笔来作图画，无师自通，到十岁时，在亲友之间已经有了小小的名气。母亲则不许她学画，叫她学做女红，说什么女儿将来总是人家的人。祖母很疼爱她，教她读书识字。白薇说：“我是一个外柔中坚的孩子，为了要读书，与父母大吵特吵，最后毕竟争得了胜利。”十三岁进了她父亲创办的两等小学，所谓两等，是指初小和高小。后来又进了湖南衡阳的第三女子师范，成绩优异，名列前茅。

白薇十六岁那年，父亲逼她出嫁，对象是一个已故军长的独生子，他病得很重，按照旧时的习俗，只要娶亲，疾病就会好转，这叫作“冲喜”。白薇不愿结婚，但她的眼泪打不动父亲的铁硬心肠，终于被出嫁了。婆婆是个凶恶的寡妇，对白薇拳击、敲打、口咬，血流满地，还要撕破她上下身的衣服。她只得带着血，带着泪地逃到河里，躲在水中避难。众人把她救起来以后，寡妇婆婆变本加厉，把刀和麻绳丢在白薇的面前，叱声叫喊：“就是这两条路，你自己去选择吧！”说罢，婆婆回到自己的房间里睡觉去了。

夜已经很深，天上下着白鹅毛般的大雪，树上路上都堆了一层层一叠叠的白雪，田野顿时成了银裹的世界。白薇在雪花和狂风中，低眉含恨地走出了这地狱般的家庭之门。

在父亲的帮助之下，白薇到了离家几百里的湖南省城长沙，进了第一女子师范。功课仍然很好，作文被打了一二〇分，图画也时常被揭示给同学们观看。到了毕业那年，父亲特意从家乡赶到长沙，并宴请校中的教职员，请他们监视白薇，防她逃跑。毕业的第二天，学校被重重包围，大门、后门、窗口都有人把守。于是白薇从一个出粪的旧孔道里逃了出来，两手空空，袋里只有银洋六元。她知道父亲一定会侦骑四出，到处找寻，必须马上离开长沙，便搭上了到汉口的轮船。在船上，遇到学校的老女仆，她在经济上得到了老人的支援。

到上海后，搭轮船抵日本横滨，上岸时只剩下二角钱，寄一封信给东京，就身无分文了。于是做了下婢，先在一个英国传教士家，后到美国牧师家里做帮工，还在日本咖啡馆做服务员，有时流浪街头，数月不吃菜蔬油盐，只吃红薯来维持生命。后来，她终于考进了东京女子高等师范，读的是理科。

开始爱好文学

一般说来，作家总是从小爱好文学的，但白薇则为例外，她在《我投到文学圈里的初衷》一文中，劈头第一句就是：“从小一直吃了二十多年饭，我与文学无缘。”在日本读书时，她与易漱瑜同住在一个校舍里，易后来成为田汉的夫人，因而白薇认识了田汉，他也是湖南人。田汉开始叫她读易卜生的《娜拉》，她自己说：“这是平生第一次与文学见面。”继而又读了易卜生、莎士比亚、梅特林等人的剧本。她是有文学天才的，刚读文学才三个月，就首次写出了三幕剧《苏斐》，作为留日学生赈灾公演所用，由她担任主角，居然获得了许多听众的掌声。

从此，白薇废寝忘食地遨游于文学的海洋之中。凡是名家杰作，只要能到手，就无所不读，平均每三天要啃掉一本书，甚至把学校的功课也置之脑后。有一天，一位音乐女教师问她：“黄同学，你喜欢文学么？你到我们家里来玩，我的丈夫就是中村吉藏。”中村吉藏是一位研究法国文学的专家，写过不少小说和剧本。他对白薇讲：“什么象征派、神秘派的作品，早已成为过时货了。今天的文学，是社会问题的文学，你应该多读社会问题的书。”白薇曾经说过：“我之进入文学园地，第一个老师是田汉，第二个就要算日本作家中村吉藏。”一九二六年她从日本返国，到了广州，因为广州当时是革命的摇篮。之后，她到了上海，以写作为生，我就是这个时候与她相识的。

白薇的正式处女作是一部三幕剧《琳丽》，她认为“人生是为了爱而生的，人若离开了爱，就没有了人生”。其次是一九二六年在鲁迅、郁达夫主编的《奔流》杂志上发表的社会悲剧《打出幽灵塔》。她是个多产作家，先后发表于各大杂志的作品，有取材于《红楼梦》的《访雯》，社会剧的《姨娘》和《假洋人》，反对军阀战争及他们统治的《革命神的受难》和《蔷薇酒》等，还写了长篇小说《悲剧生涯》《炸弹与征鸟》，长诗《春天之歌》，不胜枚举。

我欢喜读她的作品，特别是《打出幽灵塔》，我读了两遍，它给几千年来被囚禁于幽灵塔下的中国妇女们敲响了警钟，呼吁她们从地狱里走出来，重见光天化日，呼吸新鲜的空气。我们妇女读这篇文章，特别感到亲切。我对白薇说：“你现在是知名作家了。”她说：“女作家之在中国，能有几个？起码我不配称女作家，犹如我不配称太太、夫人一样。当然这是讲我自己，不是说别人。”她谦虚而富有热情，所以我同她相处得不错。

在贫病中奋斗

抗日战争期间，郁达夫应新加坡《星洲日报》之聘，主编该报的副刊，因而我随他去了新加坡。一九四〇年，两人离婚后，我只身返回祖国，到了当时被称为陪都的重庆。那时白薇也在重庆，在郭沫若领导的文化工作委员会工作。该会分城乡两处办公，本部设在重庆市内通远门外天宫府街七号，乡间在赖家桥全家院子，白薇就住在赖家桥。她没有再婚，孤苦伶仃地只有一个人，像狂风暴雨中的一片树叶，飘摇不定。

我到重庆后，先住在近郊白沙老同学刘怀瑜的寓所，后到重庆市区外交部工作。重庆是个美丽的山城，可惜雾季太长，经常迷迷糊糊，很少见到灿烂的阳光。日本飞机时来轰炸，两人的住所又相隔太远，所以没有见到过面，但我不时在惦记着她，向朋友们探听她的消息。

白薇患过许多毛病，如猩红热、肺炎、丹毒、伤寒、结核、胃炎等等，几乎所有的毛病都患过，这个病刚好，那个病又来了，川流不息。当时，薪水不高，稿费又低，物价飞涨，每个作家用以糊口，已经很不容易，怎么能谈得上看医买药呢。所以她很穷，穷得令人不可想象，有时连买几分邮票的钱都没有。她一个人呻吟床第，没有家人、没有亲戚、没钱看病、无米下锅，往往要等到有朋友偶尔去看她，向白薇伸出援助之手，她才能吃上几顿饱饭

一九四四年下半年，郭沫若领导的中华全国文艺界抗敌协会，为帮助贫病作家募得一笔基金，立即抽出五千元送给

白薇，却被“完璧归赵”，说自己尚未真正病倒，无需组织上的支援。不久，她患眼病，严重到几乎要失明的程度。文艺界抗敌协会又一次送给她一万元，她还是拒绝接受，认为一个人不能无功受禄。白薇这种硬骨头精神，令人无不肃然起敬。

一九四五年抗日战争胜利，我自重庆返抵上海。此后我一直没有得到关于白薇的消息，总以为她早已不在人间了。一九八七年九月十一日我在《文汇报》上看到了一条消息：“三十年代著名女作家白薇遗体告别仪式在京举行。”她是八月二十七日去世的，享年九十四岁，在亲友中，她算是长寿者之一了。

我与女明星王莹

王映霞

中国最美丽的窗口上海，是我的第二故乡，屈指一算，总共住了半个世纪，多么漫长的岁月啊！如果当时听从鲁迅的劝告，继续留在上海，可能会住到日本军队在黄浦江畔挑起“八一三”烽火的时候，那么时间还要长了。我的第一故乡是杭州，“上有天堂，下有苏杭”，那里山明水秀，人杰地灵，飞花点翠，树木葱茏，而且我出生在那里，成长在那里，头脑中留有童年时代朦胧的回忆，却只住了二十年。所以我对上海是有感情的。

一九二八年二月二十一日，我与郁达夫结婚于上海南京路先施公司楼上的东亚饭店。婚后，先筑小家庭于哈同花园附近的民厚南里八八〇号二楼，不久迁至赫德路嘉禾里前弄一四七六号，后弄一四四二号由我的祖父王二南居住，当时他在群治大学任教授。我们搬进新居后，郁达夫写了一篇《灯蛾埋葬之夜》，对新居有过这样的描述：

> 新搬的这一间小屋，真也有一点田园的野趣。季节是交秋了，往后的这一小屋的附近，这文明和蛮荒接近的区间，该是最有声色的时候了。声是秋声，色当然也是秋色。

郁达夫记得不错，当时的嘉禾里没有今天这样热闹，邻近有一片宽阔的空地，梧桐挺拔，绿草丰盛，确有一点田园的情趣。然而交通方便，有叮当叮当的电车可通。所以来访的客人很多，绝大部分是当时活跃于文坛的作家和青年，如胡適、徐志摩、姚蓬子、丁玲、沈从文、施蛰存、蒋光慈、王礼锡、陆晶清、杨骚、王莹、白薇等等。

这些友人中，除施蛰存和陆晶清还健在外，都已或早或迟地走完了他们的人生旅程。亲朋好友，凋落殆尽，能不令人感慨系之。施蛰存现年八十五岁，陆晶清八十三岁，目前都住在上海，年老体弱，不能出门。每当春暖花开的季节或秋高气爽的时候，我总拖着蹒跚的步伐去看望他们，可是次数不多，因为自己也是耄耋之年了。

说来很奇怪，白薇是这些友人中身体最坏的一个，刚刚步入中年，大约三十岁出头，什么猩红热、肺炎、丹毒、伤寒等病都曾经患过，面容憔悴，头发染霜，看来仿佛是一个老妇人了。几十年来，音讯杳然，我认为她早已不在人间。一九八七年九月十一日上海《文汇报》上却突然刊载了一条消息："三十年代著名女作家白薇遗体告别仪式在京举行。"才知道她刚刚去世，寿命很长，享年九十四岁。

郁达夫的来客这么多，我作为家庭主妇，免不了要与客人打个招呼，聊上几句。但那时我的童心未泯，涉世不深，觉得与一个陌生人应酬是件苦事。所以有时虽然被介绍了，还谈了一些话，可是因为我心不在焉，日子一久，连来客的姓名都张冠李戴了。不过被徐悲鸿誉为"中华女杰"的王莹则在例外，因为她来我家的前几天，我观看过她的演出，她在《炭坑夫》中担任女主角，演得惟妙惟肖，活龙活现。因此，她来我家的情况，我至今还记得很清楚。

一九二九年一个枫林尽染的深秋傍晚，暮色苍茫，华灯初上，夜是静悄悄的，我们已经吃过晚饭了。忽然有个朋友同来一位年轻、娇小，而天真活泼时刻表现在她脸上的小姑娘。经过朋友介绍，我知道她就是王莹。没有谈上多少话，她们便告辞了，来也匆匆，去也匆匆。我和达夫送她们到嘉禾里的弄口，看她们上了人力车，还目送她们，一直等到车子远了，连影子都看不见了，才踏着路灯的光芒走回家来。

回到家里，我问郁达夫："王莹这个小姑娘是怎样一个人呢？"他对王莹是熟悉的，当晚对我叙述了她坎坷的身世。我听了，同情她，深深地同情她，甚至听得连眼睛里都有些潮润了。

诞生在民歌的故乡

一九一五年三月八日的黎明，旭日东升，朝雾弥漫，小王莹降生于安徽芜湖。父亲喻友仁在南京任亚细亚洋行稽查，母亲王氏，曾经做过中学教师。王莹原名喻志华，继而从母姓，改名为王克勤；后来在上海与著名女作家谢冰莹相遇。谢非常喜欢这位小妹妹，对她说："我把自己名字中的'莹'字送给你。莹是指又纯洁又透明的玉石，你改名为王莹，好吗？"王莹点点头，从此除了偶尔写文章用王克洵作笔名外，一直使用谢冰莹给她取的名字。

芜湖是民歌的故乡，这些民歌有的是优美抒情的山歌，有的是朴素纯洁的小调，有的是昂扬激越的歌谣。小王莹在民歌声中诞生，也在民歌声中成长，加上母亲是个音乐教员，多少也给了她一些音乐细胞，因而小王莹从牙牙学语的时候起，就开始学唱民歌，被人们誉为"小歌星"。

"天有不测风云，人有旦夕祸福。"一九二三年夏，八岁的王莹遇到了一场非人力所能抵挡的灾难，那就是她妈妈离开了人世。后母是个刁悍、毒辣的女人，把王莹送到远离芜湖的基督教修道院所办的女学堂去住宿读书。她在早祈祷、晚祈祷之余，勤奋读书，认真练字，对作文特别有兴趣，成绩也特别好，总是名列前茅。几年后，她高等小学毕业，考进了免费的芜湖女子师范。心想，这次总可以摆脱沉重的精神枷锁了，但上帝给她安排的，却是更残酷、更黑暗的命运。她被后母卖给南京姓薛的富商家做童养媳，受尽了婆母的虐待和折磨。为了摆脱苦难的处境，她冒险逃出，在汉口任修德女校校长的舅母的帮助下，独个儿跑到湖南长沙，改名换姓，跨进了湘雅医院护士学校的校园。

在校园里，王莹像飞出了樊笼的小鸟，任情地歌唱，自由地跳跃。因为她的民歌唱得甜蜜动人，被同学们称为“湘雅歌星”。她爱好文学，如饥似渴地阅读鲁迅的《狂人日记》、郭沫若的《女神》、冰心的《寄小读者》、郁达夫的《畸零集》和《敝帚集》等文艺创作。这些作品的爱国热情，引起了她心灵上的共鸣，也对她的成长给了精神上有益的营养。

一九二七年春（编者按：应为一九二六年七月），北伐军攻占了古老的长沙城。嘹亮的革命口号声震撼了湘江两岸，也震撼了湘雅护士学校。王莹她们挺起胸膛，勇敢地参加了示威游行的队伍。说巧么，真是再巧也没有了，在路上，她遇见了北伐军的一个军官阿英。阿英原名钱杏村，是王莹在芜湖女子师范读书时的教师，师生重逢，分外亲热。从此，阿英成为王莹人生道路上的引路人。

翌年秋天，她从长沙抵达上海，在浦东的横缅镇小学任教。不久，从浦东回到上海市区，经阿英介绍，参加了济难会，并进大学深造，先后在上海艺术大学、复旦大学、暨南大学和中国公学攻读文学和戏剧。王莹读书之用功，非一般同学所能比拟。如鲁迅的《阿Q正传》，她读了四十遍；萧伯纳的名剧《华伦夫人的职业》，读了九十七遍。与此同时，她一边从事写作，一边参加演出，在文坛和剧坛上初露头角。因此，她认识了许多知名人士，如胡適、洪深、田汉、阳翰笙、谢冰莹、顾凤城、施蛰存、郑伯奇等等。郁达夫是在济难会里认识王莹的。

郁达夫在结束他的叙述时说："王莹这个不满二十岁的小姑娘，文章写得还不错。施蛰存看了，大为赞赏，马上拿去发表在自己主编的《现代》文学杂志上。不容易啊，她既会演戏，又会唱歌；既会写小说，又会写散文，是一个大有前途的姑娘。"

我听了郁达夫的介绍后，心底里对王莹油然产生了好感。她在赫德路暨南大学借读期间，住在辣裴德路桃源村的一间小屋里，与我们的住处同属沪西区，相距不太远。有时她来看看郁达夫和我，彼此较为相熟了。

一九三三年四月，我们全家迁回杭州。在杭州，我观看了她所演的《女性的呐喊》和《铁板红泪录》两部影片，还从报纸上见到了这位年轻女作家兼电影女明星的零碎消息：她又东渡日本东京继续求学，但因为拒拍《中日亲善》的影片，处境困难，不到一年便返回上海，重新进入了电影界。

重逢于战时的武汉

抗日战争的烽火燃烧起来以后，上海、南京相继陷落，全国政治经济中心不得不移到长江中游的武汉，武汉三镇之首为武昌，古称“鄂渚”，楚国大诗人屈原在《涉江》中写下了“乘鄂渚而反顾兮，欸秋冬之绪风”的诗句。

“相逢一笑泯恩仇”。抗战一开始，国民党和共产党结束了十年来剑拔弩张的局面，重新携手合作。军事委员会政训处扩大改组为政治部，陈诚任部长，周恩来任副部长，第三厅主管宣传，厅长为郭沫若，办公地点在武昌。郁达夫出任该部少将设计委员，我和三个孩子也从浙江到了武昌。

一九三八年初，日本反战作家鹿地亘和他的夫人池田幸子冒险逃出虎口，来到武汉。政治部第三厅联合文化界十三个团体在汉口普海春菜馆二楼举行欢迎茶话会，主持人为郭沫若。郁达夫和我都应邀参加，女作家安娥和王莹也在座，群贤毕至，少长咸集，极一时之盛。我在安娥身边坐了下来，她对我说：“今天，王莹也在，我来给你介绍。”我笑了一声，答道："我跟她本来就认识。"于是我走过去，同王莹打了一个招呼。她马上站起身来，与我紧紧地握着手不放。几年不见了，她还是那么天真、那么活泼、那么热情，我也心花怒放，有着说不出的兴奋和欢欣。

从这次以后，两个人相互见面的机会多了，我趁着她排演戏剧的空暇时间，时常渡江到汉口的大和街她当时寄寓的地方找她谈话，找她散步，找她喝茶。在中山公园的池边树下，在几家高级的咖啡馆中，时时可以见到我们两个人的踪影，有时玩得连天空中的轰炸警报和自己正在过流亡生活的那一回事，都忘得一干二净了。

在谈话中，我知道了她这几年来的一些情况，"八一三"战役后，上海的影剧演员和部分戏剧工作者组成了上海话剧救亡协会十三个演剧队，其中第二队的全称为"战时移动演剧第二队"，后来改名为"抗敌演剧队二队"，队长先为洪深，后为金山；副队长先为金山，后为王莹，男女演员共有冼星海等十四人。他们先后在第五战区和第一战区东部的各地演出，一直演到武汉。剧目有《九一八以来》《日军暴行》《在东北》《逃到大别山》，其中《放下你的鞭子》是王莹的拿手好戏。

王莹告诉我一件演戏中颇富兴趣的事情，我至今尚未忘掉。有一次，演剧二队来到河南省的一个县城。当地居民告诉他们，有些汉奸在日机空袭时施放信号弹，所以这个县城被炸得特别厉害。王莹听了，立即编了一个街头剧《抬棺材》，准备来个假戏真做，县长欣然同意，决定亲自参加演出。

在这幕街头剧中，除了金山扮饰被五花大绑的汉奸和王莹扮饰汉奸的母亲外，其余参加演出的全是真县长、真法官、真警察、真脚夫。他们一行从县政府出发，浩浩荡荡地在街上游了两圈，后面由脚夫抬着真棺材，高喊："今天枪毙汉奸，大家来看！"居民信以为真，纷纷走出家门，途为之塞。"汉奸"被押至刑场，双脚下跪。真县长大义凛然，当场宣读判决书，处以死刑。"汉奸"在十手所指、十目所视的环境下，浑身哆嗦，叩头求饶，于是真县长着其戴罪立功，改判无期徒刑，并厉声训斥："如果你不交出汉奸的名单，还是要枪毙的！"假汉奸唯唯称是，演得像一个真汉奸。这幕话剧除了几个演员外，大家都不知道这是一场假戏，效果很好，当地汉奸就不敢再放信号弹了。

由于日本侵略军的长驱直入，一九三八年六月四日，武汉当局宣布了疏散人口的命令，于是一声珍重，大家"劳燕分飞"了。我走湘西，王莹率领演剧二队去了桂林。在此兵荒马乱之际，个人的生死存亡，未能预卜，两人分别时，谁也没有勇气说一声"再见"，今后能不能再见，只有上帝知道了。

故人再见于新加坡

然而“福星高照”，我们两人都还活着，而且几年后，重逢于海外的新加坡。

一九三八年冬，郁达夫应新加坡《星洲日报》之聘，前往主编副刊。于是我们办理了护照，从事出国准备。先到香港，在那里逗留了三四天，然后搭意大利“康得罗苏号”邮船向西航行。

海，我从来没有见过海。它是多么的辽阔啊，烟波荡荡，巨浪悠悠，一直伸展到遥远的天边。“落霞与孤鹜齐飞，秋水共长天一色。”在那海水和云天衔接的地方，远远望去，仿佛分不出哪里是天，哪里是水。郁达夫是喜欢海洋的，从前东渡扶桑时，曾经见到过海洋。我呢，不是不爱海，但这时正在与郁达夫闹家庭纠纷，没有情绪去欣赏它的雄姿了。

到了新加坡，我们夫妇和儿子郁飞住在中峇鲁生保弄的一座西式洋房里，三房一厅，相当宽敞。郁达夫在《星洲日报》工作，我则一度在廖内任教。廖内是距离新加坡八十海里的一个清静安宁的小岛，岛上没有车辆的喧闹声，没有摩肩接踵的人群。后来郁达夫不同意我去教书，我又回到了新加坡。

一九三九年九月二十五日，王莹率领中国救亡剧团（后改为“新中国剧团”）先遣队迎着海洋的惊涛骇浪，抵达了新加坡。我得知这个消息后，心中有说不出也写不出的欢乐，即刻赶到南天酒店二楼十六号。走进房门，里面坐满了男女青年。在一大堆人中，第一个呈现在我眼前的，就是王莹。她还是过去那样真挚而活泼，她的身体健康了一些，那个俊俏的面孔也丰满了一些。在离乱中故人重见，两个人握着手，只是紧紧地握着手，大家都呆望着，谁也找不出第一句话应该从哪里说起。

我曾经会见过不少有名的夫人、有名的小姐、红明星、女文人、女战士，却从来没有感觉到有谁能像王莹那样聪明而真挚、热情而勇敢。南洋各地的侨胞都把她看作最可爱的人，各中、英文报纸都称誉她为“马来亚的情人”，徐悲鸿称之为“人人敬慕的女杰”。这些荣誉的桂冠，对王莹来说，都是受之无愧的。

郁达夫也非常喜欢王莹，从这个年轻姑娘身上，看到了中华民族的希望，看到了中国光明的前途，便以抑制不住的热情，写下了三篇《南洋随笔》，其中说：

> 这种跃进不已的精神，在一个年轻女子身上发现的时候，真是如何可以使人兴奋的事情，正如一位南洋记者所说的一样，中国在抗战中，全民族都有了进步，尤其是民族中间一半的女子们。

除了写文章以外，郁达夫还大笔一挥，写了一副条幅，条幅写的是：

万花敢向雪中出，一树独先天下春。

一位八十五岁的老画家宋君方，按照郁达夫赠给王莹那副条幅的诗意，画了一幅梅花。

唐代张谓写过一首《春梅》：

一树寒梅白玉条，迥临村路傍溪桥。
不知近水花先发，疑是经冬雪未消。

当时，梅花被作为中国的国花，郁达夫用它来比喻王莹，可见他对王莹的敬爱了。对她敬爱的人何止郁达夫一人，也何止我一人，有成千上万的人敬爱着她，大画家徐悲鸿便是其中的一个。他在新加坡看了王莹的演出以后，内心激动不已，就画了一幅不朽的油画《放下你的鞭子》。这幅巨型名画，高四尺五寸，宽三尺二寸，其中画了王莹的飒爽英姿，也画了周围观看的民众。徐悲鸿对自己的这幅画很满意，他的好友黄曼士居士对此更为赞赏，当即赋诗一首：

大师绘事惊中外，女杰冬梅艺绝优。

驰骋文坛为祖国，令名岂止遍星洲。

《放下你的鞭子》是出街头剧，抗战以来，风靡全国。许多名演员如张瑞芳和崔巍、陈波儿和袁牧之等都演过几百场，其中以王莹和金山演出的场次为最多，在国内演过八百多场，在南洋又演出七百多场，合计为一千六百场，创话剧有史以来的最高纪录。

重庆一面竟成别

“没有爱情的婚姻应该让它死去”，我素来是这样主张的。我与郁达夫结婚之初，只有十八岁，什么都不懂。结为夫妻以后，我逐渐发现他的性格和习惯，与我完全不合。如果继续维持下去，将会给我带来更大的痛苦和灾难。于是我提出了离婚的要求。我决心冲出家庭，大家各走各的路，你走你的华容道，我过我的独木桥。

一九四〇年阳春三月，跨过重重难关，郁达夫终于同意我的要求，两人在协议离婚证书上签了字，于是我独个儿搭轮回国。同舱的一个妇人问我：“你怎么没有人来送你？只一个人吗？”我不敢作正面的答覆，只“哦”了一声，泪水却已经充满了我的眼眶。现在出版的《郁达夫诗词抄》中有《南天酒楼饯别映霞两首》，说他曾经为我送行，这是他虚构的，实际上并无其事。倘若他真的能对我这样情意绵绵，我也不致提出要与他分手了。

到了雾都重庆，经友人推荐，我进了外交部，任文书科科员。由于业务上的关系，我认识了一批名流，如前外交部部长王正廷和他的夫人、前驻俄公使朱绍阳和他的夫人、四明银行董事长吴启鼎，以及我的干爹王晓籁等等。他们这些人都成了我在应酬场合中见见面、点点头的朋友。

这时，珍珠港事件的爆发，揭开了第二次世界大战的帷幕。新中国剧团在海外立不住脚，便返回大后方的重庆。王莹一到陪都，就到外交部宿舍里来找我。我问："香港和南洋各地大半都已沦陷了，你是怎么来到重庆的？"她莞尔一笑，对我答道："我们是化装从香港逃回来的。我化装成一个老尼姑，居然在日军哨兵的眼皮底下溜了过来。"说着，她当场表演一番，驼背弯腰，双手合掌，走一步路，念一声"阿弥陀佛"。我大声笑了，连说："很像，很像。"王莹已经二十岁出头了，还是这么天真活泼，确是可爱得很。

重庆城坐落在华山的余脉上，一边是白浪滔滔的长江，一边是流水澹澹的嘉陵江，它不仅建筑在山上，而且在群山之中，树木苍翠，浓雾弥漫，有似一个披着半透明薄纱的年轻姑娘，分外妖娆。在重庆时，我身边没有孩子，非常清闲；王莹尚未结婚，谈不上有什么家务，两人便有说有笑地游遍了重庆的各处名胜。这段时间，我生活得很轻松而愉快，几乎把过去家庭纠纷所给我的苦恼抛到九霄云外去了。

一九四二年四月四日，我与钟贤道在重庆百龄餐厅举行婚礼。在筹备婚事上，王莹帮了我不少忙。我是一个不爱打扮的人，平日很少涂脂抹粉，衣着也很随便。今天做新娘了，王莹劝我化妆，我想这也对，结婚是终身大事，打扮一番也是应该的。于是就让王莹给我化妆，不过我再三叮嘱她，不要浓妆艳抹，只要淡扫蛾眉就可以了。美容好以后，王莹还陪我坐车到中国照相馆去拍了一张照片。

举行婚礼那天，亲朋好友，济济一堂。他们所送的花篮，多得不计其数，从礼堂一直排列到大门口，几乎震撼了整个山城重庆。王莹也趁空来参加我们的婚礼，送来了一个用电灯镶成的大喜字，大约五尺见方，我们把它挂在礼堂正中的墙壁上，灿烂耀眼，在场的宾客莫不赞叹这个礼品的珍贵，既醒目又新奇。

一九四二年春，一个重庆难得的晴天，迷雾被金色的阳光驱散殆尽，蓝天白云，风和日丽。王莹匆匆来找我，说她将赴美留学，是来向我辞行的。她能出国深造，我自然为之高兴，一个人的学问总是越多越好，便问："难道你一个人去么？"她答："不，有人作伴。"我又问："是谁？"她抿着嘴，笑而不答。我说："你在大姐面前还瞒什么，不说，我也知道，一定是白崇禧的机要秘书谢和赓。"她嫣然一笑，笑得很甜，也很开心，接着点点头。我说："你们恋爱多年，应该结婚了。”她说：“到美国后再说。”从此以后，我虽然日夜惦记着她，但从未与她再见过面。万万料不到这次分离竟成了最后的诀别。

千古奇冤方得昭雪

我和王莹虽然不在一起，我在太平洋的西边，她在太平洋的彼岸，相隔达成千上万里之遥。但她是一位中外驰名的明星兼作家，国内外报纸经常有长篇累牍的报道，朋友间也不时以她的行踪作为聊天中的热门话题，因而我还知道王莹与我分别后的一些情况。

王莹在美国，由著名女作家赛珍珠的介绍，先后进入耶鲁大学、贝满女子学院和海佛福德学院攻读西洋文学和戏剧。海佛福德学院是一所古老的男生学校，但校方为王莹的坎坷经历和聪明才智所感动，打破百年来不收女生的惯例，特意招收了她。男生学校而招收女生，一时成为教育界的美谈。

不久，王莹应美国总统府的邀请，在白宫演出《放下你的鞭子》，唱了《义勇军进行曲》《卢沟桥》等抗战歌曲和婉转动听的江南民歌。演出时，由诺贝尔文学奖得主赛珍珠报幕，罗斯福总统下肢瘫痪，行动不便，而且日理万机，忙得不可开交，但仍然坐着轮转椅前来观赏。参加观赏的还有副总统华莱士夫妇、各国驻美使节和他们的夫人。中国人之能够在美国白宫演出，王莹是有史以来的第一人。表演结束时，罗斯福夫人代表罗斯福总统走上台去表示祝贺，并与王莹合影留念。

在美国，王莹和她的丈夫谢和赓一共住了十三年，一边写作，一边演戏，生活过得很舒适，但她们思念着自己的国家和家乡。“一枝何足贵，怜是故园春。”一九五五年，他们夫妇两人返抵北京，王莹任北京电影剧本创作所编剧，谢和赓则供职于人民出版社。

这时我们全家已由重庆迁居上海。丈夫钟贤道在中国人民银行工作，我也走出家门，在一个中学里教书。一九五七年，中国大陆上发生了一场“反右”斗争的大风暴。听友人说，谢和赓被打成“右派分子”，王莹也受到了株连，被迫离开北京市区，到郊区香山居住，长期过着默默无闻的生活。

一九六六年炎热的夏天，“文化大革命”的狂飙又铺天盖地而来，我家也受到了一些冲击。我惦念着王莹，心想，她恐怕也在劫难逃罢。抗日战争以前，我听郁达夫说过，蓝苹（原名李云鹤，后改名为江青）曾经与王莹争演《赛金花》的女主角而闹得很厉害，导演洪深对蓝苹的吵吵闹闹，非常反感，所以让王莹演了主角赛金花。

在“文化大革命”期间，江青成为政治舞台上的人物了，对王莹自然要报“一箭之仇”。王莹被抄了家，被送进了“牛棚”，又被关入监狱，终于受不了种种折磨，病死于监狱之中。一九七九年七月，我从报上看见了文化部为王莹平反昭雪的消息，原来她是一九七四年三月三日逝世的。她最后的一篇作品，是首诗：

被推出园门，夫妻从此分。
但愿青天在，重聚永不分。

莹妹，你年纪比我小，不料你竟先我而去。我在想念你，将永远想念你。莹妹啊，安息罢！

送别胡健中先生

王映霞

前几天，从台湾来的长途电话里，得知一个噩耗，说郁达夫的好友，也是我的好友胡健中先生已在台北市溘然长逝了。我接到这个电话，发呆了好一会，好久说不出话来。五年前，我还在《传记文学》杂志上读到了他写的《郁达夫与王映霞的悲剧》，《悲剧》一文，他说："不仅为方正清廉之好友许绍棣兄与相交已久、知之有素的王映霞辟谣，亦所以对历史负责，不容史实为悠悠之口所混淆。"我很感激他，给历史还了它本来的面目。两年多以前，我应《传记文学》和胡健中先生之邀，去台湾探亲访友三个月，我就住在胡健中的家里。那年他是八秩晋九，我们为他做寿。他虽然是高龄老人了，而且有过小中风，不良于行，但神志清楚，声音响亮，怎么分别没有多久，竟遂然离开了人间？起初我不相信这个电话，认为我在做梦，但事实证明，这不是幻梦。我与他相交六十年以上的老友，尚健在的，已寥寥无几，现在又走掉了胡先生，能不令人感慨系之。

我之认识胡健中是由于郁达夫的关系。郁达夫认识他，比我早十年，胡健中只有二十岁，尚在上海读书，郁达夫刚从日本回国。在上海期间，两人一见如故，同居一室，睡在地板上书堆之中，生活得很穷困，但他很愉快。

一九二八年我与郁达夫结婚后，一直住在上海赫德路（今常德路）嘉禾里，几年下来，我们对大都市的生活颇感厌倦。我是杭州人，难免游子思乡，飞鸿倦旅，而且杭州的生活程度低于上海的二分之一。郁达夫也有类似的想法，他在《移家琐记》中明确记载，此次迁徙，是为了生活，迫于经济。但另一方面，也是为了躲避白色恐怖，他在《迁杭有感》中有“伤乱久嫌文字狱，偷安新学武陵渔”的诗句，在《毁家琐记》中又有断句一联：“烽火满天殍满地，儒生何处可逃秦？”从此可窥见郁达夫当时的苦闷情况。

一九三三年四月二十五日，我们冒着霏微的细雨，举家搭火车赴杭州，很快，四小时就到了。由于友人徐葆炎的帮助，租下了杭州大学路场官弄六十三号的一所旧式房子。我们到杭州后，第一个派记者来采访的，就是胡健中，当时他在杭州《民国日报》（即《东南日报》的前身）主持笔政。这篇访问记的题目叫作“郁达夫望子成龙”，因为我们第一个孩子取名郁飞。郁达夫已是风靡全国的著名作家，加上与胡是知己朋友，文中自然颇多赞美之词。

我和郁达夫把杭州的寓所略加安顿以后，他偕我去胡健中家看望他们，我与胡健中是初次见面，而他的夫人王味秋却早就相识了。她是浙江安吉人，我与她是杭州女子师范先后的同学，又是我好友刘怀瑜的同乡。她举止文雅，朴素大方，性格内向，沉默寡言，是当年我们在杭州女友中最贤淑的一个。

郁达夫与胡健中一别十年，我与王味秋也是多年不见，旧雨重逢，心中有说不完的高兴，他们夫妇当即设宴为我们洗尘。胡健中是文章能手，《民国日报》社论多半由他撰写，下笔千言，倚马可待，尤擅长诗词，即席写了一首词寄《采桑子》，赠给郁达夫：

十年离乱音尘断，忽漫相逢，往事重重，犹在鲜明记忆中。
人生踪迹知何似？似梗如蓬，酒洌烟浓，且染今宵醉颊红。

郁达夫也喜欢写古典诗词，而且是个快手。听了胡健中的《采桑子》以后，不觉技痒，即席口占一首《和蘅子先生》，蘅子是胡健中的笔名。词曰：

当年同是天涯客，故里来逢，奇事几重，乍见真疑在梦中。
谱翻白石清新句，爱说飘蓬，意淡情浓，可惜今宵没小红。

从此以后，我家与胡家经常来往，或小聚，或出游。郁达夫是个喜欢游山玩水的人，曾经游遍浙江各地的名胜，出版了一本游记《屐痕处处》。我有时陪他出游，有时他独个儿出门。我与胡夫人王味秋当时都只有二十几岁，每逢春秋佳日，两人手挽手地在苏白两堤上漫步轻谈，在葛岭、六和场等名胜地区都留下了我们的足迹，那时我们是多么快乐，多么逍遥。如今悠长的岁月已染白了我的头发，老了，老了，时间过得真快，那时候游西湖的情景仿佛还在我的眼前，而王味秋却早已走完了她的人生旅程。

一九九〇年十二月底，由于胡健中先生的帮助，我偕女儿钟嘉利作台湾之行。一到胡健中的寓所，他已经等候在会客室里，端正地坐在沙发上。我奔到他的身前，双手拉着双手，兴奋地说："我们终于见面了！"他微笑地立即接上一句："不必再等来生！"十分钟以后，我们兴奋的心情才悄悄地平静下来。我问他味秋姐病故的情况，他带着抑郁的情调一一作了回答。我见到墙壁上挂有王味秋的大幅遗像，我说："我没有机会参加老同学的葬礼，今天来补个礼吧！”说着，我走到遗像前深深地鞠了一躬，并说：“你走得太早了。”我悲痛得几乎要掉下泪来，胡健中也为之唏嘘不已。

住了几天以后，知道胡健中家里的情况，他没儿没女，孑然一身，晚景是够凄凉的。他不管家务，也不会管家务，由一位司机张景训先生代劳。会客室很大，房间有好几间，每间房间都装有电话，胡健中是靠电话来与外界联系大小事情的，平日不大出门。每天早晨吃五只汤团，不多也不少，必然是五只。然后他看各报的大标题，或与来客聊天，或看看彩色电视。中晚两餐都吃面条，名为阳春面，实则其中有鸡汤、鸭汤或火腿汤，午后休息三小时。我想起他在年轻时，口齿伶俐，谈笑风生，现在性格变了，变得沉默了，他不爱跟佣人聊天，对朋友们也谈话不多。

那次我去台湾，名为观光，其实除了游过一次阳明山公园外，什么地方都没有去，每天总是与胡先生相对而坐。他非常怀念风光明媚的西湖，他说：“我在杭州住过二十多年，你是杭州人，咱们可称是同乡了。”所以我们谈话的热门话题，主要是西湖。谈到西湖，我与他都觉情趣盎然。胡健中对今天的西湖一无所知。他以疑惑的口吻问我：“西湖怎样了，天竺灵隐仍然照旧么？平湖秋月呢，还是那么清静风雅？我们以前常常去吃饭的镜湖厅还存在么？楼外楼、天香楼还有么？”显然，他已浸沉在半个世纪前我们大家在西湖游玩的记忆之中，脸上浮起了淡淡的浅笑。

我回答说：“西湖一切照旧，而且湖水变清了，风景更变美了，西湖这个西子比过去更漂亮了。楼外楼已经修葺一新，不久前我们还在那里吃过一顿饭呢，还吃了东坡肉。”他听了很高兴，说：“那就很好，可惜我老了，行动不便，不能再去了。能够再去玩一趟，该是多么美啊！”

我们在台湾三个月，他不断地关心我和钟嘉利的生活，嘘寒问暖，无有已时，还几乎天天计算我们的归期，盼望我多留一天好一天。但天下没有不散的筵席，我们将要离开台湾的那一天，胡健中一反常态，独个儿睡在床上不起来，眼睛闭得紧紧的。我们进房门去看了几遍，都是如此，不讲话，也装着没有听见别人的话，我知道他是陷入于分离的苦闷之中。最后我再一次到他的卧房里，轻轻地向他说：“胡先生，我们要走了，隔二三年我会再来的，愿你多多保重！”我走到房门口，再回头望一望，只见他眼睛睁得大大的，在望着我这个正要远去的人。这是为什么？“剪不断，理还乱，是离愁……”

万万想不到我们这次的别离，竟成了我们的永诀。虽然胡先生行动困难，但凭着优越的生活条件，再活上五年十年，是不成问题的。如果我下次再去台湾，已经见不到他那慈祥的脸孔了。味秋走了，他也走了，我内心的悲伤不是笔墨所能形容的。

我往床上一躺，头脑里是乱哄哄的，想这想那；又好像是一张白纸，什么也没有想。房间里是静悄悄的，我不作一声，沉默着，直到一道月光从窗外射进来的时候，我才知道夜已经很深，该睡觉了。

图书在版编目（CIP）数据

王映霞自传：一个知识女性的独立史 / 王映霞著 . — 长沙：岳麓书社，2024. 10.— ISBN 978-7-5538-2109-2

I. K828.5

中国国家版本馆 CIP 数据核字第 2024NU5270 号

WANG YINGXIA ZIZHUAN: YIGE ZHISHI NüXING DE DULI SHI

王映霞自传：一个知识女性的独立史

作　　者 | 王映霞

出 版 人 | 崔　灿

责任编辑 | 刘书乔　陈　秦

责任校对 | 舒　舍

书籍设计 | 赤　徉

营销编辑 | 谢一帆　唐　睿　向媛媛

岳麓书社出版发行

地址 | 长沙市岳麓区爱民路 47 号

承印 | 湖南天闻新华印务有限公司

开本 | 880mm × 1230mm 1/32　印张 | 12.25　字数 | 230 千字

版次 | 2024 年 10 月第 1 版　印次 | 2024 年 10 月第 1 次印刷

书号 | ISBN 978-7-5538-2109-2

定价 | 56. 00 元

如有印装质量问题，请与本社印务部联系

电话 | 0731-88884129